O CONTROLO PARLAMENTAR DAS FINANÇAS PÚBLICAS EM PORTUGAL (1976-2002)

ANTÓNIO RIBEIRO GAMEIRO
Advogado
Professor da Escola Superior de Tecnologia e Gestão de Leiria

O CONTROLO PARLAMENTAR DAS FINANÇAS PÚBLICAS EM PORTUGAL (1976-2002)

ALMEDINA

TÍTULO:	O CONTROLO PARLAMENTAR DAS FINANÇAS PÚBLICAS EM PORTUGAL (1976-2002)
AUTOR:	ANTÓNIO RIBEIRO GAMEIRO
EDITOR:	LIVRARIA ALMEDINA – COIMBRA www.almedina.net
LIVRARIAS:	LIVRARIA ALMEDINA ARCO DE ALMEDINA, 15 TELEF. 239851900 FAX 239851901 3004-509 COIMBRA – PORTUGAL livraria@almedina.net LIVRARIA ALMEDINA ARRÁBIDA SHOPPING, LOJA 158 PRACETA HENRIQUE MOREIRA AFURADA 4400-475 V. N. GAIA – PORTUGAL arrabida@almedina.net LIVRARIA ALMEDINA – PORTO R. DE CEUTA, 79 TELEF. 222059773 FAX 222039497 4050-191 PORTO – PORTUGAL porto@almedina.net EDIÇÕES GLOBO, LDA. R. S. FILIPE NERY, 37-A (AO RATO) TELEF. 213857619 FAX 213844661 1250-225 LISBOA – PORTUGAL globo@almedina.net LIVRARIA ALMEDINA ATRIUM SALDANHA LOJAS 71 A 74 PRAÇA DUQUE DE SALDANHA, 1 TELEF. 213712690 atrium@almedina.net LIVRARIA ALMEDINA – BRAGA CAMPUS DE GUALTAR UNIVERSIDADE DO MINHO 4700-320 BRAGA TELEF. 253678822 braga@almedina.net
EXECUÇÃO GRÁFICA:	G.C. – GRÁFICA DE COIMBRA, LDA. PALHEIRA – ASSAFARGE 3001-453 COIMBRA E-mail: producao@graficadecoimbra.pt JULHO, 2004
DEPÓSITO LEGAL:	214323/04
	Toda a reprodução desta obra, por fotocópia ou outro qualquer processo, sem prévia autorização escrita do Editor, é ilícita e passível de procedimento judicial contra o infractor.

PREFÁCIO

A responsabilidade pelos actos públicos e, mais particularmente, pela gestão democrática dos recursos públicos, desde o dinheiro dos contribuintes aos recursos colectivos – ambiente, floresta, património, gastos públicos, educação, actos administrativos, etc. – é uma questão de procedimentos e de comportamentos. Ambos são institucionalizados e definidos colectivamente. O papel da autoridade política e institucional define-se, primordialmente, pela salvaguarda do controlo e da responsabilidade – de *respondere*, prestar conta perante alguém – dos recursos colectivos confiados às autoridades políticas.

Não é difícil observar, quer em termos quotidianos, quer em termos de tendência a mais longo prazo, que o controlo público e a responsabilidade, melhor dizendo a significativa ausência deles, estão na ordem do dia no quotidiano da democracia portuguesa. Trate-se aqui, apenas, de tecer algumas considerações sobre os assuntos públicos, não porque os assuntos privados estejam isentos desta realidade – longe disso – mas porque o tema desta rigorosa e objectiva investigação se debruça sobre os actos públicos da instituição por excelência que, em democracia, tem a competência e o dever de controlo dos recursos colectivos dos actos da autoridade política: a Assembleia da República.

Ora, os procedimentos, portadores de controlo institucional e de pedagogia que contextualiza o comportamento ético e funcional, existem, em importante medida, entre nós. As instituições de controlo dos recursos colectivos, consagradas na orgânica constitucional e na realidade administrativa, como o controlo das finanças públicas, que consubstancia a prática da *accountability* (ou a falta dela), apresentam-se aos cidadãos como algo que, certamente, existe, mas que pouco se pratica, a começar pelas autoridades políticas, nos seus vários níveis institucionais. O controlo parlamentar das finanças públicas, tema deste livro, está no centro da reflexão da responsabilidade pelos actos públicos. Esta centralidade é tanto mais importante, no que se refere aos procedimentos e aos comportamentos, porque afecta a produção de confiança e de legitimidade dos cidadãos face ao sistema democrático.

A responsabilidade como conceito abrange, por um lado, o funcionamento do sistema democrático e administrativo – prestar contas dos actos públicos e das decisões vinculantes, cumprir prazos e procedimentos de controlo das despesas, etc. – e, por outro, afecta a produção (ou não) de confiança do cidadão no sistema, na difusão da ética profissional e da realização eficaz dos programas públicos, como valor de legitimação do funcionamento da administração. A adesão dos indivíduos ao processo de controlo dos recursos colectivos é, além de um acto que diz respeito ao próprio interesse, um acto de confiança à forma como a responsabilidade pública e a ética profissional é respeitada pela autoridade.

A ética é hoje um valor em relativo declínio, mas sem confiança nos comportamentos e nos processos, diminui a confiança nos procedimentos democráticos. A ética profissional é um procedimento e um modelo de acção. Ora, uma prática administrativa e política, alheada das exigências dos cidadãos em matéria de responsabilidade face à utilização dos recursos públicos (menosprezando os programas de *accountability*, ou seja, a obrigação de responder pelos actos e resultados), face às decisões vinculantes que afectam os indivíduos, como é principalmente o caso dos orçamentos de Estado, aprofunda o défice de legitimidade e de desempenho dos sistemas administrativo e político. Nesse sentido o conceito de responsabilidade que, no nosso entender, vai além da noção de *accountability,* constitui um dos fundamentos contratuais da vida em sociedade e da confiança nas instituições políticas e administrativas.

O descontrolo sobre os actos e a falta de responsabilidade perante o cidadão – desde os prazos de respostas até o controlo dos gastos, passando pela eficiência da função – por parte do sistema administrativo e da autoridade política são, na nossa sociedade, alguns dos elementos fundamentais do défice de confiança e da opacidade da coisa pública e do poder político. O controlo dos recursos públicos além de ser uma questão de legitimidade política é também um problema de gestão racional dos dinheiros públicos: o controlo parlamentar das finanças públicas é um instrumento de melhoria da utilização do esforço colectivo, de reorientação dos investimentos e das políticas públicas dos executivos. A responsabilidade como elemento distintivo da administração e da governação implica a utilização de procedimentos e de métodos de actuação numa perspectiva da construção de uma *sociedade de confiança*, associando cidadãos, eleitos e decisores, na construção da democracia.

Certamente que controlo financeiro dos resultados equivale a democraticidade dos actos de administração e, naturalmente, contribui poderosamente para uma melhor utilização dos recursos colectivos e, portanto, para o funcionamento democrático do sistema. Pensamos, contudo, que esta situação, que está longe de corresponder à realidade quotidiana da nossa sociedade, não responde adequadamente às necessidades de legitimação do sistema administrativo e político de governação.

Para além da responsabilidade política propriamente dita, ou seja a responsabilidade na prestação de contas perante os eleitores e perante os órgãos de soberania, interessa, neste caso, considerar a responsabilidade política e administrativa, enquanto obrigação de prestar contas pelos actos praticados no exercício da função. Tanto ao nível da administração, como da autoridade política, é de admitir, em termos de responsabilidade da função, que a *colectividade pública*, nomeadamente o estado, as instituições de soberania, as câmaras, a administração, têm o dever de reparar as consequências da má organização ou do não funcionamento do executivo ou da administração. Os actos do governo e da administração não podem deixar de ter sanção administrativa ou penal pela falta ou culpa do serviço, seja culpa da organização e do funcionamento – anónima –, seja culpa individual motivada pela acção pessoal.

A responsabilidade e o controlo referem-se, antes do mais, ao exercício das competências políticas e profissionais e a atitude neutral, ou pelos menos a mais objectiva possível, face aos arranjos institucionais e políticos com que o jogo democrático se entretém. A uma menor fiscalização e controlo dos actos corresponde uma menor responsabilidade pelos actos políticos e institucionais.

O sentido da responsabilidade do político é, no entanto, algo mais do que controlo e fiscalização: é um modelo de acção e de comportamento. Muito dificilmente a administração e o cidadão comum terão um comportamento de observância das normas e de empenhamento responsável num ambiente de desresponsabilização política e administrativa face ao cidadão, eleitor e contribuinte, e à sociedade em geral. O controlo dos actos públicos e institucionais, nos vários níveis institucionais e administrativos, que funcione sem reconhecimento público e sem ser um modelo ético de comportamento das autoridades políticas, atinge, fortemente, pelo exemplo negativo, o valor da confiança colectiva nas instituições democráticas.

12.06.2004

Juan Mozzicafreddo

APRESENTAÇÃO E AGRADECIMENTOS

O presente trabalho corresponde, com ligeiríssimas alterações, à Dissertação de Mestrado em Administração e Políticas Públicas defendida e aprovada no Instituto Superior de Ciências do Trabalho e da Empresa (ISCTE) em Novembro de 2003, tendo como Juri a Senhora Profª. Doutora Maria Eduarda Gonçalves, o Senhor Juiz Conselheiro José Tavares e o Senhor Prof. Doutor Juan Mozzicafreddo.

Neste sentido, cumpre-me, em primeiro lugar, expressar o meu profundo reconhecimento ao Senhor Professor Doutor Juan Mozzicafreddo, que me concedeu o privilégio de orientar a presente dissertação e pelo seu apoio altamente qualificado, na elaboração deste trabalho, para além de ter dirigido superiormente o curso de Mestrado em Administração e Políticas Públicas. São também devidos agradecimentos, ao Instituto Superior de Ciências do Trabalho e da Empresa, onde encontrei o espaço que me permitiu aprofundar o estudo sobre a Assembleia da República, a Teoria Geral do Estado e da Administração Pública.

Um reconhecimento muito especial, que não posso deixar de «tomar em linha de conta» para com o Senhor Juiz Conselheiro José Tavares que, quer durante o curso de Mestrado – onde desejo recordar o elevado nível científico das palestras com que nos privilegiou sobre Finanças Públicas e Gestão Orçamental – quer na publicação deste trabalho, foi de um incansável apoio e estímulo, a todos os títulos inexcedível, apesar de ocupado nos seus múltiplos afazeres de elevadíssima responsabilidade institucional, enquanto Director-Geral do Tribunal de Contas.

Uma palavra de especial reconhecimento ao Professor Dr. Guilherme D'Oliveira Martins, por me ter cativado para o estudo do Direito Financeiro e das Finanças Públicas e que é o meu modelo de Professor e referência como investigador universitário. O muito que lhe devo nunca o esquecerei.

Agradeço ainda às seguintes personalidades entrevistadas e que deram um contributo inestimável para esta investigação e para a elaboração desta dissertação: Alfredo José de Sousa, António Guterres, António Sousa Franco, Carlos Moreno, Cristina Leston-Bandeira, Francisco Brito Onofre, Guilherme D'Oliveira Martins, João Carlos Silva, Jorge Bacelar Gouveia, José Tavares, Manuel dos Santos, Miguel Cadilhe, Octávio Teixeira, Paulo Casaca, Rui Carp e Teodora Cardoso.

Uma palavra de profundo reconhecimento para o Gabinete de Auditoria Interna do Instituto de Estradas de Portugal, na pessoa da Dra. Odete Perneco, pelo penhorado apoio e compreensão.

Aos amigos Ricardo Saldanha, Ilídio Cláudio Correia, João Melo, Teresa Aleixo e Maria São José, o eterno reconhecimento pelo tempo e apoio sem tréguas que nunca renegaram, sem que eu em nada os tenha retribuído.

Devo ainda um especial reconhecimento à minha mulher e aos meus pais, pela solidariedade que sempre manifestaram e pela sua compreensão perante os sacrifícios que este trabalho impôs ao nosso convívio.

ÍNDICE

Apresentação e agradecimentos	9
Índice	11
Abreviaturas	13

Introdução
1. Da escolha do tema	15
2. Delimitação do objecto	20
3. Metodologia	29

I – Conceito, natureza, origens e evolução do controlo parlamentar das finanças públicas 33
   1. O significado etimológico da palavra controlo ou do *contra-livro* — 33
   2. Etimologia de finanças e financeiro 38
   3. Conceito, função, tipos e formas de controlo 39
   4. Antecedentes históricos do princípio do controlo parlamentar das finanças públicas em Portugal 62
   5. Responsabilidade, cidadania e controlo político 79

II – O controlo das finanças públicas pelo parlamento enquanto princípio constitucional 91
   1. Considerações gerais 91
   2. O controlo financeiro parlamentar – corolário do princípio da separação de poderes 92
   3. O controlo parlamentar na Constituição Portuguesa 96
      3.1. O controlo parlamentar em geral 96
      3.2. O controlo parlamentar das finanças públicas, em especial ... 113

III – O controlo parlamentar das finanças públicas – análise comparada . 123
   1. Nota preliminar 123
   2. Na Alemanha 126
   3. No Brasil 132
   4. Na Dinamarca 135

5. Nos Estados Unidos da América 138
6. Na França 143
7. No Reino Unido 150
8. O caso do Controlo Financeiro Parlamentar na União Europeia .. 156
9. Nota comparativa 165

IV – O controlo financeiro parlamentar em Portugal 171
   1. O controlo parlamentar na Teoria do Estado em geral 171
   2. O princípio constitucional do controlo parlamentar das finanças
      públicas 183
   3. O *accountability* – cidadania e representação 186
   4. O controlo financeiro parlamentar na prática parlamentar 196
      4.1. As Leis de Enquadramento Orçamental 207
      4.2. A função do Tribunal de Contas no controlo externo político 210
      4.3. Uma nova visão e prática parlamentar pós-1993 214
   5. A aparente contradição entre o regime constitucional e a sua prática 219

V – Perspectivas de evolução do controlo parlamentar das finanças públicas em Portugal 227
   1. Tópicos para uma outra prática parlamentar 227
   2. Perspectivas de evolução sobre o controlo parlamentar financeiro
      em Portugal 232
   3. O controlo parlamentar das finanças públicas e os novos desafios do
      Estado regulador 236

Conclusões 241

Bibliografia 251

ABREVIATURAS

AAFDL – Associação Académica da Faculdade de Direito de Lisboa
AD – Aliança Democrática
AR – Assembleia da República
ASDI – Acção Social-Democrata Independente
BMJ – Boletim do Ministério da Justiça
CDS – Centro Democrático e Social
CPLP – Comunidade dos Países de Língua Portuguesa
CRP – Constituição da República Portuguesa
DAR – Diário da Assembleia da República
DGTC – Direcção-Geral do Tribunal de Contas
DILP – Divisão de Informação Legislativa e Parlamentar da Assembleia da República
DR – Diário da República
FDUL – Faculdade de Direito da Universidade de Lisboa
FDUC – Faculdade de Direito da Universidade de Coimbra
GOP's – Grandes Opções do Plano
IGF – Inspecção-Geral de Finanças
JO – Journal Officielle (França)
LEOE – Lei de Enquadramento do Orçamento do Estado
NAO – National Audit Office (Reino Unido)
OE – Orçamento do Estado
PRD – Partido Renovador Democrático
PS – Partido Socialista
PSD – Partido Social Democrata
REFE – Reforma da Administração Financeira do Estado
RAR – Regimento da Assembleia da República
RDP – Revista de Direito Público
RFFP – Revue Française des Finances Publiques
RTC – Revista do Tribunal de Contas
TC – Tribunal de Contas

INTRODUÇÃO

1. Da escolha do tema

Desde a entrada em vigor da Constituição Portuguesa de 1822[1], que o princípio do controlo parlamentar das finanças públicas constitui uma das traves mestras do regime constitucional português. Todavia, o princípio do controlo parlamentar das finanças públicas não tem suscitado nem merecido, quer pela investigação, quer pela prática constitucional, grande atenção[2]. É neste sentido, que Lobo Xavier afirma que *"Com estas cautelas, é possível falar-se, no entanto – como se já fala há algum tempo –, numa tendência para o declínio das competências financeiras do Parlamento, com o significado de que, em matéria de Finanças Públicas, o Executivo tem vindo a ocupar-se de áreas tradicionalmente confiadas ao Legislativo (...)"* enquanto que Almeida

---

[1] Ver Miranda, Jorge, *Anteriores Constituições Portuguesas*, Separata do BMJ n.º 234 a 240, 243 e 244, Lisboa, 1975 e Godinho Magalhães, Vitorino, "Finanças Públicas e Estrutura do Estado", in *Ensaios sobre a História de Portugal II*, Sá da Costa Ed., Lisboa, 1978, pág. 61. Salienta-se que ao longo do século XX, a investigação parlamentar desenvolveu-se na linha de pensamento de Lord Bryce, James, *Modern Democracies*, McMillan, 1921.

[2] Cfr. Lobo Xavier, A., *O Orçamento como Lei*, in Boletim de Ciências Económicas, Vol. XXXIII, 1990, pág. 240 e segs.; Almeida Sampaio, Carlos, "O Tribunal de Contas e a natureza dualista do controlo financeiro externo", in *Estudos em Homenagem a Cunha Rodrigues*, Vol. II, Coimbra Editora, 2001, pág. 667; ver por todos Leston-Bandeira, C., *Da Legislação à Legitimação: o Papel do Parlamento Português*, Imprensa de Ciências Sociais, Lisboa, 2002, pág. 21 onde sobre a falta de investigação afirma que *"Existem pouquíssimos estudos sobre a mesma e o que existe está datado"* e que *"Existe um vazio enorme, em termos de enquadramento teórico de estudos sobre a Assembleia da República: são poucas as obras publicadas e não existe uma análise compreensiva desta instituição"*.

Sampaio testemunha que "*A questão do controlo financeiro nas sociedade modernas é pois uma questão que permanece em aberto, apesar de em Portugal se ter quase extinto o debate doutrinário sobre a extensão e limites do poder de controlar, a natureza das funções do controlo financeiro, a autonomia da função fiscalizadora enquanto função do Estado – e naturalmente a quem cabe essa função – e ainda sobre a coexistência entre dever controlar e poder de controlar*".

O controlo parlamentar da Administração Pública, em geral, é um tema, teoricamente, de grande importância[3], sobretudo numa época que se caracteriza por um crescimento das atribuições do Estado[4] e um, consequente, aumento dos gastos públicos que exige e aconselha um maior controlo da despesa pública quando, enfim, politicamente, as finanças públicas ganham uma significativa relevância[5].

---

[3] Confirmam a importância do tema, as obras, entre outras de Fontes, José, *Do Controlo Parlamentar da Administração Pública*, Ed. Cosmos – Assembleia da República, 1999 e de Sousa Franco, A. L., *O Controlo da Administração Pública em Portugal*, Revista do Tribunal de Contas, Lisboa, Tomo I, 19/20, Julho-Dezembro, 1993. Sobre o conceito e sentido da expressão "Administração Pública", Freitas do Amaral, Diogo, "Administração Pública", in *Dicionário Jurídico da Administração Pública*, 1.º suplemento, Lisboa, 1998, pág. 13 e segs.; Tavares, José F. F., *Administração Pública e Direito Administrativo. Guia de Estudo*, 2ª. Edição (revista), Almedina, Coimbra, 1996 e numa perspectiva mais lata de comparabilidade entre a Administração Pública dos Estados-Unidos da América e a da Europa, cfr. Stillman II, Richard, "American vs. European Public Administartion: Does public administration make the modern state or does the state make public administration?", in *Public Aministration Review*, Vol. 57, n.º 4, 1997.

[4] Sobre o conceito de "Estado", cfr. Diogo Freitas do Amaral, *Estado*, in *Polis – Enciclopédia Verbo da Sociedade e do Estado*, Vol. II, Lisboa, 1984, col. 1128; Jellinek, Georg, *Teoria Generale del Estado*, pág. 133 e págs. 295 e segs., onde sintetiza que «*O Estado é a unidade de associação dotada originalmente de um poder de denominação, e formada por homens instalados num território*». A propósito das atribuições do Estado, cfr. Miranda, Jorge, *Funções, Órgãos e Actos do Estado*, FDUL, 1990, pág. 228 e segs. e Moreno, Carlos, *O Sistema Nacional de Controlo Financeiro*, UAL, 1997.

[5] Cfr. Moreno, Carlos, *O Sistema Nacional de Controlo Financeiro*, ob. cit., pág. 51 e segs. e Almeida Sampaio, Carlos, "O Tribunal de Contas e a natureza dualista do controlo financeiro externo", *ob. cit.*, pág. 667. Numa perspectiva de análise da evolução da despesa pública, Albano Santos, J., "A evolução das despesas públicas em Portugal – Aspectos de longo prazo", in *Estudos de Economia*, ISE, Vol. IV, n.º 4, Jul.-Set., 1984, pág. 487 e segs.. Cfr. Sousa Franco, A. L., *Finanças Públicas e*

Pretendemos, assim, com este trabalho, conseguir fazer com que este princípio constitucional não continue relegado num plano de indiferença e ineficácia, bem como, alertar para a sua primordial e estratégica importância no seio dos sistemas de controlo financeiro do Estado, enquanto exemplo de referência para a Administração Pública. E se algum mérito lhe vier a ser reconhecido, esperamos que seja o de ter contribuído para suscitar o interesse dos estudiosos das Ciências Sociais, da Ciência da Administração, do Direito Constitucional e da Ciência Política, alicerçando novos trabalhos reflexivos de investigação e definição teórica. Sousa Franco[6] defende a criação desse sistema, afirmando que se trata mais de uma exigência e chave interpretativa do que, porventura, em alguns casos, uma realidade existente. Entende de um modo cada vez mais claro que, numa sociedade moderna e num Estado moderno, o controlo é uma função cada vez mais importante, exercida por um conjunto diversificado de elementos que integram um sistema, um conjunto de elementos coerentes orientados para uma mesma função, a função de controlo, uma vez que *"O conceito de sistema, se for descritivo, pressuporá, naturalmente, o enunciado das características que os órgãos de controlo hoje têm.(...) O conceito de sistema é, pois, em si, uma chave interpretativa útil, se não esconder as deficiências e a análise dessas deficiências à luz das necessidades que o exercício da função de controlo exige"*.

Direito Financeiro, Vol. I., 4ª Ed., Almedina, 1992, págs. 3 e 4, onde estabelece a noção de finanças públicas mais pacificamente adoptada pela doutrina portuguesa, *"as finanças públicas designam a actividade económica de um ente público tendente a afectar bens à satisfação de necessidades que lhe são confiadas"* e "O défice Orçamental – ainda e sempre?", in Nova Cidadania, Ano IV, n.º 14, Outubro/Dezembro 2002, pág. 23 e segs., onde sublinha que *"a subida abrupta do défice orçamental do Sector Público Administrativo (SPA), a que se assistiu recentemente, trouxe a questão das Finanças Públicas para o centro das preocupações nacionais, pelo menos a avaliar pela importância que o fenómeno passou a assumir nos diversos órgãos de comunicação social"*.

6 A problemática dos sistemas de controlo financeiro do Estado é tratada de uma forma bastante desenvolvida no enquadramento da discussão política e técnica tendente à criação do Sistema de Controlo Nacional e Interno, por Sousa Franco, A. L., "O Controlo Interno na Administração Pública", intervenção na Abertura Oficial do Seminário, *O Controlo Interno na Administração Pública*, IGF, Lisboa, 1996.

Do ponto de vista prático, somos de opinião de que o controlo parlamentar é um factor com incidência real e sensível em toda a dinâmica da actividade governamental e administrativa e que afirmar que o controlo parlamentar é ineficaz parece uma expressão de mau gosto face à tensão social e política mundial que se vive no início deste novo século e milénio[7]. Pensamos, igualmente, que vale a pena reflectir aprofundadamente sobre estas matérias tão exemplificativas da organização do Estado e da qualidade da democracia que, em cada Estado, existe[8].

Neste sentido esperamos, ainda, que o presente trabalho e as conclusões a que chegarmos possam constituir um novo contributo para que a Assembleia da República[9] ganhe consciência da importância do controlo financeiro, a que constitucionalmente está obrigada e dos reflexos que esse controlo tem no restante controlo da gestão pública. Na percepção do que Musgrave[10] intitulou de *"uma nova teoria das*

---

[7] Cfr. Vergottini, Guiseppe de, "La funcion de control en los parlamentos de fin de siglo", in *Problemas actuales del control parlamentario*, VI Jornadas de Derecho Parlamentario, tradução de Pablo Murillo de la Cueva, Congresso de los Diputados, Monografias 34, Madrid, 1997, pág. 25 e segs..

[8] Quanto à evolução, ao conceito de democracia, aos seus modelos, sobre o seu actual significado e os perigos e condicionantes que enfrenta, ver Tocqueville, Alexis de, *Da Democracia na América*, Principia, S. João do Estoril, 2001; Bobbio, Norberto, Matteucci, Nicola e Pasquino, Gianfranco, «Democracia», in *Dicionário de Política*, Ed. Universidade de Brasília – Imprensa Oficial, 5ª edição, 2000, págs. 319-329; Held, David, *Modelos de Democracia*, alianzaensayo, 2ª. Edição, Madrid, 2001; Dahl, Robert ª, *Democracia*, Temas & Debates, Lisboa, 2000; Darnton, Robert e Eduhamel, Oliver, *Democracia*, Record, Rio de Janeiro, 2001 e entre nós Otero, Paulo, *A Democracia Totalitária – do Estado totalitário à sociedade totalitária. A influência do totalitarismo na democracia do século XXI*, Principia, S. João do Estoril, 2000.

[9] Sobre os sentidos que a expressão "Parlamento" pode ter e, sobre o sentido restrito de "Parlamento" atribuído à Assembleia da República, ver por todos Miranda, Jorge, *Direito Constitucional III*, AAFDL, Lisboa, 2001, pág. 191 e segs. e Bobbio, Norberto, Matteucci, Nicola e Pasquino, Gianfranco, «Parlamento», in *Dicionário de Política*, Ed. Universidade de Brasília – Imprensa Oficial, 5ª edição, 2000, págs. 877--888 e Sá, Luís, *O Lugar da Assembleia da República no Sistema Político*, Ed. Caminho, 1994, págs. 30 a 38.

[10] Cfr. Musgrave, Richard A., "Excess bias and the nature of budget growth", in *Journal of Public Economics*, Vol. 28, n.º 3, Dezembro, 1985, pág. 287. Entre nós, uma panorâmica detalhada das concepções sobre o incrementalismo orçamental é-nos dada por Araújo, António, "Orçamento e Poder: o debate incrementalista", in *Revista Jurídica*, n.º 13-14, Janeiro-Junho, 1990, págs. 111-143. *Vide*, igualmente, Costa

crises financeiras", onde *"procura demonstrar a inelutável tendência dos procedimentos políticos e administrativos da decisão financeira para conduzirem a resultados não óptimos em termos de bem-estar colectivo"*. Na esteira de Sá[11], sublinhamos a ideia de que as relações entre o Parlamento, o Governo e a Administração Pública constituem um campo de possibilidades de investigação, mas, no entanto, notamos uma enorme dificuldade no acesso às fontes e a inexistência na Actas da Assembleia da República onde se relatem trabalhos da Comissão de Economia, Finanças e Plano, de actos de fiscalização da actividade da Administração de natureza financeira, a não ser aqueles que têm relação directa com a aprovação do Orçamento de Estado e da Conta Geral do Estado, ou a aprovação de orçamentos rectificativos, discussão e aprovação de diplomas conexos. As interpelações, as perguntas ao Governo, os inquéritos e outros mecanismos de controlo e fiscalização encontram-se muito afastados do controlo financeiro.

Este estudo incidirá, assim, sobre o princípio do controlo parlamentar das finanças públicas ou do controlo financeiro do Parlamento. Utilizaremos sem preocupações terminológicas estas expressões indiferentemente, enquanto para nós equivalentes, já que nos referimos à realidade subjacente à actividade fiscalizadora (das contas públicas) pela Assembleia da República enquanto órgão de controlo financeiro do Estado[12], relativamente à execução orçamental e às contas públicas.

O presente trabalho tem por isso a pretensão de equacionar um conjunto vasto de questões, reclamando para uma maior atenção para este tema que, hoje em dia, dada a situação orçamental vivida em muitos Estados-Membros da União Europeia, é fulcral e basilar para todos os ordenamentos político-constitucionais desses Estados e suas Administrações Públicas, mas, acima de tudo, assume uma importância e consequências inegáveis na vida de todos os portugueses e da *"sociedade europeia"* em geral.

Santos, Jorge, *Bem-Estar Social e Decisão Financeira*, Livraria Almedina, Coimbra, 1993, pág. 4.

[11] Cfr. Sá, Luís, *O Lugar da Assembleia da República no Sistema Político*, ob. cit., pág. 291.

[12] Cfr. Sousa Franco, A. L., «O Tribunal de Contas na encruzilhada legislativa», (Prefácio), in José Tavares e Lídio Magalhães, *Tribunal de Contas. Legislação Anotada*, Almedina, Coimbra, 1990.

2. Delimitação do objecto

O presente trabalho tem por objecto o estudo de uma das vertentes da função de fiscalização ou de controlo da Assembleia da República, que incide sobre a fiscalização da actividade financeira do Estado ou das finanças públicas[13], desde o início da vigência da actual Constituição da República Portuguesa até ao presente[14].

O controlo das finanças públicas pelo Parlamento é, assim, já que este se apresenta como órgão representativo do povo, um importante e fundamental instrumento de garantia de uma escrupulosa aplicação dos dinheiros públicos. É, sobretudo, um mecanismo para aquilatar e defender o interesse público contra eventuais défices de boa gestão na aplicação das receitas públicas, tendo em vista a criação de um Estado de bem-estar[15], bem como um instrumento social de responsabilização política – de *accountability* – ou seja, da obrigação que tem quem deve gerir os recursos públicos de responder pelos seus actos e resultados obtidos[16].

Neste contexto, passados 29 anos sobre a implementação da democracia e tendo a Assembleia da República consagrado, constitucionalmente, a competência para fiscalizar e controlar as finanças públicas, nos termos dos artigos 107.° e 162.° da CRP[17], os aspectos que nos propomos analisar são os seguintes:

---

[13] Sublinhando a posição de Sá, Luís, *O Lugar da Assembleia da República no Sistema Político*, ob. cit., pág. 240, constatamos, igualmente, que "*O controlo financeiro das contas e relatórios anuais e finais dos planos, sendo uma competência de fiscalização, insere-se também na área de competências financeiras (...). Não resultando nítida a distinção entre função de fiscalização e função de controlo parece-nos que podem ser englobadas sem prejuízo numa só categoria.*"

[14] É aceitável que este período de análise termine na data das últimas Eleições Legislativas e final da VIII Legislatura, realçando o período entre 25 de Abril de 1976 e 17 de Março de 2002.

[15] Cfr. Costa Santos, Jorge, *Bem-Estar Social e Decisão Financeira*, ob. cit., pág. 4 e Otero, Paulo, *Vinculação e Liberdade de Conformação Jurídica do sector Empresarial do Estado*, Coimbra Editora, 1998, págs. 13 e segs..

[16] Cfr. Mozzicafreddo, Juan, "A Responsabilidade e a Cidadania na Administração do Estado", in Mozzicafreddo, Juan, Salis Gomes, João e Batista, João S. (orgs.), *Ética e Administração – Como Modernizar os Serviços Públicos*, Celta, 2003, pág. 2.

[17] Cfr. Cadilhe, Miguel, "O Controlo Parlamentar das Finanças Públicas", in

a) Natureza, âmbito, extensão e limites do conteúdo desse controlo;
b) Atribuições da Assembleia da República de controlo e fiscalização das finanças públicas;
c) Objectivos do controlo parlamentar financeiro e suas especificidades;
d) Mecanismos e os meios de que dispõe a Assembleia da República para efectivar um acompanhamento da actividade financeira da Administração e que tipo de controlo deve esta efectuar;
e) Controlo efectivamente exercido pela Assembleia da República sobre a execução orçamental ao longo de cada ano;
f) Reflexo desse controlo, ou a sua falta, na gestão pública e nos sucessivos défices orçamentais.

O nosso propósito é investigar se o controlo das finanças públicas, constitucionalmente consagrado, é exercido efectivamente pelo Parlamento e de que forma esse controlo influencia, ou não, a gestão dos dinheiros públicos pela Administração Pública, uma vez que *"a questão que se coloca é a de ter uma melhor administração pública para servir os objectivos do sistema político democrático baseado na cidadania, e não ter um sistema político que sirva as necessidades de gestão da administração pública. A reforma administrativa ou a modernização da administração pública é uma teoria política de organização do estado e da sociedade. A separação da reforma da administração da questão política implica que os elementos constitutivos do corpo político da sociedade – tais como os objectivos da democracia, a evolução dos direitos da cidadania, os protestos e as expectativas sociais, as eleições e as escolhas colectivas – se situem fora do âmbito da gestão pública"*[18].

Anuário da Economia Portuguesa, 1997, pág. 167, onde refere que *"Expressivamente, na versão de 1992 da Constituição, a fiscalização orçamental mereceu autonomização. Quando antes era uma mera alínea ou um mero número de um artigo mais amplo sobre o Orçamento de Estado, agora passou a ser o citado artigo 110.º que respeita à execução orçamental e à Conta Geral do Estado, a propósito das atribuições de fiscalização da Assembleia da República sobre o Orçamento de Estado"*.

[18] Cfr. Mozzicafreddo, Juan, "Modernização da administração pública e poder político", in Mozzicafreddo, Juan e Salis Gomes, João, *Administração e Política –*

Nesse sentido, somos de opinião que parece estranha a ideia de se querer conceber uma reforma da administração pública, sem que, antes, o poder político potencie uma reforma das instituições políticas, as adapte e prepare para que, teoricamente, o tipo ideal de administração gestionária distinga, claramente, as funções de orientação e execução. Esta teria necessariamente que assumir total identificação entre elas, quer quanto aos objectivos políticos, quer quanto à qualidade dos serviços prestados aos cidadãos[19].

Tentemos responder, então, de forma clara e precisa às questões formuladas, definindo conceitos, analisando a realidade jurídico-constitucional numa perspectiva de *accountability*[20], justificando empírica

---

perspectivas de reforma da Administração Pública na Europa e nos Estados Unidos, Celta Editora, Oeiras, 2001, pág. 26, onde sublinha que *"A gestão pública e a reforma da administração não são apenas questões de eficácia e de eficiência, são também de respeito da legalidade, e sobretudo como assinala Kickert, um problema de legitimidade dos instrumentos e das estruturas de organização pública"*. A referência feita a Kickert é relativa à obra de Kickert, Walter e Beck Jorgensen, Torben, "Les tendences de la réforme de gestion en Europe Occidentale", in *Revue Française de Sciences Administratives*, Vol. 61, n.º 4, 1995. A nota 27 do referido texto faz ainda referência a Rosembloom, David H., "Have an administrative rx? Don't forget the politics", in *Public Administration Review*, Vol. 53, n.º 6 e Stewart, Ranson e Jonh Stewart, "Citizenship and government: the challenge for management in the public domain", in *Political Studies*, XXXIII. *Vide*, igualmente, Rouban, Luc e Ziller, J., "De la modernisation de l'administration à la reforme de l'Etat", in *Revue Française d'Administration Publique*, n.º 75, 1995.

[19] Para uma análise actual e moderna das relações entre Governo e cidadãos, *vide*, Salis Gomes, João, «A avaliação de políticas públicas e a governabilidade» in Mozzicafreddo, Juan, Salis Gomes, João e Batista, João S. (orgs.), *Ética e Administração – Como Modernizar os Serviços Públicos*, Celta, 2003 e OCDE, *OCDE Public Management Policy Brief – Engaging Citizens in Policy-making: Information, Consultation and Public Participation*, PUMA Policy Brief n.º 10, July, 2001.

[20] Sobre o conceito de *accountability*, Luhmann, Niklas, *Legitimação pelo Procedimento*, Editorial Universitária de Brasília, Brasília, 1980 (ed. original de 1969); Jones, R. e Pendlebury, Maurice, *Public Sector Accounting*, London: Pitman Publishing, 4ª. ed., Londres, 1996; Araújo, Filipe F. Esteves, "Contraction out and the challenges for accoutability", in *Revista Portuguesa de Administração Pública*, vol. I, n.º 2, 2000; Wolf, Adam, "Symposium on accoutability in public administration: reconciling democracy, efficiency and ethics", in *International Review of Administrative Science*, vol. 66, n.º 1, 2000 e Peters, B. Guy, *La Política de la burocracia*, México-Buenos Aires, Edição e organização do Fondo de Cultura Económica, 1995.

e analiticamente as posições tomadas e, excluindo à partida, o controlo *"parlamentar"* financeiro sobre a Administração Pública Regional e Autárquica[21], optando-se pelo controlo financeiro da Administração Pública Central directa e indirecta[22], dada a extensão do âmbito de análise e investigação que tal estudo implicaria e que este tipo de controlo comporta, para além do facto da inexistência jurídica da Administração Regional e d a autonomia local constitucionalmente consagrada, determinar um afastamento técnico-financeiro e político da realidade do controlo parlamentar. A verdade é que, perante a patenteada falta de investigação sobre o nosso Parlamento, poder-se-ia ter, estrategicamente, entendido optar por inúmeros objectos financeiros de controlo.

Todavia, face aos parcos elementos legais e regulamentares, para além da quase inexistência de informação básica, optámos nesta investigação por seguir uma perspectiva centrada na actividade específica do controlo financeiro externo desenvolvido no âmbito e pela a Assembleia da República. Neste sentido, escolheu-se dentro do período em análise (1976-2002), um conjunto de oito sessões legislativas (1979, 1981, 1984, 1986, 1990, 1994, 1998 e 2001), dispersas pelas nove legislaturas objecto de análise, nos termos do Quadro I, de forma a determinar uma amostra significativa das diversas perspectivas de enquadramento e utilização dos instrumentos de controlo e fiscalização do Parlamento, tendo em atenção, sobretudo, a base de sustentação política parlamentar dos governos em exercício – maioria relativa, maioria absoluta e governo de coligação.

As razões que nos levaram a escolher estes anos parlamentares ou sessões legislativas prendem-se, essencialmente, com a falta de elementos de estudo sobre estes períodos e sobretudo, com o facto de nenhum deles, individualmente considerado, assumir uma visão integral e centrada no desenvolvimento das funções de controlo financeiro por parte

---

[21] O controlo político e financeiro no caso da Administração Regional cabe às Assembleias Legislativas Regionais e, no da Administração Local, à Assembleia Municipal ou à Assembleia da Freguesia.

[22] Sobre o conceito de Administração Pública directa e indirecta ver Freitas do Amaral, Diogo, "Administração Pública", *ob. cit.*, pág. 13 e segs.; Caupers, João, *A Administração Periférica do Estado*, Aequitas, Editorial Notícias, Lisboa, 1994 e Rebelo de Sousa, Marcelo, *Lições de Direito Administrativo*, Vol. I, Lex, Lisboa, 1999, pág. 283 e segs..

da Assembleia da República. Por outro lado, foram escolhidos anos anteriores a anos de eleições, onde era expectável que tivesse havido maior acção fiscalizadora do Parlamento, sobretudo, em razão de iniciativas de controlo dos partidos da oposição[23] parlamentar.

[QUADRO I]

Legislaturas e Governo de 1974 a 2002		
Legislaturas	Governo	Legitimidade
1974 – 1975 – Inexistência de uma Assembleia Eleita	Governo Provisório	
1975 – 1976 – Assembleia Constituinte	Governo Provisório	
1976 – 1980 – I Legislatura	I Governo Constitucional	Minoria PS
	II Governo Constitucional	Maioria PS/CDS
	III Governo Constitucional	Iniciativa Presidencial
	IV Governo Constitucional	Iniciativa Presidencial
	V Governo Constitucional	Iniciativa Presidencial
	VI Governo Constitucional	Maioria AD
1980 – 1983 – II Legislatura	VII Governo Constitucional	Maioria AD
	VIII Governo Constitucional	Maioria AD
1983 – 1985 – III Legislatura	IX Governo Constitucional	Maioria PS/PSD
1985 – 1987 – IV Legislatura	X Governo Constitucional	Minoria PSD
1987 – 1991 – V Legislatura	XI Governo Constitucional	Maioria PSD
1991 – 1995 – VI Legislatura	XII Governo Constitucional	Maioria PSD
1995 – 1999 – VII Legislatura	XIII Governo Constitucional	Minoria PS
1999 – 2002 – VIII Legislatura	XIV Governo Constitucional	Minoria PS

A escolha dessas oito sessões legislativas justifica-se, ainda particularmente, por outras razões de natureza substancial. O ano de 1979 encerra em si a última sessão legislativa[24] em que o Parlamento aprovou um Governo de iniciativa presidencial, o que suscita a necessidade de se verificar de que forma a Assembleia da República fiscalizou a

---

[23] A oposição é definida como *"qualquer movimento contrário ao grupo e movimento político que detém o poder"*, segundo Giampaolo Zucchini, "Oposição", in Bobbio, Norberto, Matteucci, Nicola e Pasquino, Gianfranco, *Dicionário de Política*, Vol. II, Ed. Universidade de Brasília – Imprensa Oficial, 5ª edição, 2000, pág. 847.

[24] Sobre o conceito de *"sessão legislativa"*, Leston-Bandeira, C., *Da Legislação à Legitimação: o Papel do Parlamento Português*, ob. cit., nota 112, pág. 73.

actividade financeira do Estado e que tipo de instrumentos utilizou nesse controlo.

Se por um lado, os anos de 1981 e 1984 consubstanciam duas maiorias parlamentares, uma da AD e outra PS/PSD ou do denominado "*Bloco Central*" o que possibilitará a compreensão da extensão e das consequências da fiscalização levada a efeito, bem como o comportamento do Parlamento face a duas coligações de naturezas políticas diferentes), por outro lado, a sessão parlamentar de 1986 irá dar-nos a perspectiva do controlo efectuado sobre a gestão das finanças públicas de um Governo de minoria, no ano da adesão de Portugal à União Europeia. Por sua vez, os anos de 1990 e 1994 dar-nos-ão uma visão progressiva comparada de como o Parlamento utilizou os seus instrumentos de fiscalização face a duas maiorias parlamentares monopartidárias seguidas, tendo em atenção a estabilidade política vivida e dado que foi a primeira vez que se cumpriu um período inteiro de uma legislatura desde 1976.

Os anos de 1998 e 2001 contrapõem e contrastam com os anos anteriormente referidos, uma vez que se analisam duas legislaturas onde o Governo é suportado por uma maioria relativa de deputados no Parlamento, ao mesmo tempo que, por um lado, se entrava em contagem decrescente para o cumprimento dos critérios nominais económicos e financeiros fixados pelo Tratado de Maastricht, para a entrada no núcleo fundador do Euro e, por outro, se iniciava a contagem para a meta da obtenção de um défice nulo, ou igual a zero, no ano de 2004, onde era esperado, portanto, um maior acompanhamento e fiscalização por parte do Parlamento[25].

Delimitado o objecto da nossa investigação, importa agora precisar, ainda que sumariamente, o plano de trabalhos. Começaremos por um breve percurso discursivo sobre o significado etimológico da palavra "*controlo*" e analisaremos o princípio do controlo parlamentar das finanças públicas, enquanto corolário do princípio da separação de poderes[26]. Delimitaremos, desde logo, o quadro analítico adoptado

---

[25] Ano de 2004, entretanto adiado para 2006 por decisão do Conselho Europeu de Bruxelas de 24 e 25 de Outubro de 2002.

[26] Cfr. Silva Suordem, F. P., *O Princípio da separação de poderes e os novos movimentos sociais, a Administração Pública no Estado Moderno: Entre as exigências de liberdade e organização*, Almedina, 1995 e ver por todos sobre as divergentes

para o estudo da evolução do efectivo controlo parlamentar das finanças públicas, traçando, como referências conceptuais, os trabalhos de diversos autores de vários países demonstrando, igualmente, qual o "*estado da arte*" sobre esta matéria, recorrendo aos autores mais conceituados e aos trabalhos académicos mais recentes. Viajaremos, igualmente, sobre as matrizes históricas[27] originárias do princípio do controlo parlamentar das finanças públicas e verificaremos as suas diversas manifestações constitucionais no ordenamento jurídico-constitucional português, numa perspectiva de *benchmarkting*[28] no âmbito de algumas experiências constitucionais passadas.

Após a explanação das diversas teses sobre o princípio do controlo parlamentar das finanças públicas, aprofundaremos as noções de controlo, suas formas, tipos e regimes, bem como, pôr-se-á a descoberto a ruptura entre o mandato parlamentar representativo e a defesa dos interesses dos cidadãos em matéria financeira. De seguida, precisados os termos e circunstâncias jurídico-constitucionais que enformam a nossa problemática, avançaremos e analisar-se-á como o princípio do controlo parlamentar das finanças públicas foi consagrado, enquanto princípio constitucional e como se apresenta hoje no âmbito da moderna teoria do controlo constitucional e, de forma mais abrangente, na teoria do controlo do poder político[29].

---

formas de concretização constitucional da doutrina da separação de poderes, Marques Guedes, Armando, *Introdução ao Estudo do Direito Público*, Lisboa, 1969, págs. 134, 135 e 172 e segs. e Sérvulo Correia, J., *Noções de Direito Administrativo*, Lisboa, 1982, págs. 17 e segs..

[27] Neste sentido, Gonçalves da Silva, "Bosquejo duma sucinta história da Contabilidade em Portugal", in *Revista de Contabilidade e Comércio*, Vol. 47/48, n.º 187/192 (1983-1984), onde reconhece que "*todos sabem que o desconhecimento do passado dificulta a compreensão do presente e a prospecção do futuro. E ninguém põe em dúvida a importância que os estudos históricos assumem em todas as disciplinas técnicas ou científicas*".

[28] Entendemos por *benchmarkting*, de acordo com os ensinamentos da doutrina em geral e em particular com Bilhim, João, "Metodologia e técnicas de Avaliação", in *A avaliação na Administração Pública*, INA, 1998, págs. 125-132, segundo o qual "*o Benchmarkting permite posicionar uma organização ou um departamento estatal no contexto dos seus concorrentes, comparando o seu desempenho com o dos melhores*".

[29] Todavia, não aprofundaremos as problemáticas relacionadas com o parlamentarismo como sejam: as denominadas «*degenerescências dos parlamentos*» – o

O estudo e análise de algumas experiências comparadas de direito constitucional e parlamentar permitirão verificar os diferentes modelos e práticas existentes[30] e as alterações ocorridas na evolução do próprio princípio do controlo parlamentar das finanças públicas. Uma vez determinado o contexto e o problema em análise, definido o exacto significado e fundamento jurídico-político da afirmação do princípio do controlo parlamentar das finanças públicas, como princípio geral do controlo político e como princípio constitucional e, uma vez analisadas todas as suas consequências políticas e jurídicas, aprofundar-se-á a prática constitucional portuguesa, realçando o período entre 25 de Abril de 1976 e 17 de Março de 2002. Neste sentido, tomar-se-á posição sobre o problema da não aplicação do regime constitucional que obriga à fiscalização parlamentar das finanças públicas, com violação da Cons-

---

transformismo, o consoaciativismo e o assemblearismo e a problemática do declínio e da transformação dos parlamentos. Sobre estes temas ver por todos Sartori, G., *Elementi di Teoria Política*, Il Mulino, Bolonha, 1990 e Bagehot, W., *The English Constitution*, Oxford University Press, Oxford, Tradução italiana: *La costituzione Inglese*, Il Mulino, Bolonha, 1995; Sainz de Bujanda, F., *Sistema de Derecho Financiero*, Madrid, Universidade Complutense, 1985, Vol. I, pág. 430; Bacelar de Vasconcelos, P. C., *Teoria Geral do Controlo Jurídico do Poder Público*, Ed. Cosmos, Lisboa, 1996 e, igualmente, Silva e Sousa, J. M., *Controlo Constitucional, contributo para a definição do seu conceito*, Dissertação de Mestrado, Universidade Católica, Lisboa, 1990 e Queiroz, Cristina M. M., *Os Actos Políticos no Estado de Direito – O Problema do Controle Jurídico do Poder*, Almedina, Coimbra, 1990, págs. 155 e segs..

[30] Cfr. Sousa Franco, A. L., «O Tribunal de Contas na encruzilhada legislativa», *ob. cit.*, onde na nota 3 afirma que "*os órgãos de controlo financeiro que existem hoje no mundo repartem-se fundamentalmente por dois sistemas, excluindo os casos em que, ou não existem órgãos especializados de controlo financeiro, ou os órgãos especializados estão na dependência do Governo (Ministério das Finanças ou Ministério do Plano): os sistemas de Tribunal de Contas e os sistemas de Auditor Geral (com variantes, que não são significativas, na terminologia. (...) Os sistemas de Auditor Geral caracterizam-se por a responsabilidade da fiscalização caber a um órgão independente, em regra funcionando junto do Parlamento e com o titular por este designado, com titular individual e dotado de poderes meramente técnicos ou consultivos que excluem o exercício de qualquer forma de jurisdição e se compatibilizam apenas com a fiscalização concomitante ou sucessiva, predominantemente de natureza económica e, por vezes, também de legalidade e regularidade. Estão neste sistema, a título de exemplo, os seguintes países: Reino Unido, Estados Unidos da América, Canadá, Irlanda, Dinamarca, República Popular da China, Colômbia, República da África do Sul, Venezuela e Egipto.*".

tituição por omissão e sobre as consequências negativas que acarreta para a responsabilização do poder político, no sentido em que concordamos com Mozzicafreddo[31], quando assume que "*O sentido da responsabilidade do político é, no entanto, algo mais do que o controlo e fiscalização: é um modelo de acção e comportamento. Muito dificilmente a administração e o cidadão comum terão um comportamento de observância das normas e de empenhamento responsável, num ambiente de desresponsabilização política e administrativa face ao cidadão e à sociedade em geral*".

Face aos novos movimentos sociais emergentes e globalizados, que sociologicamente se têm analisado e estudado[32], confrontaremos teses e indicadores que demarcam a moderna defesa da cidadania das práticas constitucionais do controlo financeiro, demarcando eventuais caminhos de evolução e progressivas perspectivas de alteração do actual *status quo* do controlo financeiro parlamentar português entendido como caminho a percorrer para um sistema de efectiva responsabilidade política.

Controlar, nos termos constitucionais, as finanças públicas do Estado é uma missão, um desiderato que o legislador constituinte atribuiu à Assembleia da República. Esta missão torna-se fundamental para que o princípio da separação de poderes no Estado de Direito tenha verdadeira e real efectividade, uma vez que sem o controlo técnico e político da actividade financeira do Estado não se cumpre o princípio democrático e muito menos os valores e princípios da república. Isto parecerá, para alguns, uma contradição e uma impossibilidade lógica e prá-

---

[31] Cfr. Mozzicafreddo, Juan, "*A responsabilidade e a cidadania na administração pública*", *ob. cit.*, pág. 16.

[32] Cfr. Fitoussi, Jean-Paul e Rosanvallon, Pierre, *La nueva era de las desigualdades*, Manantial, Buenos Aires, 1997 e Parisot, Francoise (Coor.), *Cidadanias Nacionais e Cidadanias Europeias*, Didáctica Editora, Lisboa, 2001, onde é feita uma análise à cidadania em cada Estado-Membro e uma profunda reflexão sobre a construção da verdadeira e efectiva cidadania europeia e, Pitschas, Rainer, "As administrações públicas europeia e americana na actualidade e o modelo alemão", in Mozzicafreddo, Juan e Salis Gomes, João (Coor.), *Administração e Política – perspectivas de reforma da Administração Pública na Europa e nos Estados Unidos*, Celta Editora, Oeiras, 2001, págs. 63 e segs..

tica, mas para outros, afigurar-se-á como um verdadeiro imperativo categórico de ética e de regime político[33].

3. Metodologia

A metodologia seguida na elaboração deste trabalho consistirá na análise documental. A documentação que servirá para a análise será constituída pela bibliografia especializada sobre as matérias conexas com o tema da dissertação, pela legislação produzida sobre a matéria do controlo interno e externo e do regime financeiro do Estado, pela jurisprudência do Tribunal de Contas existente sobre a mesma, pela documentação relativa ao processo de controlo da actividade financeira pela Assembleia da República, pela documentação interna (acessível) produzida e relativa à sua actuação, como são as actas e relatórios da Comissão de Economia, Finanças e do Plano, bem como pela análise da imprensa. Como noutra sede, Rebelo de Sousa[34] sublinha, ao estudar os critérios caracterizadores da pessoa colectiva pública, *"somos, aliás, por princípio, avessos a recorrer ao regime jurídico para definir figuras ou institutos, preferindo procurar, na Constituição ou na Lei, a razão de ser de umas e de outros, e, à sua luz ou como sua decorrência, entender o respectivo regime jurídico"*.

Do ponto de vista dos métodos de investigação, recorremos, igualmente, com frequência, a temas que é frequente vermos debatidos em obras políticas, jurídicas, especialmente de Direito Constitucional, Ciência Política, Sociologia Política, Direito Administrativo e preferimos recorrer ao que Bourdieu definiu como «*objectivação participante*»[35], procurando incessantemente conhecer para além do próprio objecto de

---

[33] Sobre o conceito de *"regime político"*, ver por todos, Marcelo Caetano, *Manual de Ciência Política e Direito Constitucional*, tomo I, Coimbra, 1989, pág. 350, onde o identifica como um modo de estruturação e exercício do poder concebido *"considerando as concepções fundamentais das relações entre o indivíduo e a sociedade política cuja ideologia o poder político tem por missão verter na ordem jurídica"*.

[34] Cfr. Rebelo de Sousa, M., *Lições de Direito Administrativo*, I, Lisboa, 1994/95, pág. 175.

[35] Cfr. Bourdieu, Pierre, *O Poder Simbólico*, trad., Lisboa, Difel, 1989, pág. 51.

investigação, no culto de que se deve pesquisar no domínio próprio (residual) da sua ciência e nos domínio comuns, apostando nos mecanismos de convergência da interdisciplinariedade das ciências sociais[36]. Assim, na encruzilhada das Ciências Sociais que implicam a *«pesquisa concreta»*, assumimos a posição dos que defendem que a Ciência Política e a Ciência da Administração têm que ter sempre presente outros sistemas para poder qualificar e compreender as características e factos políticos que com eles interagem, neste caso com maior intensidade a Sociologia Política e do Estado e o Direito Parlamentar[37].

Com este enquadramento, a investigação base deste trabalho assenta em cinco denominadores ou variáveis a ter em linha de conta: a análise do regime constitucional, regimental e legal em vigor; a frequência da utilização dos instrumentos regimentais na fiscalização das finanças públicas em cada sessão legislativa; os reflexos do controlo efectuado, tendo como referências o défice orçamental do sector Estado em cada ano, assim como o défice previsto na proposta de Orçamento de Estado e as análises levadas a efeito pela imprensa, sobre o tema. A investigação na base deste estudo assenta nestas cinco categorias e para além disso, perante a falta de bibliografia sobre a matéria em análise, optou-se por analisar o conteúdo dos debates parlamentares, dos relatórios da Comissão de Economia, Finanças e Plano, das interpelações e debates de urgência, bem de alguns relatos de imprensa sobre a fisca-

---

[36] Cfr. Duverger, Maurice, *Ciência Política; Teoria e Método*, trad., Rio de Janeiro, Zahar, 3ª ed., 1981, págs. 32 e 33, de onde ressalta também a defesa desta perspectiva em Sá, Luís, *A Crise das Fronteiras, Estado, Administração Pública e União Europeia*, Edições Cosmos, Lisboa, 1997, pág. 50 e 51, onde defende que não devem existir, por não trazerem qualquer vantagem, polémicas acerca de delimitação de campos e acerca de pretensões de exclusivismo metodológico e de que é inegável a vantagem "*de coexistiram investigadores com formação de base jurídica, antropológica, sociológica, administrativa, estatística (...)*". Numa perspectiva abrangente entre o estudo da Sociologia e da Economia, cfr. Kovács, Iiona, "Economia e Sociologia na era da incerteza: Do conflito à cooperação", in *Estudos de Economia*, ISE, Vol. V, Jul.-Set., 1985, págs. 441 e segs.

[37] Quase que diríamos como Antero de Quental, *Prosas*, III, pág. 102, que aqui o conhecimento científico constitui apenas uma região intermédia entre o senso comum e o conhecimento metafísico, ou como Adelino Maltez, José, *Sobre a Ciência Política*, Instituto Superior de Ciências Sociais e Políticas, Lisboa, 1994, pág. 33, que conclui "*Por outras palavras, o campo da ciência é o pensamento*".

lização das matérias financeiras pelo Parlamento. Para além das cinco categorias de investigação, realizámos um conjunto de entrevistas a especialistas da administração pública, personalidades envolvidas no processo prático de controlo da actividade financeira pela Assembleia da República e de outros interlocutores da sociedade civil, que tiveram, desempenharam e desempenham um papel de relevo nos últimos 29 anos do nosso regime democrático. Estas entrevistas trouxeram-nos elementos muito valiosos sobre a evolução da função de controlo financeiro da Assembleia da República, mas igualmente, sobre as alterações necessárias à efectivação prática dessa primordial função democrática de controlo político e social[38].

---

[38] Entrevistámos vinte personalidades portuguesas do mundo académico, político e social, os quais citamos na nossa nota de agradecimentos e cujos currículos patenteiam os estudos aprofundados sobre o controlo das finanças públicas, as funções desempenhadas no Parlamento e sobretudo, enquanto membros eleitos da Comissão de Economia, Finanças e Plano, bem como as responsabilidades exercidas enquanto responsáveis pelo Ministério das Finanças, com conhecimentos aprofundados da temática do controlo parlamentar financeiro.

I – CONCEITO, ORIGENS E EVOLUÇÃO DO CONTROLO PARLAMENTAR DAS FINANÇAS PÚBLICAS

1. O significado etimológico da palavra controlo ou do *"contra-livro"*

Para podermos aproximarmo-nos do conceito de controlo financeiro, devemos, em primeiro lugar, delimitar o conceito de controlo, para posteriormente aduzirmos do seu alcance, âmbito, extensão e limites no que às atribuições da Assembleia da República dizem respeito. Etimologicamente, a palavra controlo provém do francês *"contre rôle"*, que significa literalmente *"contra-livro"*, mas a sua raiz é latina e advém de *"contrarotulus"*. Este termo significava e pretendia referir-se, originariamente, à actividade da entidade controlada, que deveria ser sempre registada num segundo livro, cujos registos podiam ser confrontados com os registos originais do primeiro livro[39].

Perante as dificuldades de contabilizar, guardar, rentabilizar e fazer chegar ao erário público as riquezas (fruto dos descobrimentos e das consequentes rotas marítimas), o Estado necessitou de modificar a forma como controlava arcaicamente a sua riqueza, tendo deixado de utilizar o método da unigrafia contabilista e fazendo com que a contabilidade régia tivesse ela própria um controlo através de um segundo livro ou *"contra-livro"*, nos mesmos termos em que era já levada a efeito na Europa, pelos florentinos, venezianos, londrinos e genoveses[40]. Por isso se observaram as reformas contabilistas portuguesas de

---

[39] Cfr. Stein, E., *Derecho Político*, trad., Madrid, 1973, pág. 71.

[40] O aparecimento da obra de Luca Pacioli, *Tratactus de Computis et Scripturis*, (Contabilidade por Partidas Dobradas), Veneza, 1494, é um dos bons exemplos sobre o desenvolvimento e investigação nestas matérias, já que o autor enfatizou a ideia de que à teoria contábil do débito e do crédito correspondia a teoria dos números

1516, 1560 e 1627, uma vez que, com o avanço dos séculos e a crescente complexidade e volume das matérias financeiras e económicas, a exigência de um mais apertado controlo das contas tornava-se cada vez mais acentuada, por isso, *"As precisas determinações dos 15 Títulos que compõem a Cédula, incluem procedimentos que vão muito além da própria contabilidade, para se aproximar daquilo que hoje se descreve nos Manuais de Controlo Interno"* e que afirmam que *"Os redactores desta Cédula colheram inspiração nas ideias de Colbert, de 1673, e esta norma teve tal impacto que, ainda hoje os livros Diário, Razão, Inventário e Balanço e de Actas são selados, rubricados e legalizados nas respectivas Repartições de Finanças"*[41].

Em Portugal, é com a publicação da Cédula de 1761, decretada por D. José a 22 de Dezembro desse ano, que se extinguiu a Casa dos Contos e que se criou o Erário Régio, tendo-se criado o cargo de Inspector-Geral – cujo plano de organização coube a João Henrique de Sousa autor da obra *"Arte da Escritura Dobrada"*, documento legal onde se assume que, face à crise financeira então existente, havia a necessidade de consagrar normativamente o Sistema de Partidas Dobradas ou do *"Segundo Livro"*[42]. Todavia, no dizer de Gonçalves da Silva[43],

---

positivos e negativos e expôs extensivamente sobre o Método das Partidas Dobradas. Ver igualmente as obras deste autor, *Summa de Arithmética* Geometria *Proportioni et Proporcionalitá* e *La Divina Proportione*, impressas em Veneza. Todavia, numa perspectiva histórica mais abrangente e profunda sobre estas matérias, cfr. Lopes de Sá, António, *História Geral e das Doutrinas da Contabilidade*, Vislis Editores, 2ª. Edição Ampliada, 1998.

[41] Cfr. Marques de Almeida, J. e Conceição Marques, M., *A Contabilidade Pública em Portugal: da Monarquia (1761) à II República (2002)*, Economia Global e Gestão, ISCTE, n.º 1/2002, Vol. VII, Abril, pág. 99 e segs..

[42] *Idem*, pág. 99, onde os autores sustentam que *"Supõe-se que as partidas dobradas tenham sido introduzidas em Portugal nos Princípios do século XVI, mas a utilização do método na contabilidade pública só veio a acontecer em 1761 (...)"*.

[43] Cfr. Gonçalves da Silva, Fernando, V., *Curiosidades, velharias e miudezas contabilísticas*, Editorial Império, Lisboa 1970. Sobre a génese das partidas dobradas, este autor indica a título de exemplo *"Rossi, G., La Computisteria dei Romani; Besta; F., La Ragioneria, Vol. 3.º, pág. 336 e segs. e Brown, R., A History of Accounting and Accountants, págs. 93 e segs.*. Atente-se que a quase totalidade dos historiadores não põe em dúvida que as partidas dobradas nasceram em Itália. Há todavia, quem admita a possibilidade de tal sistema ser de origem árabe ou judaica, como Cantor, M., *Geschiste der Mathematik,* Vol. 2.º, pág. 328". No mesmo sentido, Monteiro, Armindo,

"*As partidas dobradas não surgiram de repente, acabadas e perfeitas, dum cérebro iluminado por um clarão de génio. São antes o término duma longa evolução, a última fase da lenta transformação por que passaram as partidas simples nos séculos XIII e XIV*".

Na Cédula, afirmava-se no seu Título XII que "*O método da dita administração será o mercantil, e, dentro deste, o da partida dobrada, actualmente seguido por todas as nações avançadas da Europa, por ser o mais rápido, o mais claro e o mais concludente para reger o manejo de grandes somas, sem subterfúgios daqueles em que a malícia terá lugar para esconder-se.*"[44]. Assim, cada uma das quatro Contadorias Gerais criadas (Contadoria Geral da Corte e Província da Estremadura; Contadoria Geral das Províncias do Reino e Ilhas dos Açores e Madeira; Contadoria Geral da África Ocidental, Maranhão e Comarcas do Território do Distrito da Bahia; Contadoria Geral do Território do Distrito do Rio de Janeiro, África Oriental e Ásia Portuguesa), deveria possuir um Livro Diário, um Livro Razão (também conhecido por Livro Mestre), um Borrador do Diário (cópia na posse da Tesouraria-Mor) e um Livro Auxiliar para registo das operações inerentes aos arrendamentos, contratos, rendas, direitos e impostos[45].

A palavra controlo resulta, assim, da expressão "*contrôle*" ou "*contre rôle*"[46], que assume na língua portuguesa o significado de "registo",

---

Do Orçamento Português, tomo primeiro, Lisboa, 1921, pág. 257., afirma peremptoriamente que na Reforma dos Contos de 1627 – Regimento dos Contos – "*o método de escrituração dos livros do Tesouro passa a ser o de partidas dobradas – por ser o mais breve, o mais claro e o mais concludente para se reger a administração das grandes somas, sem subterfúgios nos quais a malícia ache lugar para se esconder. Cada Contadoria possuirá um Diário, um Livro de Mestre e um Livro Auxiliar para cada uma das Câmaras de arrecadação da Fazenda Real, Direitos, Impostos, Provedores, Almoxarifes, etc.*".

[44] Segundo transcreve Marques de Almeida, J. e Conceição Marques, M., *A Contabilidade Pública em Portugal ..., ob. cit.*, pág. 99 e segs..

[45] Cfr. Cavaleiro Paixão, Judite, "O Controlo das Contas Públicas – um passado, uma história", in *Revista do Tribunal de Contas*, n.º 26, Julho-Dezembro, 1996, págs. 323-347.

[46] Vide, *Dicionário Enciclopédico Larousse*, mas igualmente, com acuidade, *Verbo – Enciclopédia Luso-Brasileira de Cultura*, Editorial Verbo, Lisboa, onde se determina que "controle" é um "*Galicismo largamente divulgado na língua portuguesa a partir da II Guerra Mundial (1939/1945), a significar, verificação, fiscali-*

"*ter em dobrado ou duplicado*" ou de "verificação", "orientação", "vigilância", "inspecção", "fiscalização". Neste sentido, Sousa Franco sublinha que "*Controlar é uma palavra de origem francesa (rôle/contre-rôle), que designa originariamente um segundo registo (ou verificação) organizado para verificar o primeiro, ou o conjunto das acções destinadas a confrontar uma acção principal (controlada) com os seus objectivos ou metas e com os princípios e regras a que deve obedecer*"[47].

O mesmo autor, acrescenta que «*É esta a primeira acepção da noção de controlo (presente, por exemplo, em: controlo orçamental, controlo de gestão), consistindo na verificação crítica de conformidade ou desconformidade a certo padrão e na avaliação das respectivas causas e consequências, com eventual revisão ou ajustamento dos programas ou dos objectivos da acção controlada. Não há controlo sem uma análise e uma avaliação críticas – que poderão ou não determinar uma revisão ou adaptação da actividade controlada (objecto do controlo). A partir deste conceito a noção foi-se alargando, às vezes com relativa impropriedade. Assim pode significar domínio ou poder (assumir o controlo de uma empresa, controlar o poder de um Estado, ter uma situação sob controlo), regulamentação ou disciplina discricionária (controlo de câmbios, controlo das trocas ou do comércio externo), ou mesmo um processo social global de vigilância e sanção para assegurar a conformidade dos comportamentos dos agentes às regras ou normas prescritas (embora derivado de Durkeim e A. Comte, foram sociólogos norte-americanos que desenvolveram esta importante noção de "social control", em oposição à simples coacção ou constrangimento). O primeiro sentido (vigilância, verificação de conformidade ou desvio) corresponde mais à acepção francesa de "contrôle"; o segundo, à noção inglesa de control, que significa frequentemente dominar, dirigir, comandar, reprimir (self-control, birth control), como nota André Lalande (Vocabulaire technique et critique de la philosophie, s.v.)*».

---

zação, revisão, condução, conferência, inspecção, orientação, superintendência" e *Grande Enciclopédia Portuguesa e Brasileira*, Editorial Enciclopédia, Ltd., Lisboa/Rio de Janeiro, Vol. VII, pág. 587.

[47] Cfr. Sousa Franco, A. L., *O Controlo da Administração Pública em Portugal*, ob. cit., pág. 117.

Mas como anglicismo, poderemos afirmar que significa dominar ou fazer obedecer, "*utilizando-se a forma verbal controlar, no sentido de manter sob domínio*"[48], embora seja do conhecimento geral que na língua inglesa a palavra "*control*" é utilizada no sentido de um poder de dirigir ou de comando, mas também de domínio, governo ou inspecção ou fiscalização. Nesse sentido, em italiano "*controllo*" é empregue no sentido de conferência, verificação ou revisão, mas, na língua alemã "*kontroll*" é usado como significando fiscalização, revisão, inspecção, registo, vistoria ou exame e sindicância e, em espanhol, "*control*" significa inspecção, fiscalização, intervenção, mas também como domínio, mando e preponderância (nestes sentidos a palavra deve ser registada como galicismo).

Todavia, em consonância com a opinião de Moreno[49], a palavra controlo é a que hoje se mostra mais adequada para expressar "*toda a amplitude e polivalência abarcada pela moderna actividade de controlo financeiro público*" e adianta que "*este vocábulo «controlo» não é sinónimo nem pode ser equivalente, por ser bem mais abrangente, a expressões tradicionais tais como as de fiscalização, inspecção, acompanhamento e supervisão, avaliação, correcção, censura ou aplicação de sanções*".

Como vimos, a palavra controlo, na sua raiz semântica, assume uma dualidade de relação: o termo «*contre*» oriundo, na nossa língua, pela introdução da expressão «*contre rôle*», ou papel contrário, de matriz francesa e a ideia de um acto contrário ao acto principal, um contra-papel, originário do latim «*contrarotulus*», que originou a criação da técnica da segunda inscrição, ou «*segundo livro*» ou «*contra-livro*».

---

[48] Cfr. Silva e Sousa, J. M. da, *ob. cit.*, págs. 62 e segs..

[49] Cfr. Moreno, Carlos, *O Sistema Nacional de Controlo Interno*, *ob. cit.*, pág. 119, que distingue os dois conceitos mais utilizados, quer pela legislação, quer pela doutrina, afirmando que "*Em bom rigor, a fiscalização consubstancia uma acção destinada a prevenir eventuais ilegalidades ou irregularidades ou a repará-las, enquanto a inspecção corresponde a uma acção especialmente dirigida a averiguar factos representativos ou ligados a certa ocorrência ou à actividade de uma determinada entidade*".

2. Etimologia de *finanças* e *financeiro*

Importa, agora, determinarmos qual a origem, a raiz, a etimologia das palavras finanças e financeiro(a), facto que se reveste de uma extrema utilidade para uma aproximação e para uma melhor compreensão da matéria objecto do nosso estudo.

Segundo o *Dicionário Etimológico da Língua Portuguesa*[50], o *Grande Dicionário da Língua Portuguesa*[51] e o *Dicionário da Língua Portuguesa Contemporânea*[52], *finanças* e *financeiro* derivam do francês *finance*, significando, nomeadamente, *recursos pecuniários* (de um indivíduo ou de um país, etc.), *fazenda pública*, os *dinheiros do Estado*, *tesouro*, *erário*, a *ciência e a profissão do manejo do dinheiro*, especialmente do dinheiro do Estado. Por sua vez, *finance*, tem origem em *finer* (francês antigo), posteriormente *finir*, derivando do latim *finis, is* (fim, termo, acabamento...) e tem tido em França o significado de um conjunto de meios económicos postos à disposição de uma organização para a realização dos seus fins próprios. Efectivamente, a raíz etimológica mais provável parece ser a da expressão *finis*, a qual também foi usada no sentido de *vencimento da dívida*. De *finis*, parece terem nascido as expressões *finatio* e *financia*, "*pelas quais se exprimiam, nos séculos XII e XIV, as ideias de débito, de prestação*"[53].

Assim, na Idade Média, *finer* significava o fim de uma transação geralmente concretizada pelo pagamento do preço[54]. A partir do século XVIII, a generalização do vocábulo *financia* veio a dar origem ao estabelecimento de uma linha de continuidade entre o étimo mais provável, *finis*, e o significado actualmente atribuído à expressão *finanças*. Importa também sublinhar que, embora em desuso, ainda hoje se use com

---

[50] Cfr. Geraldo da Cunha, António (Coord.), *Dicionário Etimológico da Língua Portuguesa*, Editora Nova Fronteira, 7ª imp., Rio de Janeiro, 1996, pág. 358.

[51] Cfr. Machado, José Pedro (Coord.), *Grande Dicionário da Língua Portuguesa*, Vol. III, Publicações Alfa, Lisboa, 1991, pág. 94.

[52] Cfr. *Dicionário da Língua Portuguesa Contemporânea da Academia das Ciências de Lisboa*, Ed. Verbo, Lisboa, 2001, Vol. I, pág. 1754.

[53] Cfr. Pereira de Sousa, Domingos, *Finanças Públicas*, ISCSP, Lisboa, 1992, pág. 21.

[54] Cfr. Lascombe, Michel e Vandendriessche, Xavier, *Les Finances Publiques*, 3ª Ed., Dalloz, Paris, 1998, pág. 1.

frequência a expressão *fazenda pública* como sinónimo de finanças públicas, sendo certo que fazenda deriva do latim *facienda*, de *facere* (fazer, executar), podendo significar, designadamente, *riqueza*, *bens*, *recursos*, *rendimentos*...

No nosso país, a expressão mais utilizada foi a de *fazenda*, para significar aquilo a que hoje denominamos de finanças. Fazenda, significou, a princípio, a posse de terras e prédios rústicos, ou seja o património de cada cidadão e até o património do príncipe, o património do Estado e é essa, precisamente, uma das justificações encontradas para a designação tradicional do Ministério da Fazenda[55]. Hoje, utiliza-se a expressão finanças públicas, para significar a *"actividade económica de um ente público tendente a afectar bens à satisfação de necessidades que lhe estão confiadas"*[56].

3. Conceito, função, tipos e formas de controlo

A noção de controlo apresenta-se-nos como um conceito de bastante difícil delimitação, como um conceito complexo, que do ponto de vista etimológico, como vimos, não é um conceito unívoco, embora, na nossa opinião, também não seja necessário complicar a sua análise, caminho que alguns autores percorrem de forma injustificada[57].

---

[55] Cfr. Soarez Martinez, *Introdução ao Estudo das Finanças*, Cadernos de Ciência e Técnica Fiscal, Lisboa, 1967, pág. 19 e segs..

[56] Cfr. Sousa Franco, A. L., *Finanças Públicas e Direito Financeiro*, Almedina, Coimbra, 1987, pág. 3.

[57] Cfr. Fontes, José, *Do controlo parlamentar da Administração Pública*, ob. cit., pág. 40 e segs., sobretudo na contraposição apresentada entre poder de fiscalização da Assembleia da República e a pretensa relação jurídica de controlo desta para com a Administração Pública que não existe, já que não existe relação sinalagmática entre ambas e só um poder-atribuição de fiscalização por parte do Parlamento. Neste sentido, não tem qualquer acolhimento, igualmente, o argumento de que o facto constitutivo desta relação jurídico-pública é o facto de para o Parlamento ser um direito, mas também um ónus ou encargo e uma garantia para os administrados, porque não se trata de um direito, mas de um poder, que ao não ser exercido comina, tão e só uma situação de inconstitucionalidade por omissão e a desconfiança dos cidadãos perante a actividade da Assembleia da República.

O conceito de controlo, omnipresente na teoria do Estado democrático, admite, assim, uma multiplicidade de significados que dificultam extraordinariamente o seu tratamento doutrinal e empírico. Torna-se, então, imperioso distinguir essas diferentes acepções no sentido de determinar com rigor e exactidão qual delas é aplicável ao controlo parlamentar, objecto do nosso trabalho.

Não pretendemos, nesta sede, elaborar uma teoria do controlo, mas tão-somente perfilar noções básicas que permitam apontar os conceitos que, pela sua generalidade, devem estar obrigatoriamente afastados da nossa análise e, ao mesmo tempo, indicar qual é o núcleo central do conceito de controlo parlamentar do Governo e da Administração Pública, sem atender a questões que se colocam na teoria geral do controlo, como sejam as questões do eventual caracter sancionatório como elemento do conceito de controlo ou a questão da recolha de informação, que é, para nós, meramente acessória desta função.

Num primeiro sentido, o controlo apareceu como requisito necessário para evitar o poder absoluto, tal como o entendiam os clássicos[58] e que se concretiza hoje, na distribuição constitucional do poder do Estado em diversos e diferentes órgãos de soberania. É hoje do conhecimento geral, embora muitas vezes se ignore e esqueça, que a luta pelo parlamentarismo foi uma luta pela liberdade política dos povos[59].

---

[58] Cfr. Locke, John, *Segundo tratado sobre el gobierno civil*, Madrid, Alianza Editorial, 1990, pág. 157, onde afirma que "*el poder ejecutivo le haya sido entregado auno que, al participar en el poder legislativo... no tendrá que subordinarse en mayor grado del que a él mismo le parezca oportuno, grado que, como puede soponerse com certeza, será mínimo*" e Montesquieu, Charles de Secondat, *O Espírito das Leis*, (tradução portuguesa), Brasília, 1982, particularmente os capítulos VI, do Livro XI, págs. 151 e segs., onde assinala que "*Quando o poder legislativo está unido ao poder executivo, na mesma pessoa ou no mesmo corpo, não há liberdade*". De notar, que estas ideias encontram expressam legal em muitos textos clássicos dos finais do século XVIII e no artigo 30.º da *Constituição de Massachusetts* de 1780 e em outros textos legais como na *Declaração Francesa dos Direitos do Homem e do Cidadão*, de 26 de Agosto de 1789.

[59] Cfr. Kelsen, Hans, *Essencia y valor de la democracia*, Guadarrama, Madrid, 1977, pág. 50; Colliard, Claud-Albert, *Libertés Publiques*, Dalloz, Précis Dalloz, Septième édition, París, 1989, que disserta aprofundada e extensivamente sobre o conceito e evolução de liberdade(s) pública(s), tal qual hoje a(s) entendemos; Araújo, Fernando, *ADAM SMITH – O Conceito Mecanicista de Liberdade*, Almedina, Coim-

Como assinala De Mita, "*A Constituição não se faz cumprir, memorizando a redacção de todos os seus artigos, mas antes garantindo em concreto, segundo a evolução histórica, as liberdades que a mesma consagra*"[60].

A noção e conceito de controlo foram assumidos pela *Declaração Francesa dos Direitos do Homem e do Cidadão*, de 26 de Agosto de 1789[61], de uma forma tão enraizada que os seus artigos 15.º e 16.º afirmavam mesmo, que o conceito de Constituição só tinha sentido quando concebido como um instrumento de limitação e controlo do poder, assinalando que "*Art. 15.º – A sociedade tem o direito de exigir a prestação de contas de todo o agente público da sua administração*" e que "*Art. 16.º – Toda a sociedade em que a garantia dos direitos não é assegurada, nem a separação dos poderes determinada, não tem em absoluto constituição*".

Esta concepção é, para nós determinante para a forma como modernamente devem ser encarados e concebidos os sistemas democráticos parlamentares, onde deve ser assumido que o controlo é um elemento intrínseco do conceito de Constituição[62]. Toda esta construção assenta na ideia de que o conceito de controlo é operacionalizado na prática quando um dos órgãos ou sujeitos a que o ordenamento constitucional atribui funções ou competências, as exerce, ao mesmo tempo que afasta desse exercício os outros sujeitos ou, então, quando exerce competências de outros órgãos.

Entre nós e, sobretudo na esteira do que enfatiza Sousa Franco[63], a posição dominante na teoria e na jurisprudência portuguesa assume

---

bra, 2001 e Skinner, Quentin, *As Fundações do Pensamento Político Moderno*, Companhia das Letras, São Paulo, 1996.

[60] Cfr. De Mita, Ciriaco, *Politica e istituzioni nell'Italia Repubblicana*, Bompiani, Milano, 1988, pág. 26, (trad. directa nossa).

[61] *Vide*, Moreira, Adriano, Bugalhol, Alejandro e Albuquerque, Celso, *Legado Político do Ocidente – O Homem e o Estado*, Estratégia, Instituto Português da Conjuntura Estratégica, Lisboa, 1995, pág. 173 e segs..

[62] Defendendo esta mesma ideia, com uma fundamentação jusnaturalista, Aragón Rayes, Manuel, "El control como elemento inseparable del concepto de Constitución", in *Revista Española de Derecho Constitucional*, n.º 19, 1987, págs. 16 e 52.

[63] Cfr. Sousa Franco, A. L., "*O Controlo Interno na Administração Pública*", *ob. cit.*, págs. 4 e 5 e em "Dinheiros Públicos, Julgamentos de Contas e Controlo Financeiro Institucional", in *Revista Luso-Africana de Direito*, vol. I, pág. 23.

que "*O controlo, isto é, o confronto com padrões de qualidade do modo como está organizada a gestão e do modo como os resultados da gestão se configuram em termos de utilidade social, é decisivo para melhorar a qualidade de sistemas de gestão, que, de outra maneira, se tornariam de produtividade negativa, de eficácia e eficiência muito duvidosos e de relação custo/benefício porventura também ela profundamente negativa. O controlo é essencial no Estado moderno* ".

Na verdade, a concepção mais frequente assenta nesta ideia de que o controlo se realiza através da comparação do resultado obtido com determinado padrão decorrente do resultado desejável, mas, também, pela acção técnica de fiscalizar os actos praticados ou levados a cabo por outro ou outros, à luz de um determinado padrão. Neste sentido, o controlo realiza-se, em princípio, sempre que uma determinada entidade ou órgão examina a actividade desenvolvida pelo órgão ou entidade controlado, através da comparação do resultado obtido com determinado padrão decorrente do resultado desejável e, através da tomada de medidas correctivas, intenta um processo de eliminação das diferenças existentes. Na perspectiva que defendemos sobre o que deve ser entendido por *controlo* e na esteira do que sublinha Sousa Franco, "*consistindo na verificação crítica de conformidade ou desconformidade a certo padrão e na avaliação das respectivas causas e consequências*"[64].

Ora, sendo o controlo uma das funções primordiais da gestão[65], da administração e das acções humanas – planificação, execução, controlo do resultado e eventual revisão – podemos analisar esta função sob diversas perspectivas, que podem assumir ou significar domínio de poder,

---

[64] Cfr. Sousa Franco, A. L., *O controlo da Administração Pública em Portugal*, *ob. cit.*, pág. 117 e Rosário Torres, Maria, "Controlo e Avaliação – Instrumentos Indispensáveis numa Administração Pública Moderna", in *Revista do Tribunal de Contas*, n.º 26, Jul./Dezembro, 1996, pág. 109 e segs., onde descreve a evolução do conceito de controlo e o distingue de outros conceitos como a avaliação e o *benchmarking*.

[65] Nesse sentido, cfr. Tavares, José F. F., *O Tribunal de Contas. Do Visto em especial – Conceito, Natureza e Enquadramento na actividade da Administração*, Livraria Almedina, Coimbra, 1998, pág. 21, onde sublinha que "*Toda a actividade de gestão exige, para a sua eficácia, um bom sistema de controlo, podendo mesmo considerar-se indissociáveis os sistemas de gestão e de controlo. Esta ideia é válida para os domínios da gestão pública e da gestão privada*".

disciplina, processo de vigilância, controlo social, etc., representado-a da seguinte forma esquemática:

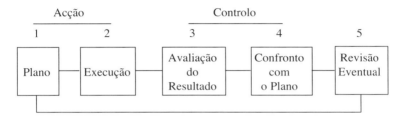

[QUADRO II]
Funções primordiais da gestão – a função controlo

O conceito de controlo no Estado Moderno Democrático[66] assume, assim, uma importância acrescida uma vez que a Democracia subordina o Estado a regras claras e públicas, iguais para todos os cidadãos e não a vontades particulares ou de grupos e, consequentemente, é fundamental a existência de um forte e constante controlo, ao mesmo tempo que os recursos disponibilizados pelos cidadãos para a prossecução do bem comum, devem ser gastos ou aplicados com a garantia de que os objectivos socialmente definidos serão concretizados com rigor e com o mínimo custo e o máximo benefício económico e social[67].

Tendo como certo que a função de controlo é uma das mais relevantes funções dos Parlamentos modernos[68], torna-se, agora, necessário determinar qual o significado e o alcance desse controlo, uma vez que o estudo da sua natureza, finalidade e alcance, poderão propor-

---

[66] Vide Sousa Franco, A. L., *Dinheiros Públicos, Julgamento de Contas e Controlo Interno no Espaço de Língua Portuguesa*, Lisboa, 1995, pág. 18 e segs., bem como em *Dinheiros Públicos, Julgamentos de Contas e Controlo Financeiro Institucional*, ob. cit., pág. 23 e segs..

[67] Idem, *O controlo da Administração Pública em Portugal*, ob. cit., pág. 120, onde estabelece que a "*Limitação de poder na perspectiva da teoria do Estado e garantia do Direito na perspectiva da teoria geral do Direito são aspectos decisivos do controlo global do Estado*".

[68] Cfr. Vital Moreira e Gomes Canotilho, J. J., *Constituição da República Portuguesa Anotada*, Coimbra Editora, 3ª. Ed. revista, Coimbra, 1993, em anotação ao art.. 165.°, pág. 655.

cionar uma compreensão mais rigorosa da eficácia desta sua função, bem como, enquanto instituição representativa do povo, avaliar de que forma e com que intensidade são imputadas e sacadas responsabilidades aos Governos e às diversas estruturas da Administração Pública. Ora, na Administração do Estado, o controlo é em tudo semelhante ao controlo efectuado noutras organizações[69] – privadas, cooperativas, concessionadas ou reguladoras – mas assume particularidades distintas, quer em razão da função, quer no plano técnico, uma vez que a sua especificidade, muitas das vezes, obriga a análises políticas, à aplicação de regras jurídicas distintas dos diversos regimes jurídicos privados e é efectuado sobre organizações muitas das vezes massificadas e impessoais, para além da capacidade de responsabilização ser difícil, já que os valores da economicidade, eficiência e racionalidade não são assumidos[70].

Quanto à sua natureza, a teoria mostra-se mais dividida. Discute-se, na teoria jurídica, se a actividade de controlo parlamentar é uma actividade política ou jurídica. Uma grande parte considera o controlo parlamentar como uma função de natureza jurídica. García Morrillo[71], entre outros, assume que *"não parece ter fundamento(...) negar natureza jurídica a fenómenos que encontram a sua origem em normas jurídicas, se desenvolvem conforme elas dispõem e produzem (...) efeitos jurídicos"*. Melo[72] sublinha que *"O controlo, no fundo, é um conceito*

---

[69] Cfr. Sousa Franco, A. L., *O controlo da Administração Pública em Portugal*, ob. cit., pág. 122.

[70] Cfr. Chiavenato, Idalberto, *Teoria Geral da Administração*, Vol. I e II, Editora Campus, 5ª Edição Actualizada, Rio de Janeiro, 1999; Neves, Arminda, «Cultura de Gestão na Administração Pública, in *A Reinvenção da Função Pública – Da burocracia à Gestão*, 3.º Encontro INA, Março de 2002, pág. 167 e segs. e MAP, Ministério para las Administraciones Públicas, *Lecturas de Teoria de la Organization – La evolución histórica del pensamento organizativo. Los principales paradigmas teóricos*, Vol. I, Serie Administración General, Madrid, 1993.

[71] Cfr. Montero Gilbert, José Ramón e García Morillo, Joaquín, *El control parlamentário*, Tecnos, Madrid, 1984, págs. 54-67 e segs. (tradução nossa), bem como, Santaolalla Lópes, Fernando, «La función de control y la ciencia del Derecho Constitucional», in *Revista de las Cortes Generales*, n.º 12, 1987, pág. 240, que parte duma perspectiva de recusa de todas as posições *"sociológicas ou políticas"*, para o asumir como *"conceito puramente político"*.

[72] Cfr. Barbosa de Melo, "A importância do controlo das Finanças Públicas no

geral, um conceito que tem a ver com as Ciências da Organização e é particularmente um conceito jurídico. Praticamente, pode dizer-se que a Constituição do Estado é um diploma de controlo do Estado e da sociedade, ela própria é uma espécie de «baliza geral» do comportamento de todos os órgãos". Quanto ao controlo parlamentar, especifica-o como *"um controlo dirigido à globalidade da acção de um governo, de um departamento, de uma instituição, mas tendo sempre em vista a generalidade, na relevância que isso tem para a polis, é um controlo político"*. Numa outra perspectiva, Vasconcelos[73] assume que *"os controlos jurídicos parecem emergir duma atmosfera carregada por outros sinais, alheia a considerações imediatas de valor; no lugar das preocupações de eficácia ou fiabilidade de um certo resultado, a certeza de que um resultado ainda incerto será obtido"*.

Contudo, a nosso ver, este autor, na elaboração da sua *Teoria Geral do Controlo Jurídico do Poder Público*, incorre numa perspectiva de análise distorcida e incompleta, uma vez que na sua análise deixa sem o tratamento devido e justificado a matéria que, em nossa opinião, melhor demonstra e justifica a existência do controlo jurídico do poder público – o controlo das operações materiais do Estado em matéria financeira, o controlo das suas finanças públicas numa perspectiva jurídica.

Segundo Fontes[74], *"Em Direito Parlamentar, o conceito de controlo tem, segundo Pierre Avril e Jean Gicquel «...une signification originale qui englobe le sens courant, selon lequel le contrôle est opposé à l'action, mais qui désigne spécifiquement la mise en jeu de la responsabilité politique du Gouvernement et, par extension, les activités informatives qui s'y rattachent»*. Acrescenta em suma, que em sua opinião, *"o controlo parlamentar é sempre um controlo político"* e que *"podemos caracterizar o controlo efectuado pelo Parlamento como um exercício de uma função política não jurídica"*. Neste sentido, a natureza política do controlo parlamentar tem sido defendida, assinalando que não se lhe pode atribuir uma natureza jurídica, só porque resulta de

---

âmbito das atribuições de fiscalização da Assembleia da República", in Seminário *O Controlo Interno na Administração Pública*, IGF, Lisboa, 1996, págs. 19 e segs..

[73] Cfr. Bacelar de Vasconcelos, P. C., *ob. cit.*, pág. 103.

[74] Cfr. Fontes, José, *Do controlo parlamentar da Administração Pública*, *ob. cit.*, págs. 40 e 57 e 64.

norma jurídicas, atribuindo-lhe, em razão do método, do objecto e do seu próprio conceito, uma natureza política[75]. Para nós, a natureza do controlo parlamentar configura-se, igualmente, como uma função de natureza essencialmente política[76], que é relegada para um segundo plano pelas maiorias parlamentares, que é necessária aos sistemas representativos, que assume uma vital importância para os Parlamentos das Democracias Modernas, mas que nem por isso deixa de ser, igualmente, da titularidade das minorias da oposição, embora não exclusivamente. Em nosso entender, a sua natureza essencialmente política funda-se, em quatro ordens de razões:

a) O conteúdo do controlo parlamentar, apesar de emanar e de ter na sua origem em regras jurídicas, funda-se na análise dos actos do Governo e da Administração Pública, segundo critérios políticos, uma vez que esses actos são geralmente sopesados à luz dos Programas de Governo, do Orçamentos e Planos aprovados e dos fundamentos ideológicos dos programas programáticos e eleitorais de cada um dos partidos com assento parlamentar;

b) Por outro lado, esse controlo não se traduz na criação de qualquer norma jurídica (embora existam institutos jurídicos de avaliação da legislação produzida pelo Governo), antes pelo contrário, esse controlo é instrumental da actividade legislativa e consubstancia-se, essencialmente, em práticas de análise e valoração política de todas as funções atribuídas ao Governo;

c) Esse controlo configura-se como uma função de natureza política, porque se é hoje pacífico afirmar que os Parlamentos contemporâneos ganharam competências fiscalizadoras e de controlo, em compensação pela perda, a favor dos Governos de

---

[75] Neste sentido, sobretudo cfr. Aragón Reyes, Manuel, «El control parlamentario como control político», in *Revista de Derecho Político*, UNED, Madrid, n.º 23, 1986, pág. 12 e García Martinez, Mª. Assunción, «La actividad legislativa del Parlamento como mecanismo de control político», in *Revista de las Cortes Geberales*, n.º 14, 1988, pág. 66.

[76] Na perspectiva defendida pela maioria da Doutrina portuguesa, como assinalamos em *3. Conceito, Função, Tipos e Formas de controlo*.

competências legislativas[77], pelo predomínio decisional das maiorias parlamentares-governamentais. As minorais em oposição ficam, muitas das vezes castradas, então este controlo, por natureza, não pode ser classificado como jurídico. A sua finalidade e razão de ser é a de dar voz e expressão às opiniões políticas e posições alternativas da oposição[78];

d) Por último, se se tratasse de um controlo jurídico, esse controlo teria de ser interpretado à luz de regras jurídicas que regulariam a actividade do Governo e da Administração Pública e o próprio controlo exercido, o que não acontece. Porque esse controlo é difuso e intempestivo e o seu âmbito extravasa a mera conformidade legal, ele abarca toda a realidade envolvente a qualquer acto praticado e não somente aos seus aspectos legais e preocupa-se com os efeitos económicos, sociais, culturais e políticos desses mesmos actos.

Como refere Sousa Franco, *"fala-se muito no nosso tempo de controlo como função de qualquer organização, a qual consiste em garantir que os actos praticados no âmbito dela e da sua actividade sejam ajustados aos objectivos que visam atingir e às regras e critérios a que deve obedecer"*[79].

O conceito de controlo, concebido na esteira de Loewenstein[80], interessa, nesta sede, tê-lo em linha de conta, uma vez que, apesar de assumido como um conceito amplo, ele permite a análise do funcionamento de qualquer sistema político democrático e constitucional. Loewenstein distinguiu duas técnicas de controlo total e estrutural-

---

[77] A este propósito, cfr. Sanchez Navarro, Angel J., *Control Parlamentario y Minorias*, Revista de Estudios Politicos, Nueva Época, n.º 88, Abril-Junio, 1995, pág. 236 e segs. e Ardant, Philippe, *L'évolution récente du parlementarisme en France*, Kluwer Law International, Edited by Alessandro Pizzorusso, London, 1996, págs. 109 a 128.

[78] Cfr. Filipe, António, *As Oposições Parlamentares em Portugal*, Práticas e Intervenções, Veja Editora, Lisboa, 2002, pág. 33 e segs..

[79] Cfr. Sousa Franco, A. L., *Dinheiros públicos, Julgamento de Contas e Controlo Financeiro ...*, ob. cit., pág. 4.

[80] Cfr. Loewenstein, Karl, *Teoria de la Constitución*, Ariel, 2ª ed., 3ª reimpressão, Barcelona, 1983, págs. 68, 232 e 353.

mente distintas, por um lado, os controlos horizontais (intra-órgãos e inter-órgãos) e por outro, o controlo vertical, categoria onde inclui três campos diferentes de acções recíprocas: o federalismo, os direitos individuais e as garantias fundamentais e o pluralismo. Karl Loewenstein debruça-se sobre o controlo do poder político, interrogando-se sobre as funções do Estado, propondo *ex novo* uma nova tripartição da separação de funções: a decisão política conformadora ou fundamental (*policy determination*), a execução da decisão (*policy execution*) e o controlo político (*policy control*)[81], insistindo, todavia, que o controlo político constitui uma função especial separada, que não se justifica por uma simples necessidade funcional de divisão do trabalho a qualquer Estado organizado. Loewenstein[82] autonomizou a *"função de controlo atribuindo-lhe dignidade de função fundamental do Estado moderno"*.

Da nossa parte, perfilhamos, igualmente, a defesa da autonomização da função controlo, enquanto subespécie da função política «*lato sensu*» e distinta da função administrativa e da função jurisdicional[83], assumindo uma natureza política ou até de conteúdo técnico-juridico nalguns casos.

Por isso, o controlo parlamentar é, em primeiro lugar, um controlo político, no sentido em que é exercido *"em nome de critérios, de opiniões, de sentires, de pensares que dominam na polis, na vida política da comunidade, não é um controlo de minudências, não é um controlo de esquírolas, é um controlo dirigido à globalidade da acção do governo, de um departamento, de uma instituição, mas tendo sempre em vista a generalidade, na relevância que isso tem para a polis, é um controlo político, neste sentido"*[84].

Nesta perspectiva, na generalidade dos Estados Modernos de matriz ocidental, poderemos encontrar diversos tipos e formas de controlo

---

[81] Cfr. Tavares, José, F. F., *O Tribunal de Contas. Do Visto em especial – Conceito, Natureza e Enquadramento na actividade da Administração*, ob. cit., pág. 160.

[82] *Idem*, pág. 160.

[83] Entre nós, as funções do Estado têm merecido uma reflexão e discussão académica profunda. Para uma visão global desta matéria, cfr. Miranda, Jorge, *Funções, órgãos e actos do Estado*, ob. cit., pág. 3 e segs..

[84] Cfr. Barbosa de Melo, "A importância do controlo das Finanças Públicas no âmbito das atribuições de fiscalização da Assembleia da República", *ob. cit.*, pág. 19 e segs..

relativas ao Estado e à sua Administração Pública. Em nosso entender, a classificação dos tipos de controlo que mais se ajusta às modernas formas de análise da gestão pública é a que assume o critério da intervenção institucional mitigado pelo controlo social levado a cabo pela própria sociedade – *maxime* através do voto eleitoral legislativo.

De acordo com este critério, distinguimos três tipos de controlo – o político, o jurisdicional e o social, na esteira de Sousa Franco[85], que assume ainda, o controlo interno exercido por órgãos específicos da própria Administração e o controlo da Administração por órgãos externos independentes, com o qual concordamos, pois, quer um quer outro, não deixam de ser tipos de controlo, embora um técnico e operacional e outro jurisdicional, além de que se trata de instituições inseridas na organização do Estado – caso das Inspecções-Gerais, Auditores Jurídicos dos Ministérios, Provedor de Justiça.

O controlo político[86] é aquele que mais nos interessa e é exercido através da acção da *Assembleia Representativa* do povo, no caso português pela Assembleia da República, Assembleias Legislativas Regionais e Assembleias Municipais e de Freguesia. Ao invés, o controlo jurisdicional é o que é levado a cabo pelos Tribunais, que se organizam das mais diversas formas e com as mais diversificadas competências; é o caso do controlo exercido pelo Tribunal de Contas, nos termos do artigo 216.º da CRP e da Lei n.º 97/98, de 25 de Junho, que, com total independência e isenção, avalia a gestão e execução dos dinheiros públicos[87].

---

[85] Cfr. Sousa Franco, A. L., *O controlo da Administração Pública em Portugal*, ob. cit., pág. 123 e em "O Controlo Interno na Administração Pública", *ob. cit.*, pág. 7, onde afirma que ficam de fora do sistema de controlo interno, "*mas fazem parte do sistema nacional de controlo, pelo que nunca podem ser esquecidos, o nível político do controlo que é exercido fundamentalmente pela Assembleia da República (quer com carácter permanente, quer com carácter concentrado, nomeadamente, na apreciação da Conta Geral do Estado) e o nível do controlo independente que cabe ao Tribunal de Contas da República*".

[86] Ver por todos, Galeotti, Sergio, "Controlli Constituzionali", in *Enciclopédia del Diritto*, X, pág. 319 e segs., onde é feita uma excelente tentativa de elaboração de uma teoria sistemática do controlo constitucional.

[87] *Vide* Tavares, José, F. F., *O Tribunal de Contas. Do Visto em especial – Conceito, Natureza e Enquadramento na actividade da Administração*, ob. cit., pág. 168 e Tribunal de Contas, *Comemorações dos 150 anos de Tribunal de Contas*, Lisboa, 2000.

O controlo feito pela comunicação social e pela opinião pública, por via informal, são expressões do controlo social exercido pela própria colectividade, através das suas próprias instituições e grupos, sobre a actividade da Administração e sobre os bens comuns, traduzindo na prática a ideia fundamental da democracia através do poder do povo em relação à limitação de poderes e à exigência de responsabilidades sobre a gestão da coisa pública[88].

As formas de controlo que existem e devidamente classificadas[89] de acordo com diversos critérios, podem agrupar-se em sucessivas classificações das quais destacamos, pela importância e pertinência para os efeitos pretendidos neste estudo: o controlo jurídico e não jurídico; o controlo preventivo e sucessivo; o controlo interno e externo e o controlo administrativo, financeiro e técnico, de forma a termos um melhor enquadramento e uma melhor compreensão e conhecimento do *controlo financeiro ou controlo das finanças públicas*[90].

O controlo levado a efeito por uma qualquer instituição ou organização pode ser jurídico ou não, consoante ele se traduza na análise de matérias eminentemente jurídicas ou não e pode, ao mesmo tempo, ser preventivo ou sucessivo, consoante for exercido antes ou depois da execução do acto. Se preventivo, obriga o acto controlado a cumprir os pressupostos para a sua prática ser válida, se sucessivo, critica apenas a execução do acto propondo correcções e desencadeando eventuais responsabilidades. Parece-nos, do mesmo modo, imprescindível acentuar as diferenças de regime e de cariz institucional que o controlo interno e controlo externo assumem, já que, substancial e formalmente, são distintos, «*sem prejuízo de se poderem articular, embora sob o "comando" do controlo externo; o qual poderá não só utilizar o controlo interno,*

---

[88] Cfr. Wemans, Jorge, "Os media: alavanca ou entrave à participação democrática", in Seminário organizado pelo INA, *A face oculta da Governança – Cidadania, Administração Pública e Sociedade*, Lisboa, 19 e 20 de Novembro de 2001.

[89] Cfr. Sousa Franco, A. L., *O controlo da Administração Pública em Portugal*, ob. cit., pág. 125 e José de Sousa, Alfredo, *O controlo Externo das Finanças ...*, ob. cit., pág. 39 e segs..

[90] A expressão designa toda a forma de controlo das finanças públicas (património; rendimentos – receitas e despesas, orçamento e conta – contabilidade e tesouraria).

como pronunciar-se sobre a sua organização, funcionamento, articulação e fiabilidade»[91].

Nos Estados Modernos, aparecem-nos contextualizados, desde logo, o controlo interno levado a cabo por instituições quase sempre inseridas na administração directa do Estado[92], portanto, dependentes hierarquicamente dos membros do Governo e que realizam e cumprem as suas atribuições em nome da pessoa colectiva Estado. Destas podemos realçar, como exemplo, as Inspecções-Gerais, os Auditores Jurídicos dos Ministérios e os Gabinetes de Auditoria Interna das diversas instituições da Administração Pública.

Por outro lado, existem, igualmente, os órgãos de controlo externo, que exercem o controlo sobre todos os órgãos pertencentes à pessoa colectiva Estado, bem como sobre outras definidas na lei, caracterizando-se por serem entidades independentes relativamente ao universo das

---

[91] Cfr. Moreno, Carlos, *Gestão e Controlo dos Dinheiros Públicos*, UAL, 1998, pág. 47 e segs.

[92] O controlo levado a cabo por órgãos da própria Administração Pública sobre a actividade da mesma não gera consenso na doutrina mais autorizada. Para Beacquem, Francis, *Le contrôle dans l'administration*, Revista de Administration Pública, México, Jan-Abril, 1973, pág. 7, deve ser designado como "*controlo na administração*" e não "*controlo da administração*", uma vez que este seria levado a cabo pelo Parlamento e pelos administrados. Outros, como Odete Medauar, *Controles internos da administração pública*, Revista da Faculdade de Direito, Universidade de São Paulo, Vol. 84/85, 1989/90, preferem utilizar a expressão «*controles internos, para designar os vários tipos de fiscalização existentes no interior da própria administração, reservando a expressão "controle da administração pública", aos estudos das numerosas espécies de controle que sobre a mesma incidem, quer internos, quer externos*». Todavia, a doutrina mais prestigiada e reconhecida assume o controlo interno como aquele que é exercido pela Administração sobre si mesma, como é o caso de Debbasch, Charles, *Science Administrative*, Paris, 1976, pág. 643; Ugo Forti, *Il Controlli dell'Ámministrazione Communale*, Primo Tratato Completo di Diritto Amministrazione Italiano, de Orlando, Vol. 2.º, 2ª parte, 1915, pág. 619; Giannini, M. S., *Instituzione di Diritto Amministrativo*, Giuffrè, Milão, 1988, pág. 47; Bourjol, *Droit Administratif*, 2ª parte, Paris, 1973, pág. 26 ou Giuseppino Treves, *Les contrôles Administratifs et Financiers à l'interieur de l'Administration*, Revue Internationale des Sciences Administratives, Bruxelas, Vol. XXXV, n.º 4, 1969; Sousa Franco, A. L., *O controlo da Administração Pública em Portugal*, Lisboa, 1993, RTC, n.º 19 e 20, Julho/Dez., Tomo I, pág. 115 e segs. e Tavares, José, F. F., *Sistema nacional de controlo: – Controlo interno e controlo externo*, in Revista do Tribunal de Contas, n.º 26, Jul./Dezembro, 1996, pág. 58 e segs..

instituições a controlar. É o caso do Tribunal de Contas e do Parlamento, um vocacionado para o controlo técnico e jurisdicional e outro para o controlo político[93].

Alertamos, todavia, para o facto de que o ordenamento jurídico português, que regula o sistema nacional de controlo financeiro, não assume uma coerência e suficiência globais, dada a manifesta falta de organização integrada, coordenada e articulada das suas estruturas. Aliás, concordamos que existe, de facto, e que se autonomiza cada vez mais, um *direito financeiro do controlo*[94], mas que a sua teorização e que a aplicação dos mecanismos de controlo nacionais ainda são muito incipientes e que poucos progressos têm sido feitos na sua concretização.

O controlo pode ainda ser informal ou social, quando nasce da espontaneidade da sociedade, de uma forma livre e inorgânica, assumindo pressão social sobre uma dada instituição ou órgão decisor, ou adoptar a forma de auto-controlo, isto é, o controlo exercido pelos próprios órgãos sobre a sua própria actividade, nos termos do artigo 53.º do Decreto-Lei n.º 155/92, de 28 de Julho – Regime da Administração Financeira do Estado. Todavia, concordamos com aqueles que afirmam

---

[93] Sobre o controlo externo das finanças públicas levado a cabo pelo Tribunal de Contas, ver por todos, José de Sousa, Alfredo, *O controlo Externo das Finanças* ..., *ob. cit.*, pág. 39 e segs. e, Sousa Franco, A. L., *Dinheiros públicos, julgamento de contas e controlo interno no espaço de língua Portuguesa*, *ob. cit.*, pág. 18 e segs..

[94] Cfr. Moreno, Carlos, *O Sistema Nacional de Controlo Financeiro*, *ob. cit.*, págs. 113-115, onde indica os seguintes diplomas integrantes do Direito Financeiro do Controlo: os artigos 107.º, 162.º a) e d) e 156.º c) d) e e), os artigos 214.º e 202.º n.º 1 e os artigos 199.º e 226.º; os artigos 45.º-C do Tratado CECA, artigo 188.º-C do Tratado CE e 160.º-C do Tratado CECA; as Leis de Enquadramento orçamental e outros diplomas com natureza global ou sectorial para o controlo financeiro; a Lei Orgânica do Tribunal de Contas, Lei n.º 98/97, de 26 de Agosto; a Lei n.º 8/90, de 20 de Fevereiro, Lei de Bases da Contabilidade Pública, com destaque para os seus artigos 3.º e 8.º e para os seus Capítulos II e III, relativos ao controlo e gestão orçamental e à contabilização das receitas e despesas; o Decreto-Lei n.º 155/92, de 28 de Junho, em especial o seu Capítulo II, sobre o controlo orçamental; o Decreto-Lei n.º 99/94, de 19 de Abril; o Decreto-Lei n.º 131/96, de 13 de Agosto; o Decreto-Lei n.º 183/96, de 27 de Setembro; o Decreto-Lei n.º 158/96, de 3 de Setembro, em especial, os seus artigos 1.º e 2.º, 12.º, 16.º e 19.º, 20.º, 21.º e 22.º; o Decreto-Lei n.º 353/89, de 16 de Outubro, a Lei n.º 14/96, de 20 de Abril; o Decreto-Lei n.º 26-A/96, de 27 de Março; para além de outros diplomas referidos por nós neste estudo.

ser simplista a distinção entre controlo interno e externo apenas com base no critério do posicionamento do órgão ou serviço de controlo[95], uma vez que "*nem sempre os conceitos são apresentados com sentido unívoco*"[96], dado que, na organização da pessoa colectiva Estado, encontramos entidades e instituições que exercem controlo interno e externo. A nosso ver e na linha de pensamento de Tavares[97], existem outros dois critérios a ter em linha de conta na procura da delimitação e distinção entre controlo interno e externo, a saber: o critério da natureza e dos fins a prosseguir e o critério da legalidade, da boa gestão financeira e da natureza do controlo, embora estes também não sejam critérios decisivos, uma vez que existem órgãos de controlo que, pela natureza dos fins que prosseguem, não deixam de exercer controlo interno nuns casos e externo noutros[98], como são os casos, em muitos países, das Auditorias Gerais, Contadorias e Tribunais de Contas. Neste sentido, assumimos para efeito deste trabalho que na dicotomia controlo interno e controlo externo, o primeiro é o levado a cabo pelos órgãos da Administração Pública e o controlo externo exercido é o exercido pela Assembleia da República – controlo externo político, e o exercido pelo Tribunal de Contas – controlo externo técnico e jurisdicional, uma vez que o requisito essencial de distinção deve ser a independência do órgão de controlo face à própria Administração.

Assumindo que quer o controlo interno, quer o controlo externo não deixam de ser duas faces da mesma moeda – *o sistema de controlo financeiro do sector público*[99], já que ambos se interrelacionam e se

---

[95] Na perspectiva contrária e assumindo uma visão simplista da distinção deste dois conceitos, ver entre outros, Jean Waline, *L'évolution du Contrôle de l'Administration depuis un Siècle*, Revue du Droit Public et de la Science Politique, Set./Out., Paris, 1984, pág. 1335 e Lopes Meirelles, Hely, *Direito Administrativo Brasileiro*, 15ª Edição, Rio de Janeiro, 1990, pág. 560.

[96] *Vide* Tavares, José, F. F., *Sistema nacional de controlo: – Controlo interno e controlo externo*, ob. cit., pág. 58 e segs..

[97] *Idem*.

[98] Concordando totalmente com Sousa Franco, A. L., *Dinheiros públicos, julgamento de contas e controlo interno no espaço de língua Portuguesa*, ob. cit., pág. 34, onde afirma que "*O conceito de controlo interno pode referir-se ao interior de qualquer organização: uma empresa, um município, um serviço público; o controlo externo será sempre independente em relação à organização controlada*".

[99] A CRP, no seu artigo 82.º, consagra a existência de três sectores: o sector

influenciam, abordamos, nesta sede, uma breve e sucinta evolução do controlo interno do sector público nos últimos anos, sendo que assumimos a definição de sector público perfilhada por Sousa Franco, no sentido do "*conjunto de actividades económicas de qualquer natureza, exercidas pelas entidades públicas (...). Ou subjectivando, o conjunto homogéneo de agentes económicos que as desenvolvem*"[100].

Ora, o controlo pode, ainda, assumir a natureza de controlo administrativo, quando analisa apenas a mera legalidade e regularidade administrativa da actividade controlada, de controlo financeiro quando analisa e verifica a legalidade, a regularidade e a economicidade das despesas e receitas de uma determinada actividade e de controlo técnico quando é especializado no controlo de uma área de acção ou de actividade, como por exemplo a auditoria informática.

Em Portugal, o controlo efectuado no âmbito da pessoa colectiva Estado nos últimos 100 anos subsumiu-se quase exclusivamente a uma verificação de uma realidade face à previsão normativa e esteve intimamente relacionado com o sistema de autorização prévia de despesas públicas orçamentadas, através do seu cabimento pela Direcção-Geral do Orçamento (Ex-Direcção-Geral da Contabilidade Pública)[101], ou através da modalidade do visto prévio do Tribunal de Contas[102]. Por

---

público, o sector privado e o sector cooperativo e social. O sector público encontra-se dividido em duas grandes áreas: o sector Estado em sentido lato – Administrações Públicas ou Sector Público Administrativo (SPA) e o Sector Empresarial do Estado (SPE). O sector Estado engloba quatro subsectores, a saber: Administração Central (Directa e Indirecta), Segurança Social, Administração Regional (Regiões Autónomas) e Administração Local. Sobre esta matéria e de uma forma desenvolvida, *Vide* por todos Sousa Franco, A. L., e D'Oliveira Martins, Guilherme, *A Constituição Económica Portuguesa – Ensaio Interpretativo*, Livraria Almedina, Coimbra, 1993 e Otero, Paulo, *Vinculação e Liberdade de Conformação Jurídica do Sector Empresarial do Estado*, Coimbra Editora, Coimbra, 1998, bem como cfr. Gervásio Lérias, António e Pinto Duarte, António *et al.*, in *Estudos sobre o Novo Regime do Sector Empresarial do Estado*, Organização de Eduardo Paz Ferreira, Almedina, Coimbra, 2000.

[100] Cfr. Sousa Franco, A. L., *Finanças Públicas e Direito Financeiro*, no Vol. I., 4ª Ed., Almedina, 1992, pág.143 e *Finanças do sector público – Introdução aos subsectores institucionais*, ed. AAFDL, Lisboa, 1989-1991.

[101] De acordo com Costa Marques, Mª. da Conceição, *Prestação de Contas no Sector Público*, Dislivro, Lisboa, 2002, pág. 71.

[102] Cfr. Tavares, José, *Tribunal de Contas. Do Visto em especial – Conceito,*

isso, Moreno[103] sustenta que "*Desde a Constituição da República Portuguesa até à recente e nova lei de organização e processo do Tribunal de Contas (...) os legisladores não conseguiram (...) nem fixar, nem uni-*

---

natureza e enquadramento na actividade de administração, ob. cit.. Veja-se, igualmente, o artigo 36.º da 3ª. Carta de Lei, de 9 de Setembro de 1908; o Regimento do Conselho Superior da Administração Financeira do Estado, aprovado pelo Decreto n.º 1 831, de 17 de Agosto de 1915; os artigos 3.º, 5.º, 7.º a 10.º e 12.º do Decreto n.º 5519, de 8 de Maio de 1919; o artigo 4.º do Decreto com força de Lei n.º 13 872, de 1 de Julho de 1927; os artigos 5.º, 6.º e 8.º do Decreto com força de Lei n.º 14 908, de 18 de Janeiro de 1928; o Decreto com força de Lei n.º 15 465, de 14 de Maio de 1928; o artigo 7.º do Decreto n.º 15 798, de 31 de Julho de 1928, o artigo 3.º do Decreto com força de Lei n.º 16 670, de 27 de Março de 1929; o Decreto com força de Lei n.º 17 730, de 7 de Dezembro de 1929; o Decreto com força de Lei n.º 18 381, de 24 de Maio de 1930, sobretudo e seu artigo 43.º; o Decreto n.º 18 962, de 25 de Outubro de 11930; o Decreto n.º 19 706, de 7 de Maio de 1931; o Decreto n.º 22 257, de 25 de Fevereiro de 1933; o Decreto n.º 23 117, de 11 de Outubro de 1933; o Decreto n.º 24 987, de 1 de Fevereiro de 1935; os artigos 1.º e 4.º a 6.º do Decreto-Lei n.º 25 299, de 6 de Maio de 1935; o artigo 5.º, alínea e), do Decreto n.º 25 538, de 26 de Junho de 1935; o Decreto-Lei n.º 25 558, de 29 de Junho de 1935; os artigos 5.º e 6.º do Decreto n.º 26 341, de 7 de Fevereiro de 1936; os artigos 1.º e 2.º do Decreto-Lei n.º 27 223, de 21 de Novembro de 1936; os artigos 1.º e 2.º do Decreto-Lei n.º 27 327, de 15 de Dezembro de 1936; o Decreto n.º 29 174, de 24 de Novembro de 1938; o Decreto-Lei n.º 34 672, de 27 de Dezembro de 1944; o Decreto-Lei n.º 34 625, de 24 de Maio de 1945; o Decreto n.º 36 117, de 15 de Dezembro de 1947; o Decreto-Lei n.º 38 503, de 12 de Novembro de 1951; o Decreto-Lei n.º 41 375, de 19 de Novembro de 1957; o artigo 13.º do Decreto-Lei n.º 42 800, de 11 de Janeiro de 1960; o artigo 10.º do Decreto-Lei n.º 48 059, de 23 de Novembro de 1967; o artigo 3.º do Decreto-Lei n.º 49 397, de 24 de Novembro de 1969; o Decreto-Lei n.º 737/76, de 26 de Outubro; o Decreto-Lei n.º 439-A/77, de 25 de Outubro; o Decreto-Lei n.º 265/78, de 30 de Agosto; a Portaria n.º 374/78, de 11 de Julho; o Decreto-Lei n.º 146--C/80, de 22 de Maio; o Decreto-Lei n.º 324/80, de 25 de Agosto; a Lei n.º 233/81, de 19 de Agosto; a Lei n.º 8/82, de 26 de Maio; o Decreto-Lei n.º 313/82, de 5 de Agosto; o Decreto-Lei n.º 459/82, de 26 de Novembro; o Decreto-Lei n.º 341/83, de 21 de Julho; a Lei n.º 40/83, de 13 de Dezembro e a Lei n.º 86/89, de 8 de Setembro.

[103] Cfr. Moreno, Carlos, *O Sistema Nacional de Controlo Interno, ob. cit.*, págs. 117 e 119, onde indica alguns exemplos dessa deslexia terminológica como o facto da CRP ter preferido o vocábulo fiscalizar a qualquer outro e disso dar conta os artigos 107.º e 214.º; a Lei n.º 98/97, de 26 Agosto, usar a expressão controlo financeiro nos artigos 1.º e 2.º, a palavra fiscalização nos artigos 36.º, 44.º, 49.º, 50.º, 106.º e 107.º, juntar fiscalização e controlo no artigo 37.º, utilizar a expressão controlo interno no artigo 41.º e a palavra verificação nos artigos 53.º, 78.º e 87.º; a Lei

formizar uma terminologia básica mínima, de relevante importância para o entendimento e para a expressão dos aspectos essenciais relativos ao controlo financeiro público e ao respectivo sistema de controlo".

O controlo financeiro evolui de uma forma radical depois do 25 de Abril e sobretudo em consequência da entrada em vigor da Lei de Bases da Contabilidade Pública, Lei n.º 8/90, de 20 de Fevereiro, da Lei de Enquadramento do Orçamento de Estado, Lei n.º 6/91, de 20 de Fevereiro (com alterações introduzidas pela Lei n.º 53/93, de 30 de Julho) e do Regime de Administração Financeira do Estado, Decreto--Lei n.º 155/92, de 28 de Julho (com alterações introduzidas pelo Decreto-Lei n.º 113/95, de 25 de Maio, Lei n.º 10-B/96, de 23 de Abril e Decreto-Lei n.º 190/96, de 9 de Outubro) e demais legislação subsequente, a que se veio a denominar de Reforma da Administração Financeira do Estado (RAFE).

O objectivo desta reforma – que se iniciou com a publicação da Lei n.º 8/90, de 20 de Fevereiro – definiu como seu principal propósito a substituição do sistema de contabilidade pública vigente, o qual ainda assentava nas reformas financeiras de 1928-1929 e 1930-1936 e foi potenciada pela Revisão Constitucional de 1989, sobretudo através das alterações introduzidas nos artigos 108.º e 110.º da Constituição. Neste enlace, uma das novidades importantes, a realçar nesta sede, foi a reformulação do sistema de execução orçamental, que veio reforçar a responsabilidade pela execução do orçamento, tendo simultaneamente criado uma nova estrutura para a Conta Geral do Estado, coincidente com a do Orçamento de Estado, *"de modo a permitir uma melhor apreciação política pelo Parlamento"*[104].

Em boa verdade, foram estes três diplomas que permitiram o desenvolvimento da avançada legislação que o Estado português hoje detém, quer no plano da contabilidade pública, quer no seu sistema de

---

n.º 14/96, de 20 de Abril, que determinou o controlo externo do SPE, utilizar indistintamente os vocábulos fiscalização, função de fiscalização e âmbito do controlo; a Lei n.º 8/90, de 20 de Fevereiro, empregando a expressão controlo da gestão orçamental no artigo 10.º e no artigo 11.º referir fiscalização da gestão orçamental, etc..

[104] Cfr. Costa Marques, Mª. da Conceição, *Prestação de Contas no Sector Público*, *ob. cit.*, pág. 47.

controlo interno da administração financeira do Estado[105]. De facto, foi o artigo 1.º da Lei de Bases da Contabilidade Pública, Lei n.º 8/90, de 20 de Fevereiro, que definiu que o controlo orçamental obedeceria às regras criadas por esta lei, que no n.º 1 do seu artigo 10.º estabelecia que, relativamente aos serviços e organismos com autonomia administrativa, *"(...) será efectuado um controlo sistemático sucessivo da gestão orçamental dos serviços e organismos com autonomia administrativa, o qual incluirá a fiscalização da conformidade legal e regularidade financeira das despesas efectuadas, abrangendo ainda a análise da sua eficiência e eficácia"*.

Do mesmo modo, os serviços dotados com autonomia administrativa e financeira, estavam submetidos ao mesmo regime e nos termos dos artigos 11.º e 12.º deveriam ainda, dispor de meios de fiscalização interna tecnicamente independente do respectivo órgão de direcção.

Neste mesmo sentido, a Lei de Enquadramento do Orçamento de Estado, Lei n.º 6/91, de 20 de Fevereiro, nos seus artigos 21.º e seguintes, veio aprofundar e consagrar um outro conjunto de regras relativas à fiscalização e responsabilidade orçamental[106], estabelecendo que a fiscalização administrativa da execução orçamental competia, para além da entidade executora, às entidades hierarquicamente superiores e de tutela, aos órgãos gerais de inspecção e controlo administrativo e aos

---

[105] Veja-se a titulo de exemplo, para além da já citada, a Lei n.º 27/96, de 1 de Agosto; o Plano Oficial de Contabilidade Pública, Decreto-Lei n.º 232/97, de 3 de Setembro; Lei n.º 98/97, de 26 de Agosto – Lei de Organização e Processo do Tribunal de Contas, o Regime Jurídico da Concessão de Garantias Pessoais pelo Estado ou por outras Pessoas colectivas de Direito Público, Decreto-Lei n.º 112/97, de 16 de Setembro; o novo Regime da Tesouraria do Estado; Decreto-Lei n.º 252/97, de 26 de Setembro – Regime de Autonomia das Universidades Públicas; a Lei n.º 13/98, de 24 de Fevereiro; a Lei n.º 42/98, de 6 de Agosto – Lei das Finanças Locais; Decreto-Lei n.º 191/99, de 5 de Junho; o Decreto-Lei n.º 197/99, de 8 de Junho; o Decreto-Lei n.º 166/99, de 18 de Setembro; o Plano Oficial de Contabilidade das Autarquias Locais, Lei n.º 54-A/99, de 22 de Fevereiro; Decreto-Lei n.º 558/99, de 17 de Dezembro – Regime Jurídico do Sector Empresarial do Estado e das Empresas Públicas; o Decreto-Lei n.º 562/99, de 21 de Dezembro.

[106] Sobre o regime de responsabilidade financeira no ordenamento jurídico português, *vide* Tribunal de Contas, *Controlo Externo e responsabilidade Financeira*, Ed. Tribunal de Contas, Lisboa, 1999.

serviços de contabilidade pública. É neste diploma, que o legislador impõe ao Governo, pela primeira vez na nossa história democrática, o dever de informar trimestralmente a Assembleia da República acerca do montante, condições e entidades financiadoras e utilização de todos os empréstimos contraídos e de enviar regularmente os balancetes trimestrais relativos à execução orçamental, elaborados pela então Direcção-Geral da Contabilidade Pública – artigos 21.º, 22.º e 23.º O mesmo diploma, estabelece no seu artigo 24.º as regras sobre a apreciação das contas públicas – contas provisórias trimestrais e Conta Geral do Estado – definindo que o Governo deve publicar contas provisórias trimestrais, 45 dias após o termo do mês a que se referem, e apresentar, até 31 de Dezembro do ano seguinte àquele a que respeite, a Conta Geral do Estado[107], incluindo a da Segurança social.

Todavia, do ponto de vista do controlo da Administração Pública, só com a publicação do Regime de Administração Financeira do Estado, Decreto-Lei n.º 155/92, de 28 de Julho, é que ficou clarificado a que formas de controlo se aludia na expressão *"sistema de controlo sucessivo e sistemático"*, conforme referia o n.º 1 do artigo 10.º da Lei n.º 8/90, de 20 de Fevereiro. Isto, porque o artigo 53.º do Decreto-Lei n.º 155/92, de 28 de Julho, definiu quais as formas de controlo: o autocontrolo, como o controlo efectuado pelos órgãos competentes dos próprios serviços e organismos, o controlo externo, a exercer pelo Tribunal de Contas e o controlo interno, caracterizado como sucessivo e sistemático, que deveria ser feito sobre a gestão das entidades públicas, designadamente através de auditorias, sendo que os relatórios resultantes dessas auditorias deveriam ser remetidos ao Ministro das Finanças e ao Ministro da tutela do organismo ou serviço auditado, podendo, em consequência, ser solicitada a realização de inspecções, quando detectadas infracções ou desvios graves na gestão orçamental. Nesta linha, o preâmbulo deste diploma legal estabelece que *"Finalmente, consagra-se um novo sistema de controlo de gestão, de modo a conciliar as exigências da autonomia com as necessidades de um rigo-*

---

[107] Cfr. Valério, Nuno, Nunes, Ana Bela et al., *As Finanças Públicas no Parlamento Português – Estudos preliminares*, Edições Afrontamento, Colecção Parlamento, Lisboa, 2001, págs. 211 e segs., onde se estuda a evolução histórica da elaboração e prestação de contas de 1822 a 1999.

roso controlo". O legislador estabeleceu de facto as formas de controlo, mas esqueceu por completo a definição das formas institucionais por via das quais esse controlo se haveria de tornar efectivamente um controlo sucessivo e sistemático, uma vez que olvidou a criação, organização e estabilização de um corpo de auditoria e inspecção próprio do Estado. O legislador não sistematizou o controlo nacional e esqueceu de todo o controlo parlamentar. O legislador, preocupado com a forma, esqueceu a substância!

É neste enquadramento, que na década de 90, o Estado se viu na contingência de criar – em cada um dos Ministérios – novos serviços de inspecção e auditoria[108], por forma a conseguir um controlo interno eficaz, capaz de moralizar a gestão pública e de a tornar prestadora e qualificada, de reduzir a despesa pública e de modernizar o Estado[109]. De facto, o Programa de Governo do XIII Governo Constitucional, *"confere um lugar de destaque à função de controlo no quadro da reforma da Administração, com particular ênfase para o «reforço e revisão do sistema de controlo financeiro»* e, nesta linha de acção política, constatou-se a consagração, no artigo 11.º da Lei do Orçamento de Estado para 1997, Lei n.º 52-C/96, de 27 de Dezembro, da autorização para que o Governo legislasse no sentido de estruturar o sistema

---

[108] É de realçar o facto de terem sido criados 12 serviços de auditoria e inspecção, para além dos já existentes durante a década de 1990-2000, nomeadamente: Inspecção-Geral da Educação – Decreto-Lei n.º 140/93, de 26 de Abril; Gabinete de Assessores e Inspectores da GNR – Decreto-Lei n.º 231/93, de 26 de Junho; Inspecção--Geral do Exército – Decreto-Regulamentar n.º 46/94, de 2 de Setembro; Inspecção--Geral da Força Aérea – Decreto-Regulamentar n.º 54/94, de 3 de Setembro; Inspecção-Geral da Administração Interna – Decreto-Lei n.º 227/95, de 11 de Setembro, alterado pelo Decreto-Lei n.º 154/96, de 31 de Agosto e Decreto-Lei n.º 3/99, de 4 de Janeiro; Inspecção-Geral das Actividades Culturais – Decreto-Lei n.º 80/97, de 8 de Abril; Inspecção-Geral de Segurança Pública – Lei n.º 5/99, de 27 de Janeiro; Inspecção-Geral da Administração Pública – Decreto-Lei n.º 220/98, de 17 de Julho; Inspecção-Geral do Ambiente – Decreto-Lei n.º 549/99, de 14 de Dezembro; Inspecção-Geral da Defesa Nacional – Decreto-Lei n.º 72/2001, de 26 de Fevereiro; Inspecção-Geral do Ministério do Trabalho e da Solidariedade – Decreto-Lei n.º 80/2001, de 6 de Março e Inspecção-Geral dos Serviços da Justiça – Decreto-Lei n.º 101/2001, de 29 de Março.

[109] Cfr. Côrte-Real, Isabel, *Renovar a Administração – Relatório da Comissão para a qualidade e racionalização da Administração Pública*, Ed. Presidência do Conselho de Ministros, Lisboa, 1994.

nacional de controlo interno da administração financeira do Estado, promovendo a difusão de uma «*cultura do controlo*», como forma privilegiada de melhorar a gestão.

Foi igualmente, neste espírito, que o Governo aprovou e fez publicar o Decreto-Lei n.º 166/98, de 25 de Junho e o Decreto Regulamentar n.º 27/99, de 12 de Dezembro, onde é, "*pela primeira vez*"[110], instituído *ex novo*, o sistema de controlo interno da administração financeira do Estado (SCI), bem como, o seu Conselho Coordenador, a quem é confiada a missão de consolidar metodologias harmonizadas de controlo e de estabelecer critérios mínimos de qualidade do sistema, susceptíveis de garantir um elevado nível de protecção dos interesses financeiros do Estado. O artigo 2.º deste diploma legal esclarece que o SCI compreende os domínios orçamentais, económico, financeiro e patrimonial e o controlo interno consiste na verificação, acompanhamento, avaliação[111] e informação sobre a legalidade, regularidade e boa gestão, relativamente a actividades, programas, projectos ou operações de entidades de direito público ou privado com interesse no âmbito da gestão ou tutela governamental em matéria de finanças públicas, nacionais e comunitárias, bem como de outros interesses financeiros públicos nos termos da lei. Considera-se em geral a existência de dois grandes modelos de avaliação: a avaliação de resultados ou *outcome evaluation* e a avaliação de processos ou *process evaluation*. A avaliação de resultados tenta medir o diferencial existente entre os resultados alcançados com um determinado conjunto de acções e os objectivos previamente fixados em termos de impacto sobre a envolvente. Ao contrário, a avaliação de processos, está vocacionada para a forma como os programas e acção da Administração Pública são desenvolvidos. A avaliação é um conceito definível no quadro da teoria dos sistemas ou,

---

[110] *Vide*, Conselho Coordenador, *Livro Branco do Sistema de Controlo Interno da Administração Financeira do Estado*, Lisboa, Fevereiro de 2000, pág. 17.

[111] Sobre esta materia, entre outros, cfr. Behn, Robert, "The Big Questions of Public Management", in *Public Administration Review*, Vol. 55 (Jul./Agosto), 1995, págs. 131-324; Roberts, Simon e Pollit, Christopher, "Audit or Evaluation? A National Audit Office Study", in *Public Administration Review*, Vol. 72, 4.º, 1994, págs. 527-549 e Bilhim, João, "Estratégias e Planeadores na Administração Pública", in *Vários – Estratégia e Planeamento na Gestão e Administração Pública*, ISCSP, 1995, págs. 197-210.

mais precisamente, da Teoria do Sistema Geral, e traduz uma actividade de medição da relação resultados/objectivos, verificando os desvios e tomando medidas correctivas, em que a eficácia mede o desvio de cumprimento da finalidade proposta e a eficiência mede a economia do consumo dos recursos utilizados.

A boa gestão[112], nesta sede, é assumida como uma gestão financeira, exercida de forma eficiente, eficaz e económica, ou seja, uma actividade ou um serviço é eficiente se a relação entre o valor de um bem produzido e os custos dessa produção for positiva – uma actividade ou um serviço é eficaz se os bens produzidos permitiram cumprir os objectivos de gestão definidos para um determinado período e uma actividade ou um serviço é económico se a relação entre os custos reais da produção de um bem e os custos normais ou planeados são menores.

O SCI está, assim, estruturado em três níveis de controlo, a saber: controlo operacional, controlo sectorial e controlo estratégico[113].

---

[112] Entendemos por *"boa gestão"*, a gestão efectuada nos termos da Lei de Organização e Processo do Tribunal de Contas, Lei n.º 98/97, de 26 de Agosto, que, no seu artigo 1.º, consagra que *"O Tribunal de Contas fiscaliza a legalidade e regularidade das receitas e das despesas públicas, aprecia a boa gestão financeira e efectiva responsabilidades por infracções financeiras"* (sublinhado nosso) e que na alínea f) do n.º 1 do artigo 5.º dispõe que *"Compete ao Tribunal de Contas: f) Apreciar a legalidade, bem como a economia, eficácia e eficiência, segundo critérios técnicos de gestão financeira (...)"*. Salienta-se, ainda, que na terminologia anglo-saxónica, estes termos são conhecidos pela expressão *"value for money"* (valor que custa). Entre nós, sobre esta matéria, cfr. Tavares, José, F. F., *Sistema nacional de controlo: – Controlo interno e controlo externo*, in Revista do Tribunal de Contas, n.º 26, Jul./Dezembro, 1996, págs. 68 e 69, onde se regozija pelo facto da Lei n.º 14/96, de 29 de Abril, ter inovado no âmbito de actuação do controlo do Tribunal de Contas relativamente ao sector empresarial e que *"Evidentemente, nenhuma confusão é possível entre controlo da boa gestão financeira e controlo político"*.

[113] Nestes termos, o legislador definiu no n.º 2 do artigo 4.º do D.L. n.º 166/98, de 25 de Junho, que *"Controlo operacional consiste na verificação, acompanhamento e informação, centrados sobre decisões dos órgãos de gestão das unidades de execução de acções e é constituído pelos órgãos e serviços de inspecção, auditoria ou fiscalização inseridos no âmbito da respectiva unidade"*; enquanto que no seu n.º 3, afirma que *"Controlo sectorial consiste na verificação, acompanhamento e informação perspectivados preferentemente sobre a avaliação do controlo operacional e sobre a adequação da inserção de cada unidade operativa e respectivo sistema de gestão, nos planos globais de cada ministério ou região, sendo exercido pelos órgãos*

Com esta perspectiva, ainda que incompleta, mas suficientemente abrangente para se compreender a realidade actual do controlo interno no sector público, julgamos que o mesmo controlo, exercido no quadro do SCI, se combinado, articulado e em cooperação com o controlo externo – o controlo técnico jurisdicional que é levado a cabo pelo Tribunal de Contas e o controlo político que deve ser exercido pela Assembleia da República – pode potenciar a promoção da racionalidade económica, maximizando as respectivas e diversas intervenções nos seus distintos planos, permitindo trazer valor acrescentado à tutela dos interesses financeiros públicos, acautelando os interesses legítimos dos cidadãos, expressos nos artigos 9.° e 81.° da Constituição da República Portuguesa, enquanto atribuições públicas.

No entanto, interessa, fundamentalmente, ao tema que nos ocupa o controlo financeiro político externo[114]. Ou seja, o controlo financeiro exercido pela Assembleia da República, em Portugal, entre 1976 e 2002.

4. Antecedentes históricos do princípio do controlo parlamentar das finanças públicas em Portugal

O princípio do controlo parlamentar das finanças públicas nasce em Portugal efectivamente com a entrada em vigor da Constituição de 1822[115], em 23 de Setembro de 1822, uma vez que emergia do texto

---

sectoriais e regionais de controlo interno.". No seu n.° 4, o legislador consagra que *"Controlo estratégico consiste na verificação, acompanhamento e informação, perspectivados preferentemente sobre a avaliação do controlo operacional e controlo sectorial, bem como sobre a realização das metas traçadas nos instrumentos provisionais, designadamente o Programa de Governo, as Grandes Opções do Plano e o Orçamento do Estado"* (sublinhado nosso).

[114] Cfr. Tribunal de Contas de Portugal, *Glossário de termos comuns utilizados no âmbito do controlo externo*, Lisboa, Abril, 1992 e Sousa Franco, A. L., *As garantias de Independência dos Tribunais de Contas (A experiência Portuguesa)*, Tribunal de Contas, Lisboa, 1996, págs. 2-3 e *Dinheiros Públicos, Julgamento de Contas e Controlo Interno no Espaço de Língua Portuguesa*, ob. cit., pág. 26.

[115] Para uma análise detalhada das Constituições portuguesas anteriores a 1976 ver, Miranda, Jorge, *Manual de Direito Constitucional, Tomo I – O Estado e os Sistemas Constitucionais*, Coimbra Editora, Coimbra, 1997, págs. 241-324 e também, Sá, Luís, *O Lugar da Assembleia da República no Sistema Político*, ob. cit., págs. 133-210.

constitucional, um vasto conjunto de normas que determinavam e conformavam o controlo efectivo das finanças públicas pelas Cortes, enquanto paradigma mítico da afirmação do papel do Parlamento face à figura do soberano, do rei[116].

Todavia, *"Está historicamente provado que os primeiros reis de Portugal mandaram pôr em prática algumas medidas e adoptaram algumas providências com o fim de estabelecer a função fiscalizadora das receitas e das despesas (...)."*[117], embora, como é natural, não tenha sido possível no âmbito Parlamento. Atente-se que, historicamente, nas origens do parlamentarismo, antecedendo mesmo a atribuição às Cortes de poderes legislativos, apesar de o monarca deter o poder de decidir, sem reconhecer ao Parlamento funções legislativas, tinha que solicitar a este a aprovação das dotações para a sua governação e do Estado.

Ora, antes desta aprovação, o Rei tinha que resolver muitas das vezes as «*queixas*» apresentadas pelos «*estamentos*», representados nas

---

[116] Cfr. Ferreira da Cunha, Paulo, *Para uma História Constitucional do Direito Português*, Almedina, Coimbra, 1995, pág. 271 e segs..

[117] Cfr. Marques de Almeida, J. e Conceição Marques, M., *ob. cit.*, pág. 108 e segs., em que os autores demonstram o desenvolvimento crescente ao longo dos séculos, ao longo das dinastias portuguesas, das preocupações reais na "*necessidade de aperfeiçoamento dos serviços de fiscalização de contas naquele tempo*", de onde se destaca claramente a criação dos Contos de El-Rei e os Contos de Lisboa, por posteriormente terem dado origem à Casa dos Contos em 1560. Curiosamente, *Os Regimentos da Casa dos Contos*, de 1419 (D. João I) e 1434 (D. Duarte), consagravam o princípio da necessidade do controlo financeiro, ordenando expressamente ao Contador-Mor que «*se tiverdes contas velhas e novas, tomai primeiro as novas e ponde grande diligência para que sejam recebidas imediatamente*». Regimentos estes, que se encontram publicados em *As Contas na História – Colectânea de legislação sobre o Tribunal de Contas*, vol. IV, ed. Tribunal de Contas, Lisboa, 1995. Cfr. Abranches Martins, *Em Portugal Houve Sempre Fiscalização de Contas*, 3.º Congresso Internacional das Instituições de Contrôle das Finanças Públicas, Lisboa, 1959 e Tavares, José, *Tribunal de Contas*, in Dicionário Jurídico da Administração Pública, Vol. 7, págs. 452-487, "*(...) em Portugal, sempre houve controlo financeiro, exercido em cada fase, por uma instituição com determinada configuração, com maior ou menor independência, mas reflectindo sempre o reconhecimento desta necessidade de fiscalizar os recursos financeiros públicos*". Cfr. Subtil. José, *O Ministério das Finanças (1801-1996)*, Ministério das Finanças, Lisboa, 1996, onde é feito um estudo orgânico e funcional do Ministério das Finanças, representando, igualmente, a evolução das contas públicas e do seu controlo.

Cortes, como mandatários dos burgos e classes mercantis, sobretudo, as de reforço dos seus privilégios. É uma fiscalização à actividade do monarca, embora não a possamos classificar de controlo parlamentar como hoje é denominado. É a esta luz que tem de ser entendida a expressão de Monteiro[118], quando afirma que *"É no vago portarius maior medieval que os nossos actuais ministros das Finanças acham o seu remoto antepassado português"*.

[QUADRO III]

Formas de Parlamentarismo em Portugal[119]			
Regime	Constituição em vigor	Opção Institucional	Denominação
Monarquia Liberal – poderes do rei restringidos	Constituição de 1822	Unicamaral	Cortes
Monarquia Liberal – poderes do rei reforçados	Carta Constitucional de 1826	Bicamaral	Cortes – *Câmara dos Deputados e Câmara dos Pares*
República – sistema parlamentar	Constituição de 1911	Bicamaral	Congresso da República – *Câmara dos Deputados e Senado*
Ditadura	Constituição de 1933	Bicamaral	Assembleia Nacional – *Assembleia Nacional e Câmara Corporativa*
Democracia – sistema semipresidencial	Constituição de 1976	Unicamaral	Assembleia da República

Atente-se mesmo que o facto de as Cortes Constituintes terem assumido a consagração constitucional do princípio do controlo das

---

[118] Cfr. Monteiro, Armindo, *Do Orçamento Português*, tomo II, Lisboa, 1921, pág. 134.

[119] O Quadro III foi construído por Leston-Bandeira, Cristina, *Da Legislação à Legitimação: o Papel do Parlamento Português*, ob. cit., pág. 66.

finanças públicas resultou sobretudo da nova ordem política e social que, se não punha em causa o quadro monárquico nacional, tentava, por todas as formas, realçar a separação entre a figura do monarca e a do Erário Régio[120].

Na verdade, no tempo do Erário Régio, devido à conjuntura económica da época, em que as finanças públicas portuguesas atravessavam um período de recessão, já existiam procedimentos de controlo, já que D. José I promulgou a 22 de Dezembro de 1761 um dispositivo que instituiu o novo regime de controlo das receitas e despesas públicas, através de um vasto conjunto de procedimentos modernos de controlo interno, que ao longo dos séculos foram sendo implementados e aplicados. Note-se que, nos termos da Lei de 22 de Dezembro de 1761, os anos económicos entre 1762 e 1834, iniciaram-se a 10 de Janeiro de cada ano civil e terminaram a 9 de Janeiro do ano civil seguinte. Com efeito, são claramente afirmados o primado do controlo, pelas Cortes, das contas públicas, da elaboração pelas Cortes sem possibilidade de veto real, das leis fiscais e orçamentais e da dívida pública, da administração dos bens nacionais e do quantitativo e remunerações do funcionalismo; bem como da publicidade dos documentos fundamentais das finanças públicas, para além da generalização do imposto. Realça-se a ideia de que este movimento de um maior incremento na actividade de controlo da actividade financeira do Estado havia começado, em boa verdade, ao tempo da criação do Erário Régio pelo Marquês de Pombal, devido à conjuntura económica da época, em que as finanças públicas portuguesas atravessavam um período de recessão e para *"pôr cobro a um insustentável estado de coisas na administração da Fazenda"*[121]. Foi com base nestas preocupações que *"No Erário Régio foi adoptado*

---

[120] Cfr. Ferreira da Cunha, Paulo, *ob. cit.*, págs. 337 e segs., onde demonstra com clareza a vontade inequívoca do legislador constituinte em separar funções e poderes em razão de ideias incorporadas de outros textos constitucionais, afirmando que *"O preâmbulo da Constituição Portuguesa é uma excelente síntese de todo o problema das influências constitucionais"* e que *"No texto da Constituição em relação ao das Bases, o mito do rei é desenvolvido no sentido negativo"*.

[121] Sobre a história e evolução do Ministério das Finanças, ver por todos o aprofundado trabalho de D'Oliveira Martins, Guilherme, *O Ministério das Finanças – Subsídios para a sua história no bicentenário da criação da Secretaria de Estado dos Negócios da Fazenda*, Ministério das Finanças, Lisboa, 1988, pág. 18.

o sistema das partidas dobradas, havendo além dos livros Diário e Mestre de cada uma das contadorias, um auxiliar para as diferentes arrecadações, rendas, direitos etc., num total de cento e sete"[122].

Como se adivinha, o legislador constituinte, imbuído de um espírito revogador de determinadas realidades anteriores, combateu o secretismo da administração, sobretudo no campo financeiro, através da elaboração regular de documentos de previsão e de retrospectiva das finanças públicas[123]. De facto, da análise histórica levada a cabo, podemos concluir que o secretismo caracterizava o controlo das contas públicas (refira-se a este propósito que, ao tempo do Erário Régio, eram apenas quatro as pessoas que estavam a par da situação geral das finanças públicas), ao mesmo tempo que, o *Relatório acerca do Estado Público em Portugal*, apresentado pelo Deputado Fernandes Tomás às Cortes Constituintes, em Fevereiro de 1821, dizia: *"O Tesouro está exausto e crescendo com ele a nova ordem de cousas a necessidade de fazer novas e muito maiores despesas, nem por isso tem crescido por ora os meios de remediar nem as antigas nem estas."*[124]. É de realçar que já no *antigo regime* se conheceram documentos que eram designados por *"orçamentos"*[125].

Normalmente, esses *"orçamentos"*, eram avaliações intermédias realizadas após a execução orçamental anual, se bem que usadas depois com fins de previsão. Sublinha-se, igualmenete, que para além do secretismo, eram também características o carácter incipiente da administração, a consignação tradicional de fundos e muitos outros factores, que impediam a organização e a estabilização do orçamento no anterior

---

[122] *Idem*, pág. 19.

[123] Sobre estes factos e acontecimentos, ver por todos, Rémond, René, *L'Ancien Régime et la Révolution*, in «Introduction à L'Histoire de Notre Temps», Vol. I, Ed. Seuil, Paris, 1974, bem como, Magalhães Godinho, Vitorino, in *"Ensaios"*, 2, Lisboa, Sá da Costa, 1978 e Monteiro, Armindo, *Do Orçamento Português, ob. cit.*.

[124] Cfr. Cavaleiro Paixão, Judite, *ob. cit.*, pág. 337.

[125] Cfr. Espinha da Silveira, Luís, «Aspectos da evolução das finanças públicas portuguesas nas primeiras décadas do século XIX (1800-27)», in *Análise Social*, vol. XXIII (97), 1987 – 3.°, págs. 505-529 e também Cardoso, José Luis, «A legislação económica do vintismo: economia política e política económica nas Cortes Constituintes», in *Análise Social*, vol. XXVI (112-113), 1991 (3.°-4ª), págs. 471-488.

regime político[126]. Portanto, realça-se o estado caótico da Fazenda Nacional e o papel de controlo do Parlamento da despesa pública, através de iniciativas legislativas e pedidos de informação ao Ministro da Fazenda.

A Constituição Portuguesa de 23 de Setembro de 1822 tentou, assim, instituir um regime político assente no princípio da separação de poderes, pertencendo o poder legislativo às Cortes, eleitas por sufrágio directo e estabelecendo, igualmente, como função soberana das Cortes, a actividade fiscalizadora e de controlo sobre "*o emprego das rendas públicas e as contas da sua receita e despesa*". Realçam-se desse vasto conjunto de preceitos constitucionais o artigo 103.º que determinou o nascimento e a consagração formal e material do princípio do controlo parlamentar das finanças públicas em Portugal[127]. Todavia, no dizer de Valério[128], "*as Bases da Constituição de 1821 apenas continham disposições de índole financeira*", atribuindo às Cortes competências exclusivas em matéria de impostos e determinando a ausência de isenções fiscais pessoais ou de grupos. Cometia às Cortes a obrigação de estabelecer os meios através dos quais deveria ser paga a dívida pública.

Por outro lado, o predomínio total da actividade parlamentar sobre a vida financeira do Estado enquanto corolário da separação de poderes estava estabelecido na Constituição pela redacção dos artigos 124.º, 125.º e 224.º, uma vez que retiravam ao Rei as competências em matéria fiscal e sobre a dívida pública ao estabelecerem a regra expressa da anualidade dos impostos. Do mesmo modo e como que aglutinando todo o sistema financeiro e orçamental do Estado, a regra

---

[126] Cfr. Mata, Eugénia e Valério, Nuno, *Normas de Direito Financeiro nas Constituições Portuguesas*, ob. cit., pág. 3. Ver também, D'Oliveira Martins, Guilherme, *O Ministério das Finanças – Subsídios..*, ob. cit., pág. 38, onde afirma que "*a nova filosofia atribuía uma importância essencial à transparência, à publicidade e à fiscalização da gestão financeira*".

[127] O artigo 103.º da Constituição de 1822 estabelecia que: "*Competem às Cortes, sem dependencia da sancção real, as atribuições seguintes:*
(...)
IX – Fixar annualmente os impostos, e as despesas publicas; repartir a contribuição directa pelos districtos das Juntas administrativas; fiscalizar o emprego das rendas publicas, e as contas da sua receita e despesa:".

[128] Cfr. Valério, Nuno e Nunes, Ana Bela et al., *As Finanças Públicas no Parlamento Português – Estudos preliminares*, ob. cit., pág. 8 e segs..

da apreciação anual da conta geral da receita e da despesa pelas Cortes foi introduzida de uma forma implícita na Constituição de 1822, através da redacção do seu artigo 233.º e da consagração da regra da publicidade da *"conta geral* [pela] *Imprensa"*[129]. Nestes termos, podemos concluir que a Constituição Portuguesa de 1822, como de resto e sem excepção, todos os outros textos constitucionais portugueses consagraram «*(...) a fiscalização da actuação financeira do Estado pelo Parlamento, designadamente através da "tomada" das contas públicas*»[130].

Num outro sentido, quer as origens quer os princípios que orientaram a elaboração da Carta Constitucional de 1826 determinaram um afastamento muito acentuado em relação às regras consagradas na Constituição de 1822, outorgada em 29 de Abril de 1826, pelo rei D. Pedro IV. Esta incorporava regras de regime político completamente distintas das anteriores[131], uma vez que o Rei detinha, agora, poderes próprios de nomear os membros das Câmara dos Pares, de vetar de forma absoluta as leis, dirigindo também ele o poder executivo e dotando-o de meios de intervenção no poder judicial. Este segundo período constitucional pode ser analisado como uma tentativa de criar um regime mitigado entre o regime liberal de 1822 e a necessidade de reforço dos poderes reais e da sua autoridade e, por isso mesmo, as atribuições das Cortes dependiam de sanção real[132]. No entanto, no que concerne às disposições constitucionais de índole financeira e orçamental, houve apenas algumas alterações, como foram as relativas às contribuições directa e de repartição, bem como as de natureza administrativa e judicial. Ademais, a Carta manteve os princípios fundadores consagrados na Constituição de 1822, nomeadamente o da generalidade do imposto e das competências das Cortes em matéria financeira, para além da regra da publicidade das finanças públicas que, apesar de não ser

---

[129] *Ibidem*, pág. 10.

[130] *Ibidem*, pág. 211.

[131] Todavia, o que é certo é que esta teve uma vida longa e, apesar de interrupções, vigorou até 14 de Maio de 1828, depois de 26 de Maio de 1834 a 10 de Setembro de 1836 e de 10 de Fevereiro de 1842 até 5 de Outubro de 1910. Neste último período foi alterada três vezes pelas Cortes, através dos Actos Adicionais de 5 de Julho de 1852, de 24 de Julho de 1885 e de 3 de Abril de 1896.

[132] Cfr. Valério, Nuno e Nunes, Ana Bela *et al.*, *As Finanças Públicas no Parlamento Português – Estudos preliminares*, *ob. cit.*, pág. 11.

expressa, se havia tornado solidificada na prática constitucional, "*e assegura-se mesmo o exclusivo da iniciativa da lei fiscal e a prioridade na discussão das propostas do Governo, entre as quais o orçamento, à Câmara dos Deputados*"[133].

No que diz respeito ao princípio do controlo parlamentar das finanças públicas, este manteve-se presente, embora nesta sede, sem ser formal e explicitamente, uma vez que ele colidia frontalmente com o regime político vigente – o absolutismo. Certo, é que este princípio diminuiu a sua intensidade constitucional, ao mesmo tempo que as atribuições das Cortes determinavam a obrigação do Governo de submeter a esta os orçamentos anuais e as contas do *"Thesouro"*[134]. No entanto, deixou de *"fiscalizar o emprego das rendas publicas, e as contas da sua receita e despesa"*, embora lhe competisse *"Fixar annualmente as despezas publicas, e repartir a contribuição directa"*, bem como *"Regular a Administração dos Bens do Estado, e decretar a sua alienação"* e *"crear, ou supprimir Empregos publicos, e estalecer-lhes ordenados"*.

Quando, em 26 de Maio de 1834, foi reposta em vigor a Carta Constitucional de 1826, esta não sofreu alterações[135] e o mesmo aconteceu na sua terceira entrada em vigor a 10 de Fevereiro de 1842, pelo que nos debruçaremos apenas sobre as alterações levadas a cabo pelos Actos Adicionais à Carta – 1852, 1885, 1895 e 1896 – que não apresentaram grandes alterações às disposições sobre as finanças públicas.

---

[133] Cfr. Mata, Eugénia e Valério, Nuno, *Normas de Direito Financeiro nas Constituições Portuguesas*, ob. cit., pág. 5.

[134] É este o regime constitucional que interpretamos dos artigos 15.º, 35.º, 137.º, 138.º da Carta Constitucional de 1826.

[135] Todavia, os Decretos de 16 de Maio de 1832, da autoria de Mouzinho da Silveira – que segundo alguns autores constituíram *"um poderoso instrumento de transformação da sociedade portuguesa do segundo quartel do século XIX"* – haviam reformado a estrutura administrativa de forma profunda e simultaneamente criaram o aparelho financeiro do Estado. Dando execução à própria Carta Constitucional – artigos 136.º, 137.º e 138.º, que previa a organização da Fazenda Pública, foi criado o Tribunal do Tesouro Público, substituindo o «*velho e monstruoso Erário*» e o antigo «*Concelho da Fazenda*». "*Prescreve-se uma rigorosa escrituração de todas as receitas e despesas e prevêem-se inspecções a todos os níveis, de forma a impedir fraudes ou fugas de dinheiros pertencentes ao Estado*", segundo Manique, António Pedro, *Mouzinho da Silveira – Liberalismo e Administração Pública*, Livros Afrontamento, Lisboa, 1989, págs. 74 e segs.

Neste sentido, o princípio do controlo parlamentar das finanças públicas manteve-se, uma vez que competia às Cortes aprovar os orçamentos e as contas anuais submetidas pelo Governo, embora com um caracter muito mais incipiente, dada a perda de protagonismo das Cortes face ao poder real[136]. O Acto Adicional de 1852 introduziu diversos aperfeiçoamentos relativos a essa mesma apresentação às Cortes dos orçamentos e contas públicas e, a não ser o Acto Adicional de 1896, com a introdução do princípio da vigência da lei orçamental anterior quando e enquanto a nova lei não estivesse ainda aprovada, não se verificaram outras alterações de significativo valor[137]. Em sentido convergente, as Cortes Constituintes eleitas em Dezembro de 1836, na sequência da revolução de 10 de Setembro desse ano, elaboraram uma nova Constituição que vigorou em Portugal entre 4 de Abril de 1838 e 10 de Fevereiro de 1842 e que "*é habitualmente caracterizada como um compromisso entre a Constituição de 1822 e a Carta Constitucional*" de 1826[138].

No que às matérias financeiras dizia respeito, o artigo 37.º estabelecia as atribuições fundamentais das Cortes que estavam sujeitas a veto real, não tendo introduzido a Constituição de 1838 quaisquer novas disposições das já preexistentes. Quanto ao princípio do controlo parlamentar das finanças públicas, este manteve-se igualmente presente, embora novamente sem ser formal e explicitamente consagrado, mas

---

[136] Cfr. Mata, Eugénia e Valério, Nuno, *Normas de Direito Financeiro nas Constituições Portuguesas*, ob. cit., pág. 6. Contudo, há que realçar o facto de os anos económicos de 1834-1835 a 1933-1934 se terem iniciado a 1 de Julho de cada ano civil e terem terminado a 30 de Junho do ano seguinte. Cfr. D'Oliveira Martins, Guilherme, *O Ministério das Finanças – Subsídios...*, ob. cit., pág. 69 e segs..

[137] Afirmava o artigo 13.º da Carta Constitucional que "*Nos primeiros quinze dias depois de constituida a Camara dos Deputados, o Governo lhe apresentará o orçamento da receita e despeza do anno seguinte; e no primeiro mez, contado da mesma data, a conta da gerencia do anno findo, e a conta do exercício annual ultimamente encerrado na fórma de Lei*".

[138] Como se conclui da análise das normas constantes deste texto constitucional de 1838, a Constituição de 1838 inseriu, no essencial, em matéria financeira, disposições semelhantes às da Constituição de 1822 e da Carta Constitucional de 1826, sendo apenas de realçar pela importância histórica e actual, a consagração constitucional no seu artigo 135.º da criação do Tribunal de Contas, como principal órgão judicial financeiro, que retoma, aliás a tradição da antiga Casa dos Contos.

assumindo um gradual crescimento de intensidade em razão da natureza mitigada que o regime político assumia e devido ao reforço das atribuições e competências das Cortes[139].

Como sublinha Leston-Bandeira[140], *"ao longo do século passado, o estudo da instituição parlamentar sofreu mudanças consideráveis. Do paradigma do declínio dos parlamentos a disciplina evoluiu, na verdade, para o paradigma do papel dos Parlamentos"*. Em 5 de Outubro de 1910, foi proclamada a República e o poder foi assumido por um Governo Provisório, tendo cessado, na prática, a vigência da Carta Constitucional de 1826. A Constituição Portuguesa foi aprovada em 21

---

[139] A análise do regime constante das normas constitucionais de direito financeiro previsto nos artigos 23.º, 24.º, 37.º, 54.º, 132.º, 133.º, 134.º, 135.º e 136.º, permito-nos concluir que o princípio do controlo parlamentar das finanças públicas tinha expressão na prática constitucional, sem se encontrar expressamente consagrado.

[140] Cfr. Leston-Bandeira, C., *Da Legislação à Legitimação: o Papel do Parlamento Português, ob. cit.*, pág. 28, obra que seguimos de muito perto neste ponto referente aos antecedentes históricos, uma vez que nos reconhecemos na forma e na substância da análise feita pela autora. Neste sentido, concordamos com a autora ao assumirmos que, do ponto de vista da realidade parlamentar, a evolução histórica do parlamentarismo português, pode ser analisada em *"quatro períodos distintos: a monarquia liberal (1820-1910), a I República (1910-1926), a ditadura do Estado Novo (1926-1974) e a democracia (1974-hoje)"*. Cumpre assinalar o tratamento implícito ou explícito que este tema já mereceu por parte da historiografia vintista, que sem pretensões de exaustão bibliográfica tem tratado com alguma atenção: Cfr. Fernandes Clemente, Eloy, "A história económica de Portugal (séculos XIX e XX)", in *Análise Social*, Vol. XXIV (103-104), 1998 (4.º, 5.º), págs. 1297-1330; Ferreira da Cunha, Paulo, *ob. cit.*, pág. 271 e segs.; Carvalho, Joaquim, «A obra legislativa das Cortes», in *História de Portugal*, Damião Peres (org.), Barcelos, Portucalense Editora, 1935, Vol. VII, págs. 74-97; Mata, Eugénia e Valério, Nuno, *Normas de Direito Financeiro nas Constituições Portuguesas*, in Revista de História Económica e Social, Janeiro-Junho 1979, 3, Ed. Sá da Costa, Lisboa, e ver também as obras de Hespanha, António Manuel, «O projecto institucional do tradicionalismo reformista: um projecto de constituição de Francisco Manuel Trigoso de Aragão Morato (1823)», in *O Liberalismo na Península Ibérica na Primeira Metade do Século XIX*, vol. I, Lisboa, Sá da Costa, 1982, págs. 63-90; Halpern Pereira, Miriam, *Revolução, Finanças, Dependência Externa*, Lisboa, Sá da Costa, 1979, pág. 22 e Moral Ruiz, Joaquín Del, «La hacienda portuguesa en la crisis final del Antiguo régimen (1798-1833)», in *O Liberalismo na Península Ibérica na Primeira Metade do Século XIX*, vol. I, Lisboa, Sá da Costa, 1982, págs. 185-186.

de Agosto de 1911, resultante de uma Assembleia Constituinte eleita a 28 de Maio de 1911 e vigorou até à revolução de 28 de Maio de 1926, *"(...) tendo sido alterada sete vezes – em 28 de Setembro de 1916, em 30 de Março de 1918, em 16 de Dezembro de 1918, em 20 de Agosto de 1919, em 22 de Setembro de 1919, em 7 de Agosto de 1920 e em 27 de Abril de 1921"*[141].

A nova Constituição estabeleceu um regime político claramente parlamentarista, com um predomínio do Congresso face ao Presidente da República e face ao Governo. Veja-se, a este respeito, o teor do Parecer da Comissão de Finanças da Câmara dos Deputados sobre o Orçamento para 1912-1913, que afirma que «*Os orçamentos elaborados pelos Governos da República devem diferenciar-se dos que, quáse normalmente eram aprovados pela monarquia com a certeza de que não seriam cumpridos*» e de que «*Nos últimos cinquenta anos da monarquia não houve um único ano que a Administração do Estado não deixa-se défice*» e que «*O Sr. Vicente Ferreira apresentou ao Parlamento o projecto-travão que depois foi convertido em lei com emendas do Sr. Dr. Afonso Costa. O decreto-travão tem um fim patriótico, tal é o de se evitar a votação de despesas SEM a correspondente receita*»[142]. O Congresso era bi-cameral, sendo formado pelo Senado e Câmara dos Deputados. De uma forma geral, é de realçar o acolhimento na Constituição de 1911 dos princípios e normas financeiras constantes da Carta Constitucional de 1826, na sua versão de 1852, ou seja, continuou a ser competência privativa da Câmara dos Deputados a iniciativa sobre impostos, bem como *"Orçar a receita e fixar a despesa da República,*

---

[141] Cfr. Mata, Eugénia e Valério, Nuno, *Normas de Direito Financeiro nas Constituições Portuguesas*, ob. cit., pág. 7, onde afirmam que "*sob o ponto de vista formal, foram decretos de 25 de Fevereiro de 1928 sobre o Presidente da Republica e de 8 de Julho de 1930 sobre as colónias (Acto Colonial), e a entrada em vigor da nova constituição em 11 de Abril de 1933, que terminaram com a vigência da Constituição de 1911, não havendo pois hiato constitucional*."

[142] Todavia, Braga da Cruz, Manuel e Lobo Antunes, M., ob. cit., pág. 155, demonstram que o poder parlamentar excessivo proporcionado por este regime constitucional foi em grande parte responsável pela instabilidade política que se viveu até 1926. Veja-se a este respeito Barros de Queiroz, Vasco, *A República de 5 de Outubro de 1910 a Maio de 1926 e a Acção Política de Thomé José de Barros Queiroz*, Editorial Eva, 1985.

anualmente, tomar as contas da receita e da despesa de cada exercício financeiro e votar anualmente os impostos"[143].

Quanto ao princípio do controlo parlamentar das finanças públicas, este, embora novamente sem ter sido consagrado formal e constitucionalmente, foi assumido na prática através do reforço das atribuições e competências da Câmara dos Deputados, uma vez que esta, também aprovava o Orçamento e tomava as contas, fiscalizava o emprego dos bens públicos, fixava os empregos e seus vencimentos e a criação ou supressão de alfândegas, bem como as competências quanto à dívida pública, interna e externa[144]. Todavia, alerta-se para o facto de na prática, com a entrada em vigor da Constituição de 1933, em 11 de Abril desse ano, a autonomia dos territórios ultramarinos ter sido negada e *"recusada largamente na lei e na prática em relação ao que fora a política da primeira república"*, bem como para o facto de a lei orçamental ter deixado de ser competência exclusiva do Parlamento, tendo-se dividido em duas partes, uma lei de meios aprovada pela Assembleia Nacional e um Orçamento propriamente dito aprovado pelo Governo[145].

No que diz respeito à Constituição de 1933 ressaltam apenas duas preocupações devidamente consagradas, a saber:

- A reafirmação da autonomia financeira e administrativa dos territórios ultramarinos;

---

[143] Os artigos 3.º, 23.º, 26.º, 54.º e 55.º, definiam as competências e os regimes jurídicos inerentes à gestão da coisa pública, sendo que as competências da Câmara dos Deputados lhe atribuía o controlo parlamentar das finanças públicas, uma vez que toda a actividade financeira do Estado tinha de ser previamente aprovada por esta. Para uma compreensão mais abrangente deste período, *vide* D'Oliveira Martins, Guilherme, *O Ministério das Finanças – Subsídios ..., ob. cit.*, pág. 151 e segs..

[144] Neste sentido, é de realçar a inovação constitucional do artigo 55.º que afirmava o princípio constitucional da responsabilidade financeira pelos actos executivos dos agentes relativos aos dinheiros públicos, uma vez que estabelecia que *"São crimes de responsabilidade os actos do Poder Executivo e seus agentes que atentarem:*
(...)
7.º Contra a guarda e emprego constitucional dos dinheiros públicos.
8.º Contra as leis orçamentais votadas pelo Congresso."

[145] Cfr. Mata, Eugénia e Valério, Nuno, *Normas de Direito Financeiro nas Constituições Portuguesas, ob. cit.*, pág. 9 e Valério, Nuno e Nunes, Ana Bela *et al.*, *As Finanças Públicas no Parlamento Português – Estudos preliminares, ob. cit.*, págs. 20 e segs..

- O equilíbrio das contas públicas[146].

Ao mesmo tempo, esta Constituição restringiu a capacidade de iniciativa legislativa dos deputados nos casos em que envolvesse o aumento da despesa ou diminuição da receita e portanto, muitos autores caracterizam esta Constituição como sendo constitutiva de um "*regime ditatorial fascista*"[147], onde o papel fiscalizador da Assembleia Nacional era completamente apagado face ao Governo[148].

À Assembleia Nacional, restava a competência para "*Autorizar o Governo a cobrar as recitas do estado e a pagar as despesas públicas na gerência futura, definindo na respectiva lei de autorização os princípios a que deve ser subordinado o orçamento na parte das despesas cujo quantitativo não é determinado em harmonia com as leis preexis-*

---

[146] Sobre este "*desígnio nacional*", Emygdio da Silva, Fernando, *A Reforma do Orçamento em Portugal: Política e Técnica*, Biblioteca de Altos Estudos – Academia de Ciências de Lisboa, Lisboa, 1938, onde o Professor da Faculdade de Direito assinala que "*Está em jôgo a estrutura nacional do regime: quem é chamado a pagar deve ser admitido a compreender. Está em jôgo o prestígio do mando: é nas finanças que a moralidade política tem a sua bitola mais alta*" e "*Falta o último dos quatro grandes princípios da reforma: a eficácia do contrôle. Foi abolido o visto prévio das despesas (...), assim, também: o trabalho do Tribunal de Contas (e do mesmo modo o da Assembleia Nacional) para dar a sua conformidade às contas públicas foi consideravelmente simplificado*". A este propósito, acerca da diminuição de poderes da Assembleia Nacional vide Parecer apresentado à Comissão de Finanças da Assembleia Nacional sobre as contas de 1928-1936, pelo deputado Araújo Correia, publicado em separata: Portugal Económico e Financeiro, Vol. II, Lisboa, 1938.

[147] Cfr. Almeida de Carvalho, Rita, *A Assembleia Nacional no Pós-Guerra (1945-1949)*, Edições Afrontamento, Colecção Parlamento, Lisboa, 2002, pág. 18.

[148] Cfr. Valério, Nuno e Nunes, Ana Bela et al., *As Finanças Públicas no Parlamento Português – Estudos preliminares*, ob. cit., págs. 20, onde afirmam que "*A Constituição de 1933 modificou radicalmente o papel do Parlamento na vida financeira do Estado português*" e "*Na verdade, o seu artigo 91 reduziu a competência financeira da Assembleia Nacional às matérias da conta, do orçamento e dos empréstimos públicos, deixando de lado a referência tradicional aos empregos públicos e seus vencimentos e, sobretudo, a referência aos impostos*". No mesmo sentido, cfr. Ferro, António, *Salazar. O homem e a sua obra*, 3ª ed., s.l., Imprensa Nacional de Publicidade, 1935, pág. 142, onde escreve que "*O Parlamento assusta-me tanto que chego a ter receio, se bem que reconheça a sua necessidade, daquele que há-de sair do novo estatuto. (...) Para pequeno Parlamento – e esse é útil e produtivo, como no caso actual, basta-me o Conselho de Ministros*".

tentes", embora nos termos do artigo 91.º e em consonância com o artigo 64.º, para além de nos termos do n.º 2 do artigo 91.º, se previsse a possibilidade semântica de apreciação parlamentar dos actos do Governo e da Administração[149]. Perante o quadro constitucional consagrado pela Constituição de 1933, a Assembleia Nacional, enquanto Parlamento não característico de um regime democrático de tipo ocidental, deixou de ter grande parte das suas competências legislativas e de fiscalização, uma vez que "*o Estado Novo se assumia ideologicamente antiparlamentar*"[150].

O princípio do controlo parlamentar das finanças públicas deixou de ter qualquer relevância constitucional, uma vez que a Assembleia Nacional, apesar de formalmente e de acordo com o n.º 2 do artigo 91.º da Constituição, ser um órgão de fiscalização política, deixou de ter competência material ou formal na prática sobre os actos do Governo e da Administração e mesmo o poder de ratificação dos actos legislativos do Governo lhe foi retirado. Todavia, "*A Revisão de 1954 reforçou este poder de fiscalização acrescentando-lhe, no mesmo artigo, a competência para apreciar os actos do Governo e da Administração Pública*", embora a maior parte da doutrina defenda que "*Sem ceder ao parlamentarismo, Salazar monopoliza o poder legislativo por parte do*

---

[149] Competia-lhe, igualmente, "*Tomar as contas respeitantes a cada ano económico*", nos termos do artigo 91.º n.º 3. As revisões constitucionais de 23 de Março e 23 de Maio de 1935, 21 de Dezembro de 1936, 18 de Dezembro de 1937, 23 de Abril de 1938, 17 de Setembro de 1945, 11 de Junho de 1951, 29 de Agosto de 1959 e 16 de Agosto de 1971, não alteraram o essencial das suas disposições financeiras. Cfr. Marcello Caetano, *A Constituição de 1933. Estudo de Direito Político*, Coimbra Editora, 2ª. Edição, 1957, pág. 100, onde a este propósito relata que «*A faculdade de fiscalizar não só a legalidade mas também a moralidade ou oportunidade dos actos do Governo e seus agentes foi expressamente incluída na Constituição na revisão de 1945, tendo sido aplaudida pela câmara corporativa porque "os poderes não fiscalizados tendem naturalmente para o abuso, com perigo, inclusive, para eles próprios"*».

[150] Cfr. Almeida de Carvalho, Rita, *A Assembleia Nacional no Pós-Guerra (1945-1949)*, *ob. cit.*, pág. 10, onde afirma efectivamente que *no quadro institucional do Estado Novo, não se pode falar da existência de um verdadeiro Parlamento, na medida em que à Câmara dos deputados não se aplica o conceito de soberania popular ou de representação: apenas 12% da população a elegia*". No mesmo sentido, Miranda, Jorge, *Manual de Direito Constitucional – o Estado e os Sistemas Constitucionais*, tomo I, Coimbra Editora, Coimbra, 1997.

Governo, em detrimento do seu exercício por parte da Assembleia, ainda que reforce os poderes de fiscalização formalmente atribuídos a este órgão de soberania"[151].

Concordamos inteiramente com Lima[152], quando diz que as funções legislativa e fiscalizadora não podem ser dissociadas, já que «*um consistente poder legislativo é o natural suporte de uma eficaz acção fiscalizadora. Esta, sem apoio daquele, em vez de concretizar uma função "predominantemente fiscalizadora", tenderá a redundar numa função "predominantemente faladora". Uma fiscalização política, praticamente eficaz, depende – além do mais da força constitucional do órgão fiscalizador*». Na verdade, apesar da aparente missão fiscalizadora da Assembleia Nacional, a verdade é que, em contraposição, o facto do Governo se poder evadir da submissão às votações da Assembleia, ilustra bem a total independência que existia entre estes dois órgãos e, a "*eficácia da fiscalização*"[153] e o "*caracter simultaneamente*

---

[151] Cfr. Almeida de Carvalho, Rita, *A Assembleia Nacional no Pós-Guerra (1945-1949)*, ob. cit., pág. 51, bem como, Lopes Moreira, Carlos Alberto, «O Governo e a Função Legislativa. A Fiscalização da Acção Governativa», in *II Congresso da União Nacional. Resumo de Teses da 1ª Sub-Secção*, Lisboa, Casa Portuguesa, s/d, pág. 10, bem como, Marcello Caetano que afirmou que "*A missão mais importante das Assembleias do tipo da nossa Assembleia Nacional é, de um lado, a apreciação dos actos do Governo e da Administração e, de outro, receber informação autêntica acerca da orientação política geral*", segundo Braga da Cruz, Manuel, *O Partido e o Estado no Salazarismo*, Tese de Doutoramento – Instituto de Ciências Sociais, (Policopiado), 1986, pág. 216 e di-lo, igualmente, Salazar na sua «Lição de Salazar para a Reunião dos Governadores Civis, Sala do Conselho de Estado – no Palácio de S. Bento – às 17 horas do dia 8-X-1942, segundo Apontamentos do Governador Civil de Vila Real», ANTT, AOS/CP – 129, pt.4.1.3/4, onde afirma que «*Toda a força sem controlo tende para o abuso, e todo o poder sem fiscalização é um perigo (...) Há, portanto, necessidade de constituir um órgão estranho ao Governo, que possa fiscalizá-lo e exercer sobre ele o necessário e prudente "controlo"*».

[152] Cfr. Lima, Carlos, *Órgãos de Soberania: A Assembleia Nacional. Um debate*, s.l., Moraes Editora, 1971, págs. 25-25.

[153] Cfr. Jorge Campinos, *O Presidencialismo do Estado Novo*, Lisboa, Perspectivas & Realidades. 1978, pág. 227. A verdade é que a Constituição de 1933, no seu artigo 112.º, estabelecia uma total independência entre o Governo e a Assembleia, sendo o Governo apenas responsável perante o Presidente da República, que o podia destituir e esta inexistência de responsabilização política é, igualmente, demonstrativa dessa eficácia na sua fiscalização.

antiparlamentar e cosmético da Revisão Constitucional de 1945"[154], onde a fiscalização parlamentar financeira não teve qualquer razão de existência jurídica ou de prática parlamentar.

Com a Revolução de 25 de Abril de 1974, a Constituição de 1933 deixou de vigorar na prática e, entretanto, foi eleita uma Assembleia Constituinte em 25 de Abril de 1975, para elaborar uma nova Constituição da República Portuguesa, doravante (CRP), que viria a entrar em vigor em 25 de Abril de 1976, que, mantendo a chefia republicana do Estado, reintroduziu o pluripartidarismo e esboçou um regime híbrido entre o presidencialismo e o parlamentarismo, definido pela generalidade da doutrina portuguesa por semi-presidencialismo[155]. As profundas alterações de regime e da Constituição, projectaram-se necessariamente no regime financeiro e no domínio directo das finanças públicas, sobretudo em razão dos poderes fiscalizadores atribuídos ao Parlamento e a uma muito maior importância interventora e legislativa na vida política do Estado, tendo estes poderes, inclusive, para poder derrubar o Governo, ainda que indirectamente.

As normas constitucionais relacionadas com as finanças públicas não tiveram *ab initio* alterações muito profundas, uma vez que se manteve a distinção entre lei de meios e orçamento, uma da competência do Parlamento e outra do Governo, embora o orçamento tenha passado a incluir disposições típicas da lei de meios, não se confundia a lei do orçamento com o Orçamento Geral do Estado. Na verdade, na versão original, a Constituição restabeleceu nos seus artigos 164.º, 165.º as

---

[154] Cfr. Almeida de Carvalho, Rita, *A Assembleia Nacional no Pós-Guerra (1945-1949)*, ob. cit., pág. 53 e Sousa Franco, A. L., *Finanças Públicas e Direito Financeiro*, vol. I, 4.º ed. – 2.º Reimpressão, Almedina, Coimbra, 1995, pág. 455, onde estabelece que com efeito a Constituição de 1933 referia no n.º 3 do artigo 91.º a competência da Assembleia Nacional para *"tomar as contas respeitantes a cada ano económico, as quais lhe serão apresentadas com o relatório e decisão do Tribunal de Contas e os demais elementos que forem necessários para a sua apreciação"*.

[155] Cfr. Miranda, Jorge, *Manual de Direito Constitucional*, ob. cit., pág. 358 e segs.; Lucas Pires, Francisco, *Presidencialismo, Semi-Presidencialismo ou Regime de Partidos*, in Democracia e Liberdade, n.º 1, 1976, págs. 57 e segs.; Rebelo de Sousa, Marcelo, "O sistema de governo português", in *Estudos sobre a Constituição*, obra colectiva, III, pág. 579 e segs. e Vitalino Canas, "A forma de governo semipresidencial e suas características. Alguns aspectos", in *Revista Jurídica*, n.º 1, Outubro-Dezembro, 1982, pág. 89 e segs..

tradicionais competências do Parlamento em matéria orçamental, de empréstimos e da Conta Geral do Estado[156].

A principal inovação em matéria de finanças públicas que esta nova Constituição nos trouxe foi o ter recentrado o papel fiscalizador do Parlamento, tendo atribuído à Assembleia da República a tradicional função de apreciação e fiscalização da execução orçamental e das contas públicas[157]. A Revisão Constitucional de 1982 introduziu uma alteração importantíssima nas competências financeiras da Assembleia da República, já que lhe atribuiu o poder de votar o orçamento do Estado, e não somente a lei do orçamento, através da alteração à redacção do artigo 164.º da CRP.

As revisões constitucionais de 1989 e 1992 não introduziram alterações significativas nas competências financeiras do Parlamento[158], a não ser de pormenor. Só a revisão de 1997 alterou a redacção de alguns artigos, mas sem grande significado no que diz respeito ao regime constitucional vigente, a não ser a nota de realce da nova redacção do artigo 162.º da CRP, que atribui à Assembleia da República, no exercício das suas competências de fiscalização, a competência para *"Tomar as contas do Estado e das demais entidades públicas que a lei determinar (...)"*. Todavia, em cada uma das quatro revisões constitucionais, reforçou-se o poder da Assembleia da República, acentuando as características de regime parlamentar inserido num sistema político de orga-

---

[156] Cfr. Valério, Nuno e Nunes, Ana Bela *et al.*, *As Finanças Públicas no Parlamento Português – Estudos preliminares*, *ob. cit.*, pág. 24, onde se explica que *"Na verdade, a primeira apenas continha verbas globais e o segundo era elaborado pelo Governo nos quadros fixados pela Assembleia da República"*. O artigo 164.º estabelecia na alínea g) a competência para aprovar as leis do Plano e do Orçamento e o artigo 165.º na sua alínea a) a competência para fiscalizar os actos do Governo e da Administração e na sua alínea d) estabelecia que no exercício das suas funções de fiscalização competia à Assembleia da República tomar as contas do Estado e das demais entidades públicas que a lei determinar.

[157] O n.º 5 do artigo 108.º da CRP estabelecia que *"A execução do Orçamento será fiscalizada pelo Tribunal de Contas e pela Assembleia da República, que, procedendo parecer daquele tribunal, apreciará e aprovará a Conta Geral do Estado, incluindo a da segurança social."*

[158] Em boa verdade, em cada uma das quatro revisões constitucionais, reforçou-se o poder do Parlamento.

nização triangular[159]. É neste sentido que a nossa Constituição dispõe, no seu artigo 147.º, que «*A Assembleia da República é a assembleia representativa de todos os cidadãos portugueses*».

À Assembleia da República foi determinado, pela Constituição de 1976 e pelas suas quatro revisões, um "*lugar central no sistema político português*", sendo que a própria Constituição detém um conjunto de poderes de fiscalização, tais como as interpelações, as perguntas ao governo e as comissões de inquérito, poderes e figuras constitucionais e regimentais sobre as quais, na II e IV partes deste estudo, nos deteremos pormenorizadamente, analisando as três fases do próprio desenvolvimento da instituição parlamentar[160].

5. Responsabilidade, cidadania e controlo político

Numa época de forte intervenção do Estado[161], enquanto o Estado é prestador e também regulador[162], afirmando fortes poderes administrativos e envolvendo montantes e verbas financeiras que implicam uma necessária interpelação na vida social e privada dos seus cidadãos,

---

[159] Cfr. Vital Moreira e Gomes Canotilho, J. J., *Fundamentos da Constituição*, Coimbra Editora, 1991, pág. 213 e Leston-Bandeira, C., *Da Legislação à Legitimação: o Papel do Parlamento Português*, ob. cit., pág. 45.

[160] Cfr. Leston-Bandeira, C., *Da Legislação à Legitimação: o Papel do Parlamento Português*, ob. cit., págs. 45-53.

[161] Cfr. Gomes Canotilho, J. J., *Estado de Direito*, Cadernos Democráticos, Gradiva, onde sucintamente as dimensões essenciais do Estado de Direito são analisadas. Para um estudo mais desenvolvido sobre esta matéria ver, igualmente, Gomes Canotilho. J. J., *Direito Constitucional e Teoria da Constituição*, 2ª ed., Coimbra, 1998, págs. 235-272 e Chevallier, Jacques, *L'État de Droit*, Montchrestien, 2ª ed., Paris, 1994.

[162] Cfr. Vital Moreira, "Serviço Público e Concorrência. A Regulação do Sector Eléctrico" e Otero, Paulo, "Coordenadas Jurídicas da Privatização da Administração Pública", in BFDC, Stvdia Ivridica, n.º 60, *IV Colóquio Luso-Espanhol de Direito Administrativo*, Coimbra Editora, 2000, pág. 31 e segs. e págs. 221-336 e Majone, Giandomenico, "The regulatory State and its legitimacy problems", in *West European Politics*, Vol. 12, 1999, onde extensamente apresenta a evolução do termo "Estado regulador" e disserta, igualmente, sobre as delegações de poderes reguladores, bem como sobre as "agências independentes", seus custos, responsabilidades e problemas face ao "*défice democrático da Europa*".

determinando e caracterizando o *modus vivendi* e as condições económicas, financeiras e políticas do seu próprio tecido social, como sublinha Mozzicafreddo[163], a questão do controlo em geral, do controlo financeiro parlamentar e do controlo social assumem de facto uma relevância para nós evidente e fundamental. Do mesmo modo, este controlo assume-se como sendo, igualmente, um garante de responsabilização pela escrupulosa aplicação do dinheiro público e um valioso mecanismo para aquilatar e defender o interesse público contra eventuais défices de boa gestão, na aplicação das receitas públicas. Ao mesmo tempo, a obrigação de responder pelos actos e resultados – *accountability*, leva a que a forma, como essa responsabilidade é apurada, nos transporte para o facto de essas decisões de gestão, muitas vezes vinculantes directamente para o indivíduo, que se assume como cidadão e como contribuinte, aprofunde o défice de legitimidade[164] e de desempenho dos sistemas políticos e administrativos, face aos riscos e incertezas da sociedade[165].

Todavia, o que se constata é que não é suficiente a análise desta problemática pela perspectiva do *accountability*. Torna-se imperioso assumir o conceito de responsabilidade para além da exigência de prestação de contas e resultados, ou seja pela visão do controlo *ex post*. É fundamental, que o controlo *ex ante* seja também sinalizado, através da

---

[163] Cfr. Mozzicafreddo, Juan, "A Responsabilidade e a Cidadania na Administração do Estado", *ob. cit.*, págs. 1-2.

[164] A questão muito discutida da legitimidade no direito moderno é desenvolvida em Goyard-Fabre, Simone, *Os Princípios Filosóficos do Direito Político Moderno*, Martins Fontes, São Paulo, 1999, págs. 273-307 e 439-491 e, numa perspectiva sociológica em Kramer, Paulo, "Alexis de Tocqueville e Max Weber: Respostas Políticas ao Individualismo e ao Desencantamento na Sociedade Moderna" e Avritzer, Leonardo, "Habermas e Weber, Da Instrumentalização da Moral aos Fundamentos Morais da Democracia", in Jessé Souza (org.), *A actualidade de MAX WEBER*, Editora da Universidade de Brasília, Brasília, 2000, págs. 167-197 e 373-391, respectivamente.

[165] Cfr. Mozzicafreddo, Juan, "A Responsabilidade e a Cidadania na Administração do Estado", *ob. cit.*, pág. 2. Na perspectiva de Costa Marques, Mª. da Conceição, *Prestação de Contas no Sector Público*, Dislivro, Lisboa, 2002, pág. 37 "*A responsabilidade, pode dizer-se que é uma característica comum a todas as entidades do Sector Público, uma vez que os seus poderes derivam do Parlamento, democraticamente eleito pelos cidadãos, perante quem são responsáveis pelos actos praticados*".

prossecução efectiva do "*princípio da precaução e da segurança das sociedades*", uma vez que o conceito de responsabilidade "*constitui um dos fundamentos contratuais da vida em sociedade e da confiança nas instituições política e administrativa*"[166].

Na verdade, os novos direitos sociais[167], advindos dos conflitos característicos do Estado liberal e do Estado social, trouxeram a moderna ideia da cidadania, enquanto estreitamente associada à relação dos indivíduos dotados de determinados direitos face aos seus Governos e Estados. Ora, nas democracias pós-industriais, os conflitos mudaram de natureza e já não assumem a exigência de liberdade ou de prestações, de «*liberdades positivas*». Os novos conflitos sociais apresentam-se como conflitos sociopolíticos, directamente relacionados com o acesso à informação, à educação, à defesa de direitos de participação pública na tomada de decisões colectivas, que possibilitem uma responsabilização efectiva e eficaz, uma vez que, através das novas tecnologias da informação e da comunicação, se exponenciam as oportunidades de circulação e acesso à informação e à cultura, gerando novas dinâmicas de exigência.

Por um lado, é nesta perspectiva mais vasta e abrangente que a dimensão organizacional do conceito de responsabilidade encalha na questão de saber se a Assembleia da República concretiza eficazmente as atribuições de fiscalização dos actos do Governo e da Administração Pública – das finanças públicas, uma vez que a obrigação de responder pelos resultados se relaciona intimamente com a cidadania e com o registo da responsabilização política, "*pois trata-se de uma questão democrática*"[168]. A assunção de responsabilidade pela prestação de

---

[166] Cfr. Mozzicafreddo, Juan, "A Responsabilidade e a Cidadania na Administração do Estado", *ob. cit.*, pág. 2, e igualmente, na página 16, onde citando, afirma que "*Em síntese o sentimento de responsabilidade, como dizia Max Weber, é uma das qualidades mais significativas de um político, faz parte constitutiva da ética política*".

[167] Cfr. Espada, João Carlos, "Direitos Sociais de Cidadania – uma crítica a F. A. Hayek e R. Plant", in *Análise Social*, vol. XXX (131/132) e Santos, Boaventura de Sousa, *Pela Mão de Alice, o Social e o Político na Pós-Modernidade*, Edições Afrontamento, 7ª. Edição, Porto, 1999.

[168] Cfr. Mozzicafreddo, Juan, "A Responsabilidade e a Cidadania na Administração do Estado", *ob. cit.*, pág. 4, citando Wolf, Adam, "Symposium on accoutability in public administration: reconciling democracy, efficiency and ethics", in *International Review of Administrative Science*, vol. 66, n.º 1, 2000.

contas e pelos resultados alcançados no Estado de Direito demonstra, para além de existência de um nexo de causalidade muito forte entre o controlado e o controlador, que de certa forma, se torna imperiosa a construção das modernas democracias, assentes numa *sociedade de confiança*.

Por outro lado e concordando com Mozzicafreddo[169], a verdade é que essa confiança, tão necessária ao bom funcionamento das instituições em particular e da sociedade em geral, está abalada, por duas ordens de razões:

   a) Os cidadãos têm a noção de que os actos do Governo e da Administração não têm qualquer sanção administrativa ou política. "*A ideia de que os funcionários e os agentes políticos são responsáveis perante a autoridade hierárquica e que estes são responsáveis perante órgãos de soberania está bastante longe da realidade*". Esta noção advém, sobretudo da ideia de que as acções administrativas ou políticas de desenvolvimento de *dossiers*, de inquérito, de avaliação de políticas públicas, de inspecção e até da determinação do montante do défice anual, são normalmente evitadas e quando não o são, tornam-se casuísticas e instrumentais. Ou seja, a representação política é um conceito posto em crise pelos cidadãos.
   b) A existência de uma forte regulamentação social e o facto de existir uma inequívoca tendência para a resolução dos problemas por via jurídica cria uma sensação social de apelo à vitimização, que com a criminalização tendente percepciona e traduz "*indiferença dos poderosos, pelo sofrimento do cidadão comum*", que é uma reivindicação política[170], entendida como uma exigência dos cidadãos, face ao Estado de responsabilidade política pelos seus actos.

No mesmo sentido, embora acerca de matéria com esta conexa, como seja o papel do cidadão face às instituições políticas do Estado,

---

[169] Cfr. Mozzicafreddo, Juan, "A Responsabilidade e a Cidadania na Administração do Estado", *ob. cit.*, pág. 7.

[170] Cfr. Giddens, Anthony, *O mundo na era da globalização*, Editorial Presença, Lisboa, 2000.

Mozzicafreddo[171] sublinha ainda que, apesar de um aumento do poder político dos cidadãos, *"é de assinalar que o desequilibro de poder e de resultados entre o que o cidadão escolhe ou espera ver realizado e os constrangimentos e as razões do funcionamento institucional e político do Estado, não cessa de aumentar"*. Ao mesmo tempo, nas sociedades modernas, à medida que é percepcionada a ideia de sociedade de risco[172], torna-se ambivalente a incerteza, dado que os cidadãos assumem que as acções humanas não estão garantidas à partida e de que a sociedade de risco é orientada para o futuro; pelo que as acções passadas, assim como as instituições, podem deixar de assumir carácter permanente. E perante a expansão dos riscos e das incertezas sociais, a capacidade de gerir essa incerteza exige maior competência e responsabilização do Estado na sua função de socializar as incertezas e os riscos.

Neste sentido, ganham significado a cidadania e a representação política como categorias sociais, uma vez que se apresentam como mecanismos adequados a poderem fazer alterar os níveis de desconfiança e de descrédito que o conceito de responsabilidade política atingiu, potenciando uma sociedade mais direccionada para a realização do bem público ou bem comum[173], através de mecanismos de directa responsabilização e de atenuação dos efeitos do desenvolvimento e integração social, advindos da lógica da produção e do risco.

Os cidadãos tornam-se, assim, «*reflexivos*»[174], isto é, reconhecem a urgência de uma gestão pública mais eficiente e mais democrática, mesmo relativamente aos riscos[175]. A consciência de que o poder se

---

[171] Vide Mozzicafreddo, Juan, *Estado-Providência e Cidadania em Portugal*, Celta Editora, 2ª. Edição, Oeiras, 2000, pág. 198.

[172] Cfr. Beck, Ulrich, *La sociedade del riesgo*, Paidos, Barcelona, 1998.

[173] Cfr. Pitschas, Rainer, "As administrações públicas europeia e americana na actualidade e o modelo alemão", *ob. cit.*.

[174] Por isso, alguns autores teorizam já, sobre a fase da «*modernização reflexiva*», ou seja, na possibilidade de uma (auto)destruição criativa da sociedade industrial em que o sujeito desta destruição criativa não é a revolução, nem a crise, mas a vitória da modernização ocidental contemporânea. Cfr. Beck, Ulrich, Giddens, Anthony e Lash, Scott, *Modernização Reflexiva – Política, Tradição e Estética no Mundo Moderno*, Celta, Oeiras, 2000.

[175] Cfr. Gonçalves, Maria Eduarda, "Mudança Tecnológica, Conflito Social e Novos Direitos", in Seminário organizado pelo INA, *A face oculta da Governança – Cidadania, Administração Pública e Sociedade*, Lisboa, 19 e 20 de Novembro de 2001.

exerce cada vez menos na esfera do Estado ou do poder político e cada vez mais na esfera do mercado global, desperta diariamente, por seu turno, movimentos de resistência aos efeitos socialmente negativos dessa globalização, que, igualmente, reforçam a reclamação de novas formas de participação política da sociedade civil[176]. Exigência esta, que já originou, face às teorias da sociedade da informação e do ciberespaço[177], da sociedade do risco e da sociedade global, a criação do conceito de *governança*[178], que remete para mecanismos informais de regulação, envolvendo instituições públicas, indivíduos, empresas,

---

[176] Como exemplo do tipo de participação política e científica em Portugal, veja-se o caso de Foz Côa, estudado por Gonçalves, Maria Eduarda, "Ciência, Política e Participação", in Maria Eduarda Gonçalves (org.), *Cultura Científica e Participação Pública*, Celta, Oeiras, 2000, pág. 201 e segs., onde o caso das gravuras de Foz Côa sobressai como um exemplo paradigmático do poder dos cidadãos face ao poder político, embora este tenha aceite, de bom grado, a mudança cultural reivindicada.

[177] Cfr. Kumar, K., *From Post-Industrial to Post-Modern Society. New Theories of the Contemporary World*, Blackwell, Oxford, 1997; Slevin, J., *The Internet and Society*, Polity Press, Oxford, 2000; Mathias, P., *La Cité Internet*, Presses de Sciences Po., Paris, 2001 e Castells, Manuel, *La era de la information – La sociedad red*, Alianza Editorial, Vol. I, 2000; Beck, Ulrich, *The Risk Society. Towards a New Modernity*, Sage, Londres, 1992; Adam, Barbara, Beck, Ulrich e Van Loon, Joost, *The Risk Society and Beyond. Critical Issues for Social Theory*, Sage, Londres, 2000 e Giddens, Anthony, "Risk Society: the Context of British Politics", in J. Franklin (org.), *The politics of Risk Society*, Polity Press, Cambridge; Waters, Malcolm, *Globalization*, Routledge, Londres e Nova York, 1995; Robertson, Roland, *Globalization*, Sage, Londres, 1996; Held, David e Mc Grew, A., "Globalization", in *Global Governance*, October-December, 1999, págs. 483-496; Castells, Manuel, *La era de la información*, Alianza Editorial, Vol. II e III, 2000 e Sousa Santos, Boaventura, "Os Processos de Globalização", in B. Sousa Santos (org.), *Globalização: fatalidade ou Utopia*, ed. Afrontamento, Porto, 2001.

[178] Cfr. Beck, Ulrich, "The Reinvention of Politics: Towards a Theory of Reflexive Modernisation, in Ulrich Beck et al. (orgs.), *Reflexive Modernisation. Politics, Tradition and Aesthetics in the Modern Social Order*, Cambridge: Polity Press, 1997, págs. 10-11; *La sociedade del riesgo*, Paidos, Barcelona, 1998, pág. 21; Giddens, Anthony, *O mundo na era da globalização*, Editorial Presença, Lisboa, 2000; Gonçalves, Maria Eduarda, "Europeização e direitos dos cidadãos", in B. Sousa Santos (org.), *Globalização: fatalidade ou Utopia*, ed. Afrontamento, Porto, 2001 e Giovanni Moro, "A face oculta da Governança", in Seminário organizado pelo INA, *A face oculta da Governança – Cidadania, Administração Pública e Sociedade*, Lisboa, 19 e 20 de Novembro de 2001.

organizações não governamentais e outros grupos da sociedade civil, implicando cooperação e coordenação a vários níveis, em contraposição aos órgãos de soberania tradicionais. A ideia central da representação política em matéria financeira consiste na constatação de que os bens públicos são do povo que, através do imposto ou de outras dotações patrimoniais a favor do Estado, cria o património dos cidadãos ou da sociedade e que, com este pressuposto, só o povo pode decidir sobre sacrifícios que está disposto a suportar e, portanto, devem ser prestadas contas perante os cidadãos, quer politica, quer financeiramente. Do mesmo modo, afigura-se-nos extremamente importante essa prestação de contas em razão da eficiência dos recursos, mas, e acima de tudo, em razão do tipo de orientação e exemplo que os órgãos de soberania devem transmitir na sua acção política[179] e como contributo para a reforma da administração pública.

Por outro lado, a democracia, enquanto forma política, exige e requer, para a sua própria legitimidade, a adesão colectiva generalizada e despersonalizada em consenso sobre a mesma, ou seja, da opinião pública[180]. Opinião pública que tem um especial significado, em razão do pluralismo social fonte da função representativa do Parlamento[181]. Todavia, há que ressaltar, com Burdeau[182], que vontade popular não é

---

[179] Cfr. Luhmann, Niklas, "La moral social y su reflexión etica", in K.O. Apell e Niklas Luhmann, *Razón, etica y política*, Antropos, Barcelona, 1989, onde se questiona *"porque é que o indivíduo seria honesto no escuro? Porque ele assim o deseja ou porque há regras e procedimentos de controlo dos comportamentos?"*, citado por Mozzicafredo, Juan, *A Responsabilidade e a Cidadania na Administração do Estado*, ob. cit., pág. 1.

[180] Sobre a imagem da Assembleia da República e a opinião pública sobre a mesma, ver Freire, André; Araújo, António; Leston-Bandeira, C. et al., *O Parlamento Português: uma reforma necessária*, Imprensa de Ciências Sociais, Lisboa, 2002, pág. 133 e segs., onde se espelha a discussão travada na década de noventa e se afirma que *"Foi nesse período que a AR se viu objecto das mais duras críticas por parte de diversos observadores"*.

[181] Cfr. Martínez Elipe, León, *Tratado de Derecho Parlamentario – Fiscalización Política del Gobierno*, Aranzadi Editorial, Volume Primeiro, Navarra, 2000, pág. 83 e Montero, J. R., "Parlamento y Opinión Pública: las Percepciones y los Niveles de Apoyo de las Cortes Generales", in A., Garrorena Morales (coord..), *El Parlamento y sus Transformaciones Actuales*, Tecnos, Madrid, 1990, págs. 101-125.

[182] Cfr. Burdeau, Georges, *Traté de Science Politique*, Librairie Générale de Droit et Jurisprudence, Paris, 1974, págs. 109-114.

o mesmo que opinião pública, já que se diferenciam pela sua origem, conteúdo e intensidade, que aqui não desenvolvemos mas sempre poderemos afirmar, com relativa segurança, que a opinião pública é um juízo manifestado que provoca uma adesão ou conduta concreta, uma vez que o sujeito toma posição, enquanto público parte do povo que presta atenção aos fenómenos políticos vividos na *polis*. A opinião pública[183] não se forma e nem se manifesta enquanto consequência de um processo racional sobre temas específicos, uma vez que nessa formação influem elementos irracionais e emotivos, a falta de informação, de educação política, de falta de tempo para se preocupar com temas desta natureza aliado a sua dinâmica de vida, constituem o substrato sociológico e político para o trabalho que as minorias têm de efectuar na orientação da formação da opinião pública, para que possa vir a aspirar a liderar política e socialmente.

Neste sentido, o papel e a função do «*quarto poder*», dos meios de comunicação social, ganham relevância. Este poder[184] trata, politicamente, muitas das vezes, de substituir o Parlamento nas funções de fiscalização política. Denotamos uma clara falta de relação e conexão entre os cidadãos e a instituição parlamentar, uma vez que, frequentemente, os grandes debates políticos se realizam nas televisões, nos jornais, nas rádios e mesmo na *internet* e não no Parlamento. Acontece, porém, que a actividade de fiscalização, realizada pelos meios de comunicação social sobre a actuação dos poderes públicos e das forças políticas e sociais, não tem poder para exigir responsabilidades políticas como o Parlamento tem. No entanto, ao mesmo tempo, conforma a opinião pública e muitas das vezes condiciona o juízo do povo sobre esses factos, uma vez que transmite aos cidadãos o comportamento do

---

[183] Vide sobre este conceito numa perspectiva mais vasta, Colloque de La Villette, *L'opinion publique Face aux Plantes Trangéniques*, Albin Michel, Paris, págs. 137-155.

[184] Sobre as implicações e consequências do poder dos meios de comunicação social nas democracias ocidentais, cfr. Giddens, Anthony, *Un mundo desbocado, Los efectos de la globalización en nuestras vidas*, Taurus, Madrid, 2001; Castells, Manuel, "Tecnologia de la información y capitalismo global", in Giddens, Anthony e Hutton, Will, eds., *En el Limite, La vida en el capitalismo global*, Kriterios Tusquets Editores, Barcelona, 2001 e Fitoussi, Jean-Paul e Rosanvallon, Pierre, *La nueva era de las desigualdades*, ob. cit., pág. 207 e segs..

Governo, criando, desde logo, uma opinião acerca desse comportamento e motivando a elaboração muitas das vezes realidades virtuais sobre esses factos[185]. Daqui também, o gradual desinteresse pela informação e pela participação institucional e política, evidenciado nos diversos inquéritos à opinião pública, que "*dá mostras de aumentar à medida que, por um lado, o funcionamento do regime democrático, e a rotina dos seus procedimentos, se consolida e à medida que, por outro, o sistema partidário se bipolariza (..), produzindo uma relativa indiferenciação dos objectivos e propostas de acção política*"[186].

Quanto aos fundamentos jurídico-económicos, é hoje, profundamente discutida na doutrina a questão das funções do Estado e da sua dimensão, em razão sobretudo do assumir de políticas públicas expansionistas de cariz keynesiano[187] na tentativa de resolver a "*crise do Estado-Providência*"[188]. Neste quadro, ressalta o papel do órgão de

---

[185] Cfr. Rubio Llorente, Francisco, "El control del Gobierno por los medios de comunicación", in *V Jornadas de la Asociación de Letrados de Parlamentos*, Aranzadi, 1998, págs. 460-479.

[186] *Vide* Mozzicafreddo, Juan, *Estado-Providência e Cidadania em Portugal*, *ob. cit.*, pág. 206.

[187] Cfr. Sá, Luís, *ob. cit.*, pág. 290 e segs.. É sabido que os défices públicos começaram a aparecer em todos os países em consequência da aplicação de políticas económicas keynesianas de aumento da procura, em nome de uma justificação denominada Estado de Bem-Estar. Sobre esta problemática no quadro do controlo público, cfr. Nieto de Alba, Ubaldo, "Informacion y Decision Publica", in *XXV años de Contabilidad Universitaria en España*, Instituto de Palnificacion Contable – Ministerio de Economia y Hacienda, Madrid, 1988 e "Control del sector público: perspectivas de fututro", in *Club Siglo XXI, Ciclo: España 1898-1998: del aislamiento a la integración*, Madrid, 1998.

[188] Ver por todos Mozzicafreddo, Juan, *Estado-Providência e Cidadania em Portugal*, *ob. cit.*; Rosanvallon, Pierre, *A crise do Estado-Providência*, Editorial Inquérito, Lisboa, 1983; Mishra, Ramesh, *O Estado-Providência – Na sociedade Capitalista*, Celta, Oeiras, 1995; Cabral, Manuel Villaverde, *Cidadania Política e Equidade Social em Portugal*, Celta, Oeiras, 1997; Esping-Anderson, G., "Um Estado-Providência para o século XXI", in M. J. Rodrigues (Coord.), *Para uma Europa da Inovação e do Conhecimento*, Celta Editora, Oeiras, 2000 e Schitter, Philippe, C., "Cinco teses sobre o futuro do Estado-Providência", in *Revista Fisco*, n.° 5, 1987, págs. 15-28. Posição, igualmente, por nós defendida anteriormente em Gameiro, António e Correia, Ilidio, «Sistema de controlo interno e externo da Administração Pública sobre o emprego público e o controlo de efectivos», in *A Reinvenção da Função Pública –Da burocracia à Gestão*, 3.° Encontro INA, Março de 2002, pág. 455 e segs..

soberania – Assembleia da República – enquanto órgão de controlo político financeiro externo, uma vez que a boa gestão das receitas públicas, suportadas por todos os cidadãos, exige a responsabilização pela sua aplicação e torna-se, a nosso ver, uma exigência de condição da própria categoria de cidadania[189].

Existe a ideia generalizada de que o modelo burocrático da Administração Pública portuguesa deixa a maioria das responsabilidades sem sanção e o incumprimento das normas de funcionamento e fiscalização regular das decisões administrativas e política, transporta uma outra ideia de uma actuação não dinâmica, pouco profissional e irresponsável perante os cidadãos e a sociedade em geral[190]. A posição de Mozzicafreddo é, nesta matéria, muito clara e directa, uma vez que detecta a existência de uma prática cultural no seio da Administração Pública em geral e na actividade política em particular, que limita o sentido de responsabilidade individual, que se encontra, igualmente incutido *"nas práticas do cidadão comum, nas suas actividades, nos seus deveres, nos seus actos profissionais, económicos ou fiscais"*. Existe uma atitude de não questionar, de não ser incomodado ou questionado, de excessiva tolerância e compreensão para com a negligência dos outros, que leva a uma irresponsabilidade profissional e financeira dos actos[191].

Ora, face a um Estado cada vez mais destituído das suas atribuições soberanas, onde a União Europeia detém poderes de autoridade e as instituições infraestaduais assumem e reivindicam mais competências e meios, aprofunda-se o hiato existente entre o cidadão e o Estado, dilui-se obrigatoriamente a responsabilização e, nestes termos, torna-se urgente que o controlo político por parte da Assembleia da República

---

[189] Cfr. Mozzicafreddo, Juan, "A Responsabilidade e a Cidadania na Administração do Estado", *ob. cit.*, págs. 4-7 e Salis Gomes, João, "A avaliação de políticas públicas e a governabilidade", *ob. cit.*.

[190] Cfr. Tavares, José, F. F., "Gestão Pública, cidadania e cultura de responsabilidade" in Mozzicafreddo, Juan, Salis Gomes, João e Batista, João S. (orgs.), *Ética e Administração – Como Modenizar os Serviços Públicos*, Celta, 2003, onde o autor aborda, com profundidade, a questão da responsabilidade pública, sua origem, conceito, fundamentos, sentido e estrutura.

[191] Cfr. Mozzicafreddo, Juan, *Modernização da Administração Pública ..., ob. cit.*, pág. 19 e Thoenig, J. C., "La quête du deuxième souffle", *Revue française de science politique*, 46 (1), 1996.

ganhe consistência, credibilidade e demonstre resultados. O Governo constitui o fórum principal onde as ideias de acção e onde as políticas públicas são produzidas como metas a atingir para o bem-estar do futuro da sociedade. Agora, os governos têm de adaptar-se a quadros desenhados para além de si próprios e têm de saber gerir as consequências e as mudanças da ordem política global, onde o global se situa para além do Estado-Nação[192].

Do mesmo modo, a *nova administração pública*[193], que exige contratualização e receita responsabilização e controlo político, acompanha este movimento de esvaziamento do Estado, em que a governabilidade se torna cada vez mais manifesta. Como fazer, então, para expandir as formas de participação dos cidadãos na formulação e controlo das políticas públicas e dos dinheiros públicos? As respostas a esta questão, face às tarefas dos governos em sociedades complexas como são as contemporâneas, não são fáceis. Todavia, passam, a nosso ver, necessariamente, pelo esforço que estes conseguirem fazer para influenciar as diversas interacções sociais, de forma a tornar o governo político e a auto-organização social complementares e controladoras entre si das suas funções, por forma a que um novo modelo de *accountability* e de reforço do controlo social possa ganhar o seu espaço e possa fazer o seu caminho.

Assim, um caminho possível pode passar pela mediação combinada entre a acção do Estado e os cidadãos, em que a obrigação de prestar contas e assumir responsabilidades pelo Estado perante aqueles, seja o vínculo possível e desejável enquanto forma transparente e rigorosa de controlo social face ao controlo da gestão por resultados.

Em Portugal, torna-se desejável uma profunda reforma da Administração Pública, assumindo uma gestão por resultados e um modelo de *accountability*, em que os actores públicos ao serviço do Estado prestem efectivamente contas de forma clara e responsabilizante perante os cidadãos, através do órgão de controlo externo político, a Assembleia da República.

---

[192] Cfr. Muller, Pierre, "L'analyse cognitive des politiques publiques: vers une sociologie politique de l'action publique", *Revue française de science politique*, vol. 50 (2), 2000.

[193] Cfr. Mozzicafreddo, Juan, *Modernização da Administração Pública ...*, *ob. cit.*, pág. 20.

II – O CONTROLO DAS FINANÇAS PÚBLICAS PELO PARLAMENTO ENQUANTO PRINCÍPIO CONSTITUCIONAL

1. Considerações gerais

São atribuições do Parlamento numerosas competências e funções financeiras[194] decorrentes do princípio e respectivos corolários da separação de poderes e das democracias representativas que, no caso português, como vimos anteriormente, se encontram configuradas num regime jurídico estável e uniforme, pelo menos desde a Carta Constitucional de 1826[195].

Entre essas competências, a Assembleia da República fiscaliza politicamente a execução do orçamento (art. 107.º da CRP), aprova a Conta Geral do Estado, incluindo a da Segurança Social (art. 107.º e alínea d) do artigo 162.º da CRP) e aprecia os relatórios de execução anuais e finais dos planos, nos termos da alínea e) do art. 162.º da CRP. Aquilo que nos ocupa, nesta sede, é o segmento da vasta problemática do sistema de controlo financeiro, centrado na abordagem do controlo financeiro político externo conferido pela Constituição da República Portuguesa à Assembleia da República.

Os instrumentos de exercício destes poderes de fiscalização podem ser específicos ou genéricos, tendo em conta cada uma das matérias a fiscalizar e em função das variáveis que o Regimento da Assembleia da República consagra[196], desde a tomada das contas às interpelações,

---

[194] Cfr. Teixeira Ribeiro, J. J., *Os poderes orçamentais ...*, *ob. cit.*, pág. 171 e segs..

[195] Cfr. Miranda, Jorge, *Anteriores Constituições Portuguesas*, *ob. cit.*.

[196] O actual Regimento da Assembleia da República foi aprovado pela Resolução da Assembleia da República n.º 4/93, de 2 de Março, com as alterações que lhe foram introduzidas pelas Resoluções n.º 15/96, de 2 de Maio e n.º 3/99, de 20 de Janeiro.

requerimentos, moções de censura e confiança, inquéritos e perguntas ao Governo, para além do poder de votação sobre o Orçamento de Estado e da feitura de propostas de alteração do mesmo, bem como da Conta Geral do Estado.

2. O controlo parlamentar financeiro – corolário do princípio da separação de poderes

O controlo das finanças públicas pelo Parlamento é tão relevante quanto comunga primária e consequentemente do princípio da separação de poderes[197], uma vez que ao atribuir-se à Assembleia da República uma função de controlo da actividade do Governo e da Administração Pública[198], o legislador constituinte consagrou a subordinação de toda a actividade administrativa do Estado a uma avaliação externa de mérito político, por parte de um órgão de soberania distinto do Governo.

---

[197] Sobre a teoria da separação de poderes e sua evolução, sobretudo numa dialéctica de análise entre "*a liberdade dos modernos e dos antigos*", ver por todos Bobbio, Norberto, *Teoria Geral da Política – A filosofia Política e as Lições dos Clássicos*, Editora Campus, Rio de Janeiro, 2000, págs. 269-297 e Bacelar de Vasconcelos, Pedro C., *Teoria Geral do Controlo Jurídico do Poder Público*, ob. cit., págs. 149-179 e 203-244, onde disserta longa e aprofundadamente sobre a teoria da representação e teoria do controlo jurídico do poder público. Sobre o princípio da separação de poderes e das diferentes medidas de repartição e articulação dos poderes na concepção iluminista. Cfr., igualmente, Locke, John, *Two Treatises of Government*, reimpressão, Cambridge, 1992, págs. 363 e segs., Montesquieu, Charles, *O Espírito das Leis*, ob. cit., particularmente os capítulos III, IV e VI do Livro Décimo Primeiro, pág. 186 e segs.; Gomes Canotilho, J. J., *Direito Constitucional*, 5ª Ed., Almedina, Coimbra, 1991, pág. 368 e segs.; Sousa Franco, A. L., *A Separação de Poderes em Locke*, Polis – Revista de *Estudos Jurídico-Políticos*, Ano I/III, n.º 4/5, Julho-Dezembro, 1995, págs. 7 a 42; Piçarra, Nuno, *A Separação de Poderes como Doutrina e Princípio Constitucional*, Coimbra Editora, 1989; Miranda, Jorge, *Manual de Direito Constitucional*, tomo II, 3ª ed., Coimbra, 1991, pág. 21; Gomes Canotilho. J. J., *Direito Constitucional e Teoria da Constituição*, ob. cit., págs. 572-575 e Rangel, Paulo, "A separação de poderes segundo Montesquieu", in *Repensar o Poder Judicial*, Porto, 2001, pág. 105.

[198] No que respeita às competências de controlo "*lato sensu*" da Assembleia da República ver por todos Freire, André; Araújo, António, Leston-Bandeira, C., et al., *O Parlamento Português: uma reforma necessária*, ob. cit., págs. 43 a 47.

Quanto ao princípio da separação de poderes, é evidente a sua relação ao domínio orçamental e financeiro, uma vez que o controlo financeiro – quer na legitimação democrática, quer no exercício limitado do poder político-financeiro que estrutura – tem por fundamento e funções *"executar e garantir a democracia representativa, não apenas como poder dos cidadãos mas, especificamente, como poder dos contribuintes"*[199].

É este o fundamento e a função do controlo financeiro externo político[200].

Montesquieu[201] consagrou o fundamento da separação de poderes, através da expressão *"Il faut que le pouvoir arrête le pouvoir"*, distinguindo os poderes através de uma *"faculté de statuer* e uma *faculté d'empecher"*. Entre nós, Sá[202] enfatiza que *"a separação de poderes é a base da teoria das formas de governo: é a partir da definição dos vários órgãos, da definição dos seus poderes e da sua maior ou menor separação que se arquitecta a forma de governo, embora o seu real funcionamento (o sistema) possa alterar essa arquitectura"*.

O princípio do controlo parlamentar das finanças públicas foi afirmado na história do constitucionalismo como primado de uma das funções do sistema de *cheks and balances* entre o Governo e o Parlamento e paulatinamente, o seu papel e missão foram sendo esquecidos da prática constitucional, apesar do reforço dos mecanismos e meios postos à disposição dos Parlamentos para a sua efectiva concretização. A este

---

[199] Neste sentido, em que a separação de poderes é predominantemente, na actualidade, uma forma de distribuição técnica do trabalho que cabe efectuar à organização política da comunidade, materializando-se, por isso, numa distribuição de funções, cfr. Karl Lowenstein, *Teoría de la Constitución*, (tradução castelhana), 2ª ed., Barcelona, 1986, pág. 55. Sobre a articulação entre o princípio da separação de poderes e a teoria das funções estaduais, Sérvulo Correia, *Noções de Direito Administrativo*, Lisboa, 1982, pág. 17 e segs., e David Duarte, *Procedimentalização, Participação e fundamentação: Para uma concretização do Princípio da Imparcialidade Administrativa como parâmetro decisório*, Almedina, 1996, pág. 16 e segs..

[200] Cfr. Sousa Franco, A. L., *Dinheiros Públicos, Julgamentos de Contas e Controlo Financeiro Institucional*, ob. cit., pág. 33.

[201] Cfr. Montesquieu, Charles, *O Espírito das Leis*, ob. cit., particularmente os capítulos III, IV e VI do Livro Décimo Primeiro, pág. 186 e segs..

[202] Cfr. Sá, Luís, *O Lugar da Assembleia da República no Sistema Político*, ob. cit., pág. 96.

respeito, Miranda[203] afirma que *"Uma das mais importantes funções da AR é a **função política de controlo** («função de inspecção», «função de fiscalização»). As funções de controlo (cfr. Art. 162.º), ao contrário do que por vezes se afirma, não se identificam com os mecanismos destinados a dar operacionalidade à relação de confiança parlamento-governo. As funções de controlo existem mesmo em regimes não parlamentares (ex.: no sistema presidencial americano) e têm por objecto não apenas as actividades do governo, mas também outras esferas de actividade (ex.: administração pública, magistratura)"* e na segunda edição desta obra de 1998, do mesmo modo, o autor esclarece que, *"A função controlante ou função de fiscalização da AR é mais extensa do que a função de controlo político do Governo. A AR exerce uma vasta função fiscalizadora (cfr. Art. 162.º) que vai desde o controlo do cumprimento da Constituição e apreciação dos actos de Governo (de que já se falou) até à fiscalização dos estados de necessidade constitucional (cfr. Arts. 19.º e 161.º/l em)."* No mesmo sentido, Sá[204], acerca da descaracterização das funções do Parlamento e do princípio da separação de poderes, afirma que *"Em algumas situações por detrás do «executivo» e «legislativo» surgiu o partido que quase os unificou e levou a disciplina partidária a originar «mandato imperativo de partido», sem a existência legal mas com real consagração prática"* e citando Wolgang Abendroth e Kurt afirma designadamente, que *«o poderio político dos partidos manifesta-se pelo facto de ocultarem o esquema institucionalizado da divisão de poderes, além do mais para levar a*

---

[203] Cfr. Miranda, Jorge, *Manual de Direito Constitucional*, ob. cit., pág. 358 e segs.; Gomes Canotilho, J. J., *Direito Constitucional e Teoria da Constituição*, ob. cit., pág. 629; Debbbasch, Charles, *Parlement et administration en Europe*, Editions du CRNS, Paris, 1982, pág. 12 e segs. e Lopes Guerra, Luis, "El control parlamentario como instrumento de las minorias", in *Anuário de Derecho Constitucional y Parlamentario*, Asemblea Regional de Murcia – Unversidad de Murcia, Murcia, n.º 8, 1996.

[204] Por razões sobretudo relacionadas com a instrumentalização do poder pelos partidos políticos que sustentam as maiorias parlamentares, aliás, como afirma a maioria da doutrina: cfr. Lavaux, Philippe, *Le Parlementarisme*, Paris, Presses Universitaires de France, 1987, pág. 9 e segs.; Lowenstein, Karl, ob. cit., pág. 55, que a propósito da teoria da separação de poderes afirma *"A separação de poderes não é senão a forma clássica de expressar a necessidade de distribuir e <u>controlar o exercício do poder político</u>."* (sublinhado nosso) e Sá, Luís, ob. cit., pág. 101.

cabo uma integração de poderes. Com efeito: o partido governamental domina tanto o parlamento, como o poder executivo, assim como grandes partes do aparelho judicial».

A função de controlo financeiro e orçamental da actividade da Assembleia da República centra-se numa das vertentes da sua função de controlo[205], que hoje, à luz da evolução da sua prática política e do primado do Estado Social de Direito, reforça a actualidade do seu estudo por contraposição e em razão dos Governos serem obrigados a uma maior e mais profunda intervenção na vida social. Nestes termos, concordamos com Sousa Franco quando afirma que *"O controlo do Estado é pois, em primeira linha, o controlo da sua componente gestionária – isto é, a Administração Pública"*[206]. Releva desta função parlamentar a importância das matérias financeiras e orçamentais na vida e na evolução da democracia moderna portuguesa, já que se constitui como instrumento e mecanismo de reforço da própria função legislativa.

Todavia, os trabalhos realizados em Portugal pouco têm aprofundado estas questões, ou então, analisando-as, têm-no feito genericamente, pelo que aqui se tenta fazer uma aproximação ao tema abordando alguns dos seus aspectos mais específicos. Na actualidade, tende-se a afirmar que o controlo parlamentar consiste na actividade mais relevante das Assembleias Legislativas[207], sobretudo devido ao facto do primado da lei, enquanto expressão da vontade geral, se ter repartido com o Governo e este ter adquirido um vasto poder normativo e regulamentar, que diminui a importância da Lei oriunda dos Parlamentos.

---

[205] Segundo Gomes Canotilho, J. J., *Direito Constitucional*, 6ª Ed. revista, Almedina, Coimbra, 1993, pág. 741, esta é *"Uma das mais importantes funções da Assembleia da República (...)"*.

[206] Cfr. Sousa Franco, A. L., *O controlo da Administração Pública em Portugal*, Lisboa, ob. cit., pág. 115 e segs..

[207] Cfr. Fausto Cuocolo, *Istituzioni di Diritto Pubblico*, Giuffré, Milán, 1983, pág. 226; Biscaretti Di Ruffía, Paolo, *Derecho Constitucional*, Tecnos, Madrid, 1965, pág. 404; Aragón, Manuel, "Información parlamentária y función de control" in VV. AA., *Instrumentos de información de las Cameras Parlamentarias*, Centro de Estudios Constitucionales, Madrid, 1994, pág. 23 e Fernández Sarasola, Ignacio, "El control parlamentario y su regulación en el ordenamiento español", in *Revista de Derecho Constitucional*, n.º 60, Madrid, Septiembre/Diciembre, 2000, pág. 89.

Ao teorizar sobre a natureza do visto prévio do Tribunal de Contas controlo jurídico externo, Tavares[208] sublinha, que parece claro, que "*o controlo é hoje um princípio fundamental do Estado de Direito*". Não é de estranhar, assim, que o controlo parlamentar haja ganho um especial e relevante papel entre as funções parlamentares. Também é certo que o próprio controlo parece estar actualmente algo debilitado em consequência da acção dos partidos políticos e do parlamentarismo enquanto regime, já que a sensação denotada pelas sociedades actuais é a de que o controlo é ineficaz, porque as maiorias que suportam os Governos não fiscalizam, nem permitem às minorias a fiscalização à actuação daquele.

Todavia, a consagração do princípio da separação de poderes exige que se definam formas de controlo do Estado e da Administração Pública e o conceito de controlo do Estado Democrático torna-se extremamente importante, já que subordina o próprio Estado a regras e não a vontades, devendo estar ao serviço dos fins das pessoas, o que exige um forte e constante controlo global, seja ele técnico, jurídico, social ou político.

3. O controlo parlamentar na Constituição Portuguesa

3.1. *O controlo parlamentar em geral*

Relativamente a este ponto, Melo[209], sublinha de uma forma bastante sintética, que "*Está assim, explicado como é que desembarcamos no Estado Democrático, sempre à volta desta ideia básica de que os poderes se organizam neste Estado de modo diferenciado. Mas, cabe ao Estado de Direito, cabe ao Parlamento, a tarefa de fazer o controlo geral da actividade da administração pública*".

As relações da Assembleia da República com o Governo e com a Administração Pública, pelo menos na lógica do sistema constitucional, são originárias do nosso regime relativamente uniforme, decorrente do

---

[208] Cfr. Tavares, José, F. F., *O Tribunal de Contas. Do Visto em especial – Conceito, Natureza e Enquadramento na actividade da Administração*, ob. cit., pág. 162.

[209] Cfr. Barbosa de Melo, *A importância do controlo das Finanças Públicas ...*, ob. cit., pág. 19 e segs..

preceituado na nossa Lei Fundamental, uma vez que a Constituição divide as competências da Assembleia da República em competências político-legislativas – artigos 161.º, 164.º e 165.º, em competências de fiscalização – artigo 162.º e competências das suas relações com outros órgãos – artigo 163.º. Estas competências podem agrupar-se em *"quatro grandes áreas de funções: as funções de decisão normativa ou legislativa, as funções de dinamização das instituições, as funções de orientação política e as funções de controlo político"*[210]. Em bom rigor, a verdade é que, após a entrada em vigor a 1 de Abril de 1976 da Lei Fundamental Portuguesa, não houve, até há poucos dias, qualquer noção da importância estratégica da existência de um efectivo controlo financeiro. Embora muitos fossem os diplomas[211] que o referiam enquanto realidade jurídico-administrativa e jurídico-financeira. Iremos então debruçar-nos sobre o vasto e importante conjunto de competências de controlo político que o Parlamento tem hoje em Portugal e que importa analisar mais detalhada e sistematicamente, já que são as que mais relevam para efeitos do nosso trabalho.

Assim, relativamente a outros órgãos, compete ao Parlamento: dar assentimento à ausência do Presidente da República do território nacional [artigos 163.º alínea b), e 132.º n.º 1]; apreciar o Programa de Governo [artigos 163.º alínea d), e 192.º] e, sendo caso disso, votar moções de censura ao Governo [artigos 163.º alínea e), 193.º e 194.º]; pronunciar--se sobre a dissolução dos órgãos de governo próprio das regiões autónomas [artigos 163.º g), e 234.º].

À Assembleia da República em matéria relativa a actos e actividades, nos termos da Constituição da República, compete-lhe: vigiar pelo cumprimento da constituição e das leis e apreciar os actos do

---

[210] Neste sentido, Miranda, Jorge, *Direito Constitucional III*, AAFDL, Lisboa, 2001, pág. 1998.

[211] A própria Constituição da República, na sua redacção original de 1976, continha referências expressas à fiscalização da execução orçamental e, do nosso regime constitucional económico, decorreu um extenso conjunto de diplomas legais que apelavam ao controlo orçamental e que demonstravam a responsabilidade política do Governo perante a Assembleia da República e o dever deste de manter informada aquela sobre as decisões governamentais e as acções da administração pública. Vejam-se por exemplo os artigos 94.º, 105.º, 108.º, 156.º, 162.º, 165.º, 182.º, 190.º e 191.º da Constituição Portuguesa e a Lei n.º 64/77, de 26 de Agosto.

Governo e da Administração, nos termos da alínea a) do artigo 162.°; apreciar, para efeito de suspensão, de cessação de vigência ou de alteração, decretos-leis do Governo e decretos legislativos regionais [artigo 162.° alínea c)]; tomar anualmente as contas do Estado e das demais entidades públicas [artigo 162.° alínea d)]; apreciar os relatórios de execução, anuais e finais, dos planos [artigo 162.° alínea e)]; acompanhar e apreciar a participação de Portugal no processo de construção da União Europeia [artigo 163.° alínea f)]; acompanhar, nos termos da lei e do Regimento, o envolvimento de contigentes militares portugueses no estrangeiro [artigo 163.° alínea j)]; apreciar a aplicação da declaração do estado de sítio e do estado de emergência [artigo 162.° alínea b)]. No mesmo sentido, resulta directamente da letra da alínea a) do artigo 162.° conjugado com o artigo 107.°, a competência de fiscalizar politicamente a execução do Orçamento de Estado. Estas competências de fiscalização e controlo do Parlamento têm, todavia, *"um conteúdo mais amplo e difuso"*, uma vez que o artigo 182.° da CRP afirma que o Governo é *"o órgão superior da Administração Pública"* e uma vez que ao Parlamento compete *"apreciar os actos do Governo e da Administração"*. Por outro lado, parece resultar claro que o controlo exercido pela Assembleia da República sobre a actividade da Administração Pública e designadamente o controlo financeiro e orçamental tem como fundamento e principal limite a lei e a fiscalização jurisdicional exercida nos termos do artigo 214.° e do n.° 4 do artigo 268.° da CRP, ou seja, o controlo técnico-jurídico financeiro externo exercido pelo Tribunal de Contas[212].

No entanto, como sublinha Sá[213], *"as relações da Administração com a Assembleia da República são em geral indirectas: aquela responde perante o Governo e, por sua vez, é este que responde perante a Assembleia da República"*. Ora, dependendo a Administração Pública do Governo, o controlo parlamentar da Administração Pública é também o controlo do próprio Governo.

---

[212] Cfr. Tavares, José, F. F., *Linhas de evolução do Tribunal de Contas nos últimos 25 anos*, Lisboa, 2000 e José de Sousa, Alfredo, *Tribunal de Contas – "Quisto da democracia"*, in Revista do Tribunal de Contas, n.° 21/22, Jan./Dez., 1994.

[213] Cfr. Sá, Luís, *O Lugar da Assembleia da República no Sistema Político*, ob. cit., pág. 291.

Contudo, a realidade e a prática política parlamentar mostra-nos que em Portugal nem sempre assim é, já que se a Assembleia da República fiscaliza os actos do Governo e os actos da Administração Pública, há situações factuais de quem tenha afirmado a existência de práticas reiteradas para impedir *"os outros funcionários de vir ao Parlamento, o que também fazem os outros gestores das empresas públicas, os embaixadores ou chefes militares"*[214]. A verdade é que a Assembleia da República convoca para as suas Comissões Parlamentares ou para Comissões de Inquérito dirigentes e funcionários da Administração Pública, como fez recentemente com o *"Inquérito sobre os actos da polícia judiciária"*, sem que no final dos mesmos haja tão só relatórios finais conclusivos sobre a matéria em análise.

Discordando de Fontes[215], parece-nos que, com todos os desvios e possíveis desvirtuamentos dos princípios, não *"existe um efectivo sistema de controlo, enquanto conjunto interligado e corrente de instituições, princípios e instrumentos, cujo fim é a apreciação de actos do governo e da Administração, que encontra limites como sejam os segredos de Estado e de Justiça, a reserva da vida privada e o respeito pelos direitos fundamentais, bem como a necessidade de os outros serem de interesse público"*.

Os princípios e instrumentos ao dispor da Assembleia da República[216] para fiscalizar a Administração Pública são, efectivamente, vários como vimos[217] e iremos analisar cada um deles, noutro momento, aproximando-nos de cada conceito, do seu regime constitucional e legal e descrevendo qual foi a prática parlamentar corrente desde 1976. Mas, daí até podermos afirmar que existe em Portugal um efectivo sistema de controlo, enquanto conjunto interligado e corrente de insti-

---

[214] Cfr. Barreto, António, "Assembleia da República: uma instituição subalternizada", in *Risco*, Lisboa, Ed. Fragmentos, n.º 13, 1990.

[215] Cfr. Fontes, José, *Do controlo parlamentar da Administração Pública*, ob. cit., pág. 176.

[216] Ver Resolução da Assembleia da República n.º 4/93, de 2/3, com as alterações introduzidas pelas Resoluções n.º 15/96, de 2/5 e n.º 3/99, de 20/1.

[217] Cfr. Vitorino, António, «O controlo parlamentar dos actos do governo», in M. Batista Coelho (coord.), *Portugal. O Sistema Político e Constitucional*, 1974-1987, ICS, Lisboa, 1989 e Gomes Canotilho, J. J., *Direito Constitucional e Teoria da Constituição*, ob. cit., págs. 618-621.

tuições, princípios e instrumentos, parece-nos irrealista e defasado das "*trovas do tempo que passa*", como mais adiante veremos.

Senão vejamos, de que forma se pode responder a estas questões. Será que existe em Portugal um verdadeiro e efectivo sistema de controlo interno da Administração Pública? Quais as instituições de controlo interno que enviam os seus relatórios à Assembleia da República? Que consequências tem na vida das instituições da Administração Pública o controlo financeiro exercido pelo Parlamento?

Como enfatizam Moreira e Canotilho[218], "*Não é seguro se a fiscalização da Assembleia da República sobre a Administração abrange toda a Administração Pública, ou apenas a Administração directa e indirecta do Estado propriamente dito*". Ora, é devido ao facto desta função de controlo parlamentar estar consagrada numa norma "*aberta*", que não é pacífico o entendimento sobre a amplitude deste controlo. As relações que se estabelecem entre o Parlamento e o Governo e a Administração Pública constituem uma faceta fundamental do funcionamento dos sistemas de governo, pelo que nos parece, hoje, existir uma imagem com duas faces, a legislativa e a administrativa, em que uma aprova leis e outra executa-as. Esta situação levanta questões políticas e teóricas sobre a potencial crise entre a vontade política democraticamente representada e a adequação dessa vontade através da respectiva execução prática efectuada pela Administração Pública[219]. É assim que, ao abrigo do princípio constitucional do controlo parlamentar, a Constituição consagra, nos termos do n.º 1 e do n.º 2 do artigo 266.º, a submissão da Administração Pública à lei e ao interesse público, concretizando de forma indirecta e mais abrangente o princípio de que o Estado assenta na legalidade democrática[220].

---

[218] Cfr. Vital Moreira e Gomes Canotilho, J. J., *Constituição da República Portuguesa*, em anotação ao artigo 162.º da CRP, *ob. cit.*.

[219] Cfr. Debbasch, Charles, *Parlement et Administration en Europe*, *ob. cit.*, pág. 13, que explicita que "*L'administration est ainsi un auteur des normes concurrent du parlement*". Sobre este assunto, ver, igualmente, Pasquino, Gianfranco, *Curso de Ciência Política*, Princípia, Lisboa, 2001, págs. 208-210 e Bobbio, Norberto, *O Futuro da Democracia*, 8ª Ed., Paz e Terra, 2000, pág. 97 e segs.

[220] De salientar que estas funções de fiscalização estiveram atribuídas ao Conselho de Estado, pelo artigo 13.º, parágrafo 3.º, da Lei n.º 3/74, nesse sentido, Miranda, Jorge, *A Revolução de 25 de Abril e o Direito Constitucional*, Sep. BARJ, n.º 242, Lisboa, 1975, págs. 62 a 64.

No entanto, e por outro lado, não deixamos de referir que parece existir uma clara assunção do primado do poder legislativo sobre as restantes funções da Assembleia da República, embora, na verdade, a função de controlo sobre os actos do Governo e da Administração seja fundamental, enquanto corolário dos princípios constitucionais da separação de poderes e da representação política, e se apresente, modernamente, para alguns, como *"o único critério útil para avaliar o eventual declínio dos parlamentos"* [221]. A este respeito, Charles Debbasch questiona sobre *"Comment éviter que l'administration ne s'évade de la tutelle démocratique? Comment garantir les prérogatives de contrôle du parlement?"*[222].

É neste quadro de um Governo e Administração Pública subordinados constitucionalmente ao Parlamento, enquanto seu órgão fiscalizador[223], em que simultaneamente a Assembleia da República *"pode apreciar os actos do Governo e da Administração"*, nos termos da alínea a) do artigo 162.º e artigo 182.º da CRP, que nasce a importância e o interesse científico de investigar o sentido, a extensão e os limites da apreciação efectuada e quais as consequências jurídico-financeiras dela decorrentes. Na opinião de Monteiro[224], em Portugal, *"Foi do Direito de discutir o Orçamento que nasceu o de fiscalizar a administração"*, uma vez que, *"Em 1820 um deputado bradou: fomos chamados para fazer o Orçamento e é indispensável fazê-lo sem apreciar os diversos actos da administração"* e em 1826 um outro afirmou que *"a discussão do Orçamento do Estado arrasta todos os anos o exame dos actos do Ministério, das necessidades do Estado e da Sociedade"* e em

---

[221] Cfr. Caminal Badia, *Manual de Ciência Política*, 2ª Ed., Tecnos, 1999, pág. 423 e segs. onde afirma que, *"El control político es una función que justifica por si sola la existencia del parlamento"*. Cfr. também, Pasquino, Gianfranco, *Curso de Ciência Política*, ob. cit., pág. 212.

[222] Cfr. Debbasch, Charles, *Introduction au Parlement et Administration en Europe*, ob. cit..

[223] Cfr. Delperre, François, *Parlement et Administration em Belgique*, pág. 57, que afirmou, *" les relations entre le parlement et l'administration ne suscitent guère de la curiosité scientifique (...)"* e AC. do Tribunal de Contas n.º 33/84, de 4 de Abril, in *Acórdãos do Tribunal Constitucional*, 3.º Vol., 1984, INCM, pág. 225, onde se afirma que *"a autoridade administrativa se exerce sempre sob o império de uma vontade anterior e superior, a vontade do legislador"*.

[224] Cfr. Monteiro, Armindo, *Do Orçamento Português*, ob. cit., pág. 147.

1829 o próprio ministro das Finanças declarou que aos parlamentares cumpria *"passar em revista todo o sistema seguido pelo governo"*.

Por outro lado, importa afirmar que este controlo parlamentar, que a alínea a) do artigo 162.º da CRP estabelece, nasce de uma cláusula aberta e programática, tendo o legislador constituinte consagrado formas e matérias específicas de controlo sobre a actividade financeira da Administração Pública. Segundo alguns autores[225] e em nossa opinião, parece evidente que esta norma da alínea a) do artigo 162.º da CRP carece de uma interpretação jurídica que nós não podemos, nesta sede, deixar sem a devida análise e reflexão quanto ao seu conteúdo, natureza e regime.

Posta a questão, é imperioso delimitar o âmbito da expressão *"apreciar os actos (...) do Governo e da Administração"*, que a alínea a) do artigo 162.º da CRP consagra[226]. A expressão *"Administração"* não tem qualquer outra utilização no texto constitucional e, em todas as outras normas em que é utilizada, surge conexa com a expressão *"Pública"*, pelo que está hoje assumido, teoricamente, que o legislador pretendeu referir-se à realidade da Administração Pública no seu sentido orgânico ou subjectivo, consagrando competência à Assembleia da República para fiscalizar os seus actos. Este controlo deve ser entendido perspectivando que a fiscalização exercida pela Assembleia da República deverá permitir apurar factos que serão tidos em conta de acordo com juízos valorativos do ponto de vista político, o que não impedirá também avaliações jurídicas e de regularidade de boa gestão, já que a sua legitimidade, resultante do sufrágio directo e universal, tem como vocação primordial o *"debate de qualquer assunto ou matéria de*

---

[225] Cujo objectivo é, segundo Marques Guedes, Armando, *Introdução ao Estudo do Direito Político*, ISCSPU, Lisboa, 1969, Estudo publicado em Cadernos de Ciência e Técnica Fiscal, Centro de Estudos Fiscais da Direcção-Geral das Contribuições e Impostos, Ministério das Finanças, pág. 351, *"reevocar o conteúdo espiritual da formulação normativa [e] pelo que toca às normas de Direito Político ou Constitucional, nenhuma diferença no respeitante à sua interpretação há a registar (...)"*. Sobre o conteúdo e desenvolvimento do controlo parlamentar ver por todos Fontes, José, *Do controlo parlamentar da Administração Pública*, ob. cit., pág. 47 e segs..

[226] *Idem*, ob. cit., pág. 92 e segs., que defende que nem todos os actos do Governo são fiscalizáveis, desde logo os *"actos de Governo"*, segundo a classificação atribuída por Queiroz, Cristina M. M., *Os Actos Políticos no Estado de Direito...*, ob. cit., pág. 73.

interesse público"[227]. Nesta linha de raciocínio, concordamos parcialmente com aqueles autores que afirmam existirem dúvidas sobre a abrangência dessa apreciação pela Assembleia da República, como Moreira e Canotilho[228], já que parece bastante forçado o pensamento que, quanto à Administração Pública Regional e Autárquica, a Assembleia da República possa fiscalizar os seus actos, atentos os regimes constitucionais vigentes para cada uma dessas realidades jurídicas[229].

Segundo Miranda[230], o controlo parlamentar consagrado na alínea a) do artigo 162.º da CRP, traduz o exercício de " *uma competência eminentemente política, e não uma competência que possa, de qualquer forma, traduzir-se na anulação ou na declaração de nulidade de qualquer acto jurídico-público*".

Sublinhamos, neste sentido, que o Parlamento, ao abrigo da sua função de controlo, pode, fiscalizar os actos da Administração Pública em geral, ou seja, todos os actos do sector ou pessoa colectiva Estado, do sector público administrativo e do sector público empresarial, bem como todos os actos praticados por outras Administrações[231], desde que assumam relevância política e interesse nacional para o efeito, dado o carácter soberano e a relevância que a intervenção e o controlo da Assembleia da República glorifica. Neste sentido, Leston-Bandeira[232] constata que "*Nos primeiros anos da democracia parlamentar, a função controlo não era de todo uma prioridade, tendo a sua instituciona-*

---

[227] Cfr. Piçarra, Nuno, *As comissões parlamentares de inquérito face ao poder judicial no Direito Constitucional comparado*, Scientia Iuridica, Revista de Direito Comparado português e brasileiro, Julho-Dezembro, 1993, Tomo XLII, n.º 244/246, Universidade do Minho, pág. 194.

[228] *Vide* Vital Moreira e Gomes Canotilho, J. J., *Constituição da República Portuguesa*, em anotação ao artigo 162.º, *ob. cit.*.

[229] *Vide*, artigo 6.º, 225.º, 227.º, 235.º, 242.º e 243.º da CRP.

[230] *Vide* DAR, I S, n.º 117, de 11 de Março de 1976, pág. 3866.

[231] Defendo a ideia da existência de várias administrações públicas, *vide* Gomes Canotilho, J. J., *Direito Constitucional e Teoria da Constituição*, *ob. cit.*, pág. 644; Pereira da Silva, Vasco, *Em Busca do Acto Administrativo Perdido*, Coimbra, 1995, pág. 91; Otero, Paulo, *O Poder de Substituição*, Vol. II, pág. 614 e 748 e segs. e Vital Moreira, *Administração Autónoma e Associações Públicas*, Coimbra, 1997, pág. 66 e segs..

[232] Cfr. Leston-Bandeira, C., *Da Legislação à Legitimação: o Papel do Parlamento Português*, *ob. cit.*, pág. 26.

lização começado depois de 1985 e a rotinização do seu uso acontecido apenas com as maiorias absolutas. No fim desse período, introduziram-se novos mecanismos de fiscalização permitindo uma reacção mais directa e imediata aos inputs exteriores".

O conteúdo do controlo parlamentar das finanças públicas evoluiu de forma gradual ao longo dos últimos 29 anos, sobretudo em razão das alterações efectuadas à Constituição da República, como vimos anteriormente, ao Regimento da Assembleia da República[233] (RAR) e às redacções da Lei de Enquadramento do Orçamento de Estado[234] (LEOE).

É nesta linha de raciocínio, que concebemos três fases da evolução do desenvolvimento parlamentar português:

a) *A fase da instalação e experimentação*, foi a fase que mediou o período entre 1976 e 1985. Com base no novo quadro constitucional e legal, foram experimentados diversos modos e formas parlamentares de afirmação da sua imagem e do seu poder central no sistema e processo democrático português, onde a actividade parlamentar se centrou essencialmente nos problemas sócio-económicos e na sua estabilização, onde a Revisão Constitucional de 1982 foi a principal alavanca institucional;

---

[233] Os sucessivos Regimentos da Assembleia da República entraram em vigor através dos seguintes textos: texto segundo a publicação inserta no Diário da Assembleia da República em Suplemento ao n.º 16, de 31 de Julho de 1976, com as alterações introduzidas por deliberação da Assembleia, publicadas no Diário da Assembleia da República n.º 143, de 15 de Outubro de 1977 e 1ª. Série n.º 82 e n.º 83, de 11 e 12 de Julho de 1979, respectivamente; Diário da Assembleia da República, I Série, n.º 3, de 11 de Janeiro de 1980; Diário da Assembleia da República, I Série, n.º 12, de 1 de Fevereiro de 1980; Diário da Assembleia da República, I Série, n.º 15, de 13 de Fevereiro de 1980; Diário da Assembleia da República, I Série, n.º 60, de 31 de Maio de 1980; Diário da Assembleia da República, I Série, n.º 54, de 6 de Março de 1985; Diário da Assembleia da República, II Série, n.º 97, de 22 de Julho de 1988; Diário da Assembleia da República, II-A Série, n.º 36 de 5 de Abril de 1991 e Diário da República, I-A Série, n.º 51, de 2 de Março de 1993 – Resolução da Assembleia da República n.º 4/93, de 2 de Março, com as alterações introduzidas pelas Resoluções da A.R. n.º 15/96, de 2 de Maio, n.º 3/99, de 20 de Janeiro, n.º 75/99, de 25 de Novembro e n.º 2/2003, de 17 de Janeiro.

[234] As Leis de Enquadramento do Orçamento do Estado: a Lei n.º 64/77, de 26 de Agosto; a Lei n.º 40/83, de 13 de Dezembro; a Lei n.º 6/91, de 20 de Fevereiro, alterada pela Lei n.º 53/93 de 30 de Julho e a Lei n.º 91/2001, de 20 de Agosto.

b) O período entre 1985 e 1995 revela, dez anos de profundas mudanças no seio do Parlamento, foi *a fase da consolidação e amadurecimento* da democracia e do sistema político parlamentar;
c) A terceira fase caracteriza *a consagração do primado do parlamento* e a utilização e reforço de novos instrumentos de fiscalização dos actos do Governo e situa-se entre 1995 e 2002.

Ora, uma análise detalhada, das alterações sofridas pela função de controlo da Assembleia da República, mostra-nos uma evolução dos próprios instrumentos de fiscalização, de tal forma acentuada, que alguns autores distinguem entre os instrumentos clássicos de controlo e os «*novos mecanismos de fiscalização*»[235].

[QUADRO IV]

Os Regimentos desde 1976[236]		
Regimento	**Anos em vigor**	**Principais efeitos das revisões**
Regimento de 1976	1976-1985	Primeiro regimento de Assembleia de República
Regimento de 1985	1985-1988	Regulamentação de actividade parlamentar
Regimento de 1988	1988-1991	Racionalização da actividade parlamentar
Regimento de 1991	1991-1993	Valorização do instituto das petições
Regimento de 1993	1993-Hoje	Abertura do parlamento ao mundo exterior

Através da análise atenta destes elementos, podemos retirar um vastíssimo conjunto de dados e conclusões sobre a evolução dos instrumentos de controlo parlamentar, sobretudo, no que concerne ao movimento evolutivo de reforço dos poderes de fiscalização parlamentar dos actos do Governo e da Administração Pública. Constata-se, de facto,

---

[235] Cfr. Leston-Bandeira, Cristina, *Da Legislação à Legitimação: o Papel do Parlamento Português*, ob. cit., nota 112, pág. 126 e segs., onde lamenta "*que as figuras de controle parlamentar português são extremamente insatisfatórias e que existe uma falta de interesse por esses instrumentos por parte dos actores políticos e da opinião pública (com excepção das comissões de inquérito)*".

[236] *Idem*, pág. 85.

que o Regimento da Assembleia da República (RAR) de 1976, no seu Capítulo sobre «*Processos de orientação e fiscalização política*», dedicava a maior parte da sua regulamentação às figuras das moções de rejeição do Programa de Governo, moções de confiança e censura. É de realçar, que nos termos dos seus artigos 194.º a 224.º do RAR, a regulamentação sobre os debates parlamentares era minuciosa, mas ao contrário os instrumentos de fiscalização como as perguntas ao Governo contavam, então, com uma regulamentação muito ambígua ou mesmo inexistente.

Na fase da instalação e experimentação, o controlo parlamentar era assumido como uma "*garantia da democracia*", onde os principais mecanismos de controlo se assumiam, essencialmente, nas figuras da moção de rejeição, de confiança e de censura, uma vez que a prioridade era o reforço dos mecanismos de manutenção do Estado de Direito Democrático.

Para além destes, existiam ainda como instrumentos de controlo as perguntas ao Governo, as interpelações, as petições e os inquéritos, pelo que figuras como os requerimentos nem sequer tinham previsão legal no Regimento, apesar de desde cedo terem sido utilizados[237]. As perguntas ao governo foram um instituto muito pouco utilizado e muito criticado, uma vez que os membros do Governo, na ausência de regras sobre a sua regulação, escolhiam as questões que desejavam responder. Por isso, a reforma do Regimento em 1985 definiu regras e trâmites para apresentar e colocar as perguntas ao Governo e introduziu a figura das perguntas orais, deixando as perguntas por escrito enviadas ao Governo e respondidas em plenário, nos termos dos seus artigos 72.º, 205.º, 206.º, 207.º e 208.º do RAR de 1976, com as alterações introduzidas[238]. De facto, o Regimento de 1976, em 1977-1978, foi modificado através de alterações pontuais que em nada alteraram o regime dos instrumentos de controlo parlamentar.

---

[237] Cfr. Leston-Bandeira, Cristina, *Da Legislação à Legitimação: o Papel do Parlamento Português*, ob. cit., pág. 139, veja-se o [Quadro n.º 15] – *Instrumentos clássicos de controle parlamentar*, onde é patente a utilização da figura dos requerimentos desde a primeira sessão legislativa.

[238] *Idem*, nota 296 e pág. 85 onde se enaltece que "*Todas as etapas de apreciação legislativa tinham lugar, por regra, na câmara e as comissões tinham pouca autonomia*".

A utilização das figuras regimentais de controlo, como já dissemos, foi de facto uma utilização quase inexistente, uma vez que os dados de que dispomos e que não consideramos totalmente rigorosos e exaustivos, mas meramente indicativos, demonstram-nos que, entre 1976 e 1982, as figuras de fiscalização que dominaram a vida parlamentar foram as moções de rejeição, de confiança e de censura. Constatamos, assim, que o objectivo do estabelecimento da democracia e a forte divisão partidária ideologicamente vincada originou um combate de projectos políticos, em que este tipo de instrumentos de controlo parlamentar se adequavam perfeitamente, como o quadro seguinte nos demonstra.

[QUADRO V]

Moções de rejeição, confiança e censura[239]								
	I	II	III	IV	V	VI	VII	VIII
Moções de rejeição	9	6	-	3	2	2	-	2
Moções de confiança	2	3	2	1	-	-	-	-
Moções de censura	- *	1	1	1	1	1**	-	2

Entre 1976 e 1985, como dissemos, as figuras das perguntas e os requerimentos eram o meio através do qual os deputados podiam questionar o Governo. As perguntas ao Governo eram então sobre a forma escrita e tinham de ser entregues na mesa até oito dias antes da sessão plenária onde o membro do Governo responderia, destinavam-se a questionar directamente as políticas levadas a cabo pelo executivo, nos termos dos artigos 205.º a 208.º do RAR de 1976 e não tiveram uma utilização digna de registo, nos termos do Quadro VI.

---

[239] Houve, na realidade, três moções de censura que foram propostas em duas ocasiões diferentes, mas os governos visados demitiram-se antes da sua discussão (duas ao quarto governo e uma ao sexto).

* Uma outra moção de censura foi então discutida mas depois retirada da votação, caso em que passa a ser considerada como uma interpelação.

Fonte: Leston-Bandeira, C., *Da Legislação à Legitimação: o Papel do Parlamento Português*, ob. cit., pág. 128 e Margarida Guadalpi da DILP da Assembleia da República.

Todavia, Leston-Bandeira[240] alerta para o facto de, apesar o RAR de 1976 no seu artigo 72.º, já prever a possibilidade de se marcarem reuniões para os deputados colocarem perguntas ao Governo, só na revisão de 1985 se ter prescrito a obrigatoriedade de realização de reuniões para este efeito – artigos 62.º e 232.º a 238.º do RAR, para além de ter introduzido a pergunta sob a forma oral e não apenas escrita, em que o Governo conhece apenas o tema da pergunta e o seu conteúdo em pleno plenário. De facto, na revisão do RAR de 1985 as perguntas ao Governo foram especialmente reguladas e nas revisões posteriores houve pequenos aperfeiçoamentos, para que a sua inadequação se tornasse menos visível e a sua eficácia aumentasse. A revisão do RAR de 1988 revogou a existência de perguntas escritas, ficando para esse efeito apenas os requerimentos. Os requerimentos constituíam e constituem questões escritas dedicadas a obter informação sobre aspectos de determinados programas ou projectos políticos, nomeadamente, sobre processos administrativos em fase de decisão pelo executivo, através dos serviços da Administração Pública. Só em 1985, o Regimento regulou em secção própria este instrumento – artigos 242.º e 243.º – que em 1993 se tornaram nos artigos 246.º e 247.º do RAR.

À crítica da morosidade da resposta a este instrumento e do baixo índice de resposta do Governo a este instrumento, a revisão de 1993 reforçou os deveres do Governo em responder de forma mais célere, afirmando que "*a entidade requerida deve responder com a urgência que a pergunta justificar*" – artigo 243.º n.º 2, uma vez que a utilização deste instrumento de controlo bem justificava a melhoria dos seus mecanismos de operacionalização, conforme demonstra o Quadro VI. Através da análise do mesmo Quadro, podemos constatar que a figura do requerimento, mesmo apesar de nas primeiras legislaturas não existir regimentalmente, teve uma utilização muito visível, apesar de, como

---

[240] Cfr. Leston-Bandeira, C., *Da Legislação à Legitimação: o Papel do Parlamento Português*, ob. cit., pág. 131, onde de uma forma sucinta expõe as três críticas mais habituais às perguntas ao Governo, a saber: a sua ocorrência ocasional, a sua falta de flexibilidade e o direito *sui generis* do governo de escolha das perguntas que deseja responder e onde cita V. Y. Mény e A. Knapp, *Government and Politics in Western Europe*, Oxford. Oxford University Press, 1998, 3ª Ed., págs. 211-213, que ai procede a uma comparação sumária entre a Alemanha, França, Itália e Reino Unido.

se disse, nesta fase ter sido muito pouco eficaz, dada a demora na obtenção de respostas adequadas às pretensões formuladas.

[QUADRO VI]

Instrumentos clássicos de controlo parlamentar[241]
(média por sessão legislativa, em cada legislatura)

	I	*II*	*III*	*IV*	*V*	*VI*	1ª/2ª/3ª VII	*VIII*
Interpelações	1,5	3	3,5	2	5,5	6,25	5,3	20
Sessões de Perguntas ao Governo	1	1	3	2,5	9,5	8	9	
Propostas de Comissão de Inquérito	0,5	5,7	8	4	5,75	8,3	2,7	
Requerimentos	628,25	865,3	2307	2388,5	1175,3	1250,5	1331	
Petições	294	66	51	134	296	316		

Quanto às interpelações ao Governo, a sua maior solenidade e a sua consagração constitucional alvitrou que apesar do seu restrito número por ano e por grupo parlamentar: duas, elas fossem tidas como momentos de um grande valor político já que foram concebidas como um debate geral de avaliação do desempenho dos Governos[242]. De acordo com as regras do RAR de 1976, elas podiam ocupar e muitas das vezes ocuparam mais do que uma sessão plenária e o seu encerramento era obrigatoriamente efectuado pelo Primeiro-Ministro, que deixou de ter razão de ser com a revisão do RAR de 1985. Poderemos afirmar, com segurança, facto que as alterações introduzidas ao Regimento da Assembleia da República em 1985, trouxeram à superfície a preocupação central de pôr a democracia a funcionar, de a consolidar, manifestando que a própria prática parlamentar havia acarretado riqueza de conhecimentos propícios ao incremento da eficácia dos instrumentos de controlo. É nesta revisão que as perguntas ao Governo e os reque-

---

[241] Cfr. Leston-Bandeira, C., *Da Legislação à Legitimação: o Papel do Parlamento Português*, ob. cit., pág. 139.

[242] Atenta-se para o facto de que a Constituição prescrevia que a interpelação incidia sobre assunto de política geral, no n.º 2 do seu artigo 183.º e a revisão constitucional de 1989 adicionou a possibilidade do debate incidir sobre política sectorial.

rimentos foram institucionalizados. Esta figura teve nos primeiros anos da nossa democracia uma grande importância e a insistência da sua realização fica bem patente neste registo: na I Legislatura foram feitas seis interpelações ao Governo, na II Legislatura dez, na III Legislatura sete, na IV uma, na V vinte e uma, na VI vinte e cinco, na VII quinze, na VIII vinte.

O principal papel e função das comissões de inquérito na nossa democracia tem sido o de determinar e valorizar a agenda política nacional. Com o intuito de investigar os actos inconstitucionais, ilegais ou irregulares do Governo e da Administração Pública, as oposições, a partir do artigo 181.º da CRP de 1976, desde cedo descobriram, no seio da Assembleia da República, um meio de enorme visibilidade pública, capaz de demonstrar até à exaustão as más práticas governativas. As comissões de inquérito, ao serem precedidas na sua constituição de um intenso debate parlamentar em plenário, onde são apresentados os argumentos laudatórios da necessidade da sua constituição e da culpa do Governo, onde são debatidas as diversas visões das questões afloradas, ganha uma notoriedade pública, porque muitas das vezes, desde logo, se retiram conclusões políticas sobre as culpas do governo, embora as consequências tenham sido sempre de uma reduzida eficácia e de uma inexistente responsabilização política. Ou seja, *"o inquérito parlamentar representou no passado essencialmente uma oportunidade para criar um debate com grande destaque na comunicação social, independentemente dos resultados reais dos inquéritos"*[243].

É evidente que muitas das vezes na nossa vida parlamentar as maiorias políticas não quiseram e não querem a constituição de comissões de inquérito e, quando elas são constituídas, são inventados todos os argumentos possíveis e imagináveis para prolongar os seus trabalhos adiando as suas conclusões no tempo, já que a maior parte das vezes quando é lido o relatório final em plenário, já o impacto dessas conclusões perdeu a sua utilidade. Podemos concluir, que, nestes últimos vinte e nove anos, os instrumentos de controlo e fiscalização política do Governo e da Administração Pública foram reforçados, sobretudo na segunda década, através das revisões do Regimento e da sua natu-

---

[243] Cfr. Leston-Bandeira, C., *Da Legislação à Legitimação: o Papel do Parlamento Português*, ob. cit., pág. 138.

reza[244]. A revisão de 1985 institucionalizou e regulou definitivamente as perguntas ao governo e os requerimentos, impondo mesmo as sessões de perguntas ao governo. A revisão de 1988 diminuiu os tempos das interpelações e a sua solenidade, através da redução da duração e do número de intervenientes e inversão da ordem das intervenções de encerramento. A revisão de 1993 reforçou de novo os poderes de fiscalização do parlamento, regulando e aprofundando a figura das perguntas ao governo e as comissões de inquérito, em consequência directa da tendencial racionalização da prática parlamentar. Ao invés e apesar desse reforço de poderes, poderemos concluir que, como já dissemos, nos primeiros anos de democracia *"o controlo parlamentar não era de facto uma prioridade na agenda dos deputados"*[245] e de que na segunda década tem aumentado a utilização desses instrumentos de controlo face à existência de governos suportados por maiorias absolutas de deputados, o que fez surgir a necessidade imperiosa de reforma dos instrumentos clássicos e a busca de outros mais eficazes. É de realçar que existe, a nosso ver, uma outra figura de controlo político que tradicionalmente é esquecida pela doutrina, que tem uma forte influência no dia-a-dia da vida política portuguesa, demonstrativa e paradigmática do acompanhamento e da fiscalização política exercida, referimo-nos ao Período Antes da Ordem do Dia (PAOD). Este período é utilizado antes do início de cada sessão plenária e é normalmente aproveitada para equacionar e levantar questões correntes e dar-lhe ao mesmo tempo visibilidade e significado político de cariz nacional.

---

[244] Sobre a natureza jurídica do regimento parlamentar, Caramelo Moreira, Maria João, "A natureza jurídica do Regimento parlamentar", in *Estudos de Direito Parlamentar*, AAFDL, Lisboa, 1997, págs. 710-712.

[245] Cfr. Leston-Bandeira, C., *Da Legislação à Legitimação: o Papel do Parlamento Português*, ob. cit., pág. 84 e 134, onde afirma que «*A revisão de 1985 teve dois efeitos essenciais: a regulamentação de variadíssimos aspectos da actividade parlamentar e uma primeira achega ao processo de racionalização dos procedimentos parlamentares. Contudo, caberia à revisão de 1988 a efectiva prossecução do processo de racionalização da actividade parlamentar. A principal alteração de 1991 consistiu na regulamentação das petições. Por fim, a revisão de 1993 foi pensada enquanto "reforma do parlamento" e o seu efeito principal foi a abertura do parlamento ao mundo exterior*».

Os «*novos mecanismos de controlo*», a que Leston-Bandeira se refere, têm a nosso ver acolhimento em razão de, a partir de 1993, se terem criado condições de reforma do Parlamento, nomeadamente, através da revisão do RAR e da inclusão da figura dos debates especiais, onde o debate político tem sido promovido e reforçado. É certo que a maior parte desses debates especiais são debates de urgência nos termos do artigo 77.º do RAR ou debates sobre assuntos de actualidade. Por outro lado, foi dada uma muito maior ênfase ao Parlamento nos últimos dez anos, em razão de se terem criado mecanismos de audição e procedimentos de documentação, que permitiram que a função tribunícia do plenário se tenha aberto e dado a conhecer a outras dimensões muito para além da meramente política, como foram as audições públicas, as idas do Primeiro-Ministro ao plenário em maior número de vezes, bem como a valorização do trabalho das comissões especializadas. De todas as formas encontradas para aproximar os cidadãos do Parlamento, realçamos aquela que nos parece a mais eficaz e significativa de uma das formas de controlo social e político representativa da função de controlo da Assembleia da República – o direito de petição. Este direito constitui, essencialmente, a possibilidade que os cidadãos têm de poder entregar no Parlamento petições, reclamações, queixas em defesa dos seus interesses ou do interesse geral e estas serem discutidas pela Assembleia, nos termos do artigo 37.º, 123.º, 245.º a 248.º e 250.º a 254.º do RAR e da Lei n.º 43/90, de 10 de Agosto. Constata-se que esta figura regimental teve um acolhimento e uma utilização de assinalar, sobretudo, em defesa de interesses gerais, nomeadamente, em torno de questões directamente relacionadas com questões de cidadania (por exemplo defesa do ambiente, qualidade de vida), mas, também por interesses sindicais e de outros grupos organizados. A principal crítica efectuada a este instrumento de controlo é a sua ineficácia, bem como o normal hiato temporal entre a apresentação e admissão da petição e a sua apreciação pelo Parlamento em plenário.

É assim, neste quadro jurídico-constitucional que consideramos ser imperioso e actual aprofundar o tema do controlo parlamentar sobre a actividade financeira e orçamental do Estado, enquanto realidade fundamental para o reforço da qualidade da democracia e da actividade de gestão pública que não deve pautar-se apenas por condutas legais, mas, igualmente por princípios e critérios de boa gestão (economia, eficiência e eficácia), uma vez que de acordo com a posição perfilhada, o controlo financeiro agrega todas as formas de controlo das finanças públicas[246].

3.2. *O controlo parlamentar das finanças públicas, em especial*

O Estado intervém na sociedade económica e socialmente, directa e indirectamente, ao criar e ao prestar serviços, lançar, cobrar e utilizar as receitas dos impostos, pelo que a actividade financeira pública se consubstancia na trave mestra das finanças públicas, as quais consistem na satisfação de necessidades colectivas, mediante a afectação, pelo poder político ou administrativo, de bens e serviços adequados[247]. Ora, a prestação de contas e informação relativa à utilização dos dinheiros públicos é orientada por um conjunto de princípios que se aplicam de forma privilegiada quer aos actos e operações financeiras, quer ao seu controlo – *accountability*. Como afirma Sousa Franco[248], "*Os dinheiros públicos estão, assim, no centro do Direito Financeiro Moderno, cujas regras essencialmente dão forma e garantia a três princípios, nos quais reside a razão de ser da sua autonomia: (...) – a garantia do património dos particulares (...) – o princípio da representação político--financeira do povo pelos responsáveis públicos (...) – o princípio da confiança como fundamento e regra básica de quaisquer poderes exercidos sobre bens e dinheiros públicos*".

Na definição utilizada[249], "*A expressão designa toda a forma de controlo das finanças públicas (património; rendimentos – receitas e despesas, orçamento e conta –; contabilidade e tesouraria) que tenha por objectivo e critério verificar se:*

a) *a actividade financeira obedece aos princípios, normas ou regras de legalidade e regularidade (incluindo a regularidade contabilística) que a regem;*

---

[246] Neste sentido, Sousa Franco, A. L., *Dinheiros Públicos, julgamento de contas e controlo interno no espaço de língua Portuguesa*, ob. cit., pág. 78 e segs..
[247] Cfr. Sousa Franco, A. L., *Finanças Pública e Direito Financeiro*, ob. cit., pág. 30 e segs..
[248] Cfr. Sousa Franco, A. L., *Dinheiros Públicos ...*, ob. cit., pág. 78 e segs..
[249] *Vide* Sousa Franco, A. L., *O Controlo da Administração Pública em Portugal*, ob. cit., pág. 127.

b) *a actividade financeira realiza os seus objectivos e resultados esperados, segundo critérios económicos ou técnicos de boa gestão (economicidade, eficácia, eficiência, equidade ...)"*.

Face ao conteúdo e âmbito do controlo parlamentar, o controlo financeiro parlamentar é um conceito amplo que inclui diversas modalidades e formas que importa ter presente neste estudo. Nesse sentido, convém precisar o facto da doutrina e da legislação só recentemente reconhecerem a necessidade de mecanismos sistemáticos de controlo da actividade financeira da Administração do Estado[250]. Tal facto significou uma enorme evolução sociológica e política, em consequência do desenvolvimento e aprofundamento dos estudos nas áreas de planeamento e gestão da década de 70 e 80[251]. Mas, sobretudo, fica-se a dever às exigências de controlo impostas pela União Europeia a Portugal pelo Tratado de Maastricht – os denominados critérios nominais de convergência – que exigiam um rigoroso controlo do défice público[252]. Consequentemente, os mecanismos de controlo foram aprofundados e sistematizados, embora a nosso ver só parcial e superficialmente, já que, em muitas áreas e sobre muitos aspectos, ainda haja um longo caminho a percorrer e os recentes défices públicos dos anos de 2001 e 2002, são um exemplo paradigmático dessa necessária trajectória. Antes de mais, convirá reter que, *"se nos colocarmos numa perspectiva histórica, logo verificamos que a ocorrência de défices orçamentais está longe de representar uma originalidade – constitui, pelo contrário, uma situação recorrente"*[253]. Realmente, *"a história do défice é a história das finanças*

---

[250] Aconteceu pela primeira vez na nossa história política com a entrada em vigor do Decreto-Lei n.º 166/98, de 25 de Junho e do Decreto-Regulamentar n.º 27/99, de 12 de Novembro, que como dissemos, institucionalizaram o Sistema de Controlo Interno da Administração Financeira do Estado (SCI).

[251] Cfr. Rosário Torres, Maria, *Instrumentos indispensáveis de uma Administração Moderna*, in Revista do Tribunal de Contas, n.º 26, Jul./Dezembro, 1996, pág. 109 e segs. e Tobelem, Alain, *Réinventer le management dans la perspective du marché global*, Paris, Grancher, 2000.

[252] Protocolo n.º 5 Adicional ao Tratado de Maastricht.

[253] Cfr. Albano Santos, J., "O défice Orçamental – ainda e sempre?", *ob. cit.*, pág. 23 e segs..

públicas"[254], de tal modo que Rodrigues Sampaio[255] não hesitou em exclamar perante o Parlamento *"eu quase me chego a assustar de que acabe o défice entre nós, com medo que, acabando ele, acabe o sistema parlamentar"*, o que é sintomático da importância do controlo do défice público ao longo da nossa história parlamentar. Aliás, no período compreendido entre 1970 e 2000, só em quatro anos é que não assistimos à existência de défices[256].

[QUADRO VII]

Plano de Evolução do Défice e do Investimento Público

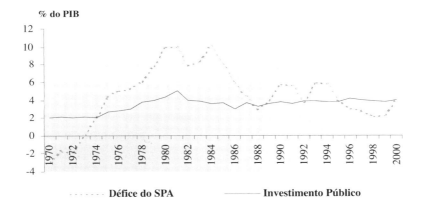

······ Défice do SPA ——— Investimento Público

---

[254] Cfr. Monteiro, Armindo, *Do Orçamento Português*, ob. cit., pág. 257.
[255] Sessão de 10 de Junho de 1867.
[256] Nota-se que a despesa pública em Portugal tem conhecido diferentes ritmos de crescimento. Em 1910, a despesa total do Estado era de 70 mil contos ascendendo a cerca de 8,3 mil milhões de contos em 2000. Deflacionando os valores, constata-se que a despesa pública aumentou, em termos reais, mais de cem vezes (em rigor, 105.9). A relação despesa pública total/PIB que, em 1910, era apenas de 7,3%, ultrapassa os 38%, no ano de 2000. A evolução da relação despesa total pública sobre PIB (Despesa Total/PIB) conhece, todavia, fases distintas. Assim, após uma primeira fase de crescimento lento (1910-1940) em que a relação Despesa Total/PIB aumenta de 7,3% para 12,1%, observa-se uma segunda fase de relativa estagnação (1940-1970) chegando a diminuir aquele índice para 10% em 1950, para vir depois a recuperar, em 1960, para valor idêntico ao início do período. Para uma visão lata sobre esta evolução ver Santos, Albano, "A evolução das Despesas Públicas em Portugal – aspectos de Longo Prazo", in *Estudos de Economia*, IV, 4, 1984, págs. 487-501 e Mateus, Abel, *Economia Portuguesa*, Verbo, Lisboa, 1998.

No entanto, como sublinha Almeida[257], "*é a partir da década de 70 que o peso da despesa pública relativamente à actividade económica do Estado cresce mais rapidamente: 14,9% em 1970, e 38,6%, em 2000*". Ademais, não se pense que a situação portuguesa neste particular é única ou invulgar.

Se atentarmos à situação de cada um dos 15 Estados Membros da União Europeia, verificamos que o número de anos sem défice orçamental naquele período – 1970 a 2000 – é também elevado. Mesmo nos Estado Unidos da América, há que realçar que o seu orçamento federal "*gerou 70 défices anuais entre 1900 e 1997*"[258].

Acompanhando a delimitação das principais formas de controlo financeiro definidas por Sousa Franco[259], tomamos partido pela incorporação do controlo financeiro e orçamental por parte da Assembleia da República, num controlo de natureza meramente política, ou que não "*resulta de meros poderes de facto*" e, portanto, é não jurídico, já que está, prevalentemente, direccionado para o controlo orçamental que temporalmente reveste a forma de modalidade de controlo *à priori* com a aprovação do Orçamento de Estado, de controlo e acompanhamento durante a fase da sua execução e uma modalidade de controlo *a posteriori* ou *ex-post*, aquando da aprovação da Conta Geral do Estado.

Segundo a perspectiva de Sousa Franco[260], o controlo pode seg-

---

[257] Cfr. Almeida, Vasco, "O Estado, a Economia e as Despesas Públicas", in *Revista de Administração e Políticas Públicas*, Vol. II, n.º 2, Braga, 2001.

[258] Cfr. Comissão Europeia, *Statistical Annex of European Economy*, Primavera (ECOFIN/248/2002 – EN), 2002, de onde se infere o número de anos sem défice, nos seguintes termos: Luxemburgo –29 anos; Finlândia –23 anos; Suécia – 15 anos; Dinamarca – 13 anos; Áustria – 5 anos; Espanha – 5 anos; França – 5 anos; Reino Unido – 5 anos; Irlanda – 4 anos; Portugal – 4 anos; Grécia – 3 anos; Holanda – 3 anos; Alemanha – 2 anos; Bélgica – 1 ano e Itália – 0 anos. Relativamente à situação dos EUA, cfr. Office Of Management And Budget, *A Citizen's Guide to The Federal Budget*, U. S. Government Printing Office, Washington, DC., 1999. Para uma visão mais alargada, cobrindo um largo número de países como os Estados Unidos, Austrália, Japão, Canadá e Nova Zelândia, ver o estudo de Tanzi, Vito And Schuknecht, *Public Spending in the 20th Century – A Global Perspective*, Cambridge, Cambridge University Press, 2000.

[259] Cfr. Sousa Franco, A. L., *O controlo da Administração em Portugal*, *ob. cit.*.

[260] Vide José de Sousa, Alfredo, *Controlo Externo das Finanças Públicas: O Tribunal de Contas*, in Boletim de Ciências Económicas, Coimbra, 1998, pág. 25.

mentar-se quanto ao objecto *(controlo orçamental, controlo fiscal ...)*, quanto ao critério *(controlo jurídico, extra-jurídico ou misto)* e quanto aos órgãos ou formas orgânicas. Poderemos falar de controlo interno ou externo, conforme seja exercido, ou não, por órgãos dependentes ou por órgãos independentes do Governo e/ou da Administração Pública, inseridos ou não na sua estrutura, conforme vimos anteriormente.

Por outro lado, este controlo político exerce-se mediante a acção de uma instância distinta e independente do Governo, de natureza não jurisdicional, uma vez que não se caracteriza unicamente por verificar exaustivamente a legalidade, constitucionalidade, responsabilidade criminal e civil. É assim, nesse sentido, um controlo externo ao Governo e à Administração Pública, distinto e diverso, quanto à sua natureza, âmbito, intensidade e tempestividade, daquele que é exercido pelo Tribunal de Contas nos termos do artigo 214.º da CRP, como tivemos oportunidade de realçar. Se tivermos presente as disposições constitucionais e legais em vigor, podemos concluir com relativa facilidade que a Assembleia da República detém largas atribuições e competências de controlo orçamental e financeiro, pois estão directamente direccionadas para a actividade administrativa do Governo, Administração Pública e Orçamento de Estado[261], como atrás resultou claramente. Aliás, na esteira do que defende Moreno[262], *"...a Assembleia da República, que não exerce seguramente a função executiva ou administrativa, estão cometidas amplas competências de «fiscalização», designadamente no domínio do controlo financeiro público; daí que sem mais delongas, integremos o controlo financeiro da competência da AR no sistema nacional de controlo financeiro, do lado do controlo externo".*

Ora, este controlo a que se refere a alínea a) do artigo 162.º da CRP tem, desde logo, uma íntima conexão com o preceituado nos artigos 107.º e 110.º da CRP, que consagram a fiscalização da execução orçamental pela Assembleia da República, que também tem competência para apreciar e aprovar a Conta Geral do Estado, bem como de outras entidades públicas nos termos da alínea d) do artigo 162.º da

---

[261] Vide Moreno, Carlos, *Gestão e Controlo dos Dinheiros Públicos.*, ob. cit., pág. 300 e segs.
[262] Vide Moreno, Carlos, *O Sistema Nacional de Controlo Financeiro.*, ob. cit., pág. 113.

CRP. Do mesmo modo, e na lógica do sistema constitucional português, a Assembleia da República, na sua função de controlo financeiro e orçamental, pode igualmente apreciar os relatórios de execução dos planos nacionais, nos termos da alínea e) do artigo 162.º da CRP. A questão que se põe, no tema em apreço, é esta: cumprirá a Assembleia da República, satisfatoriamente, as atribuições de fiscalização das finanças públicas?

No dizer de Cadilhe[263], *"É uma questão de regime, porque está no cerne, de algum modo, do próprio sistema de governo e da própria instituição parlamentar, saber se as finanças públicas são devidamente controladas pela Assembleia da República"*. Afirma, igualmente que *"A Assembleia da República, a meu ver, não fiscaliza devidamente as finanças públicas(...). Esta vertente "deficitária" de controlo pela Assembleia da República diz respeito às contas trimestrais provisórias que são apresentadas obrigatoriamente à Assembleia da República. São importantíssimos documentos da execução orçamental, deveriam ser soleníssimos momentos de afirmação institucional e democrática do Parlamento, como decorre da própria natureza das coisas, daquilo que está em causa, mas como decorre também dos citados artigos 110.º e 165.º alínea d) da Constituição, um e outro com alguma redundância entre si, e bem assim, do artigo 24.º da Lei de Enquadramento do Orçamento de Estado, na sua última versão, que é a lei 6/91"*.

Assim sendo, para que a Assembleia da República possa efectuar um controlo político eficaz, necessita de órgãos especializados de apoio para levarem a bom termo a sua missão, uma vez que, os deputados *"Apenas podem exercer cabalmente as suas funções de controlo se tiverem conhecimento dos dossiers em poder do executivo. Sem informação sobre a actividade do Governo, sobretudo sem informação de qualidade, não é possível exercer o controlo"*[264]. A verdade é que cons-

---

[263] Cfr. Miguel Cadilhe, *O Controlo Parlamentar das Finanças Públicas*, Anuário da Economia Portuguesa, 1997, pág. 168.

[264] Cfr. Carvalhal Costa, A. e Rosário Torres, M., *Controlo e avaliação da gestão pública*, Lisboa, Rei dos Livros, 1996, pág. 78 e segs., onde se afirma que *"O controlo externo ou independente é um dos sinais inequívocos das democracias europeias, nas quais se verifica a separação de poderes e funções entre executivo (fiscalizado) e parlamento (fiscalizador). O fim último do controlo é, portanto, a defesa do cidadão-contribuinte ..."*.

titucional e legalmente está consagrado no direito positivo português um vasto conjunto de deveres de prestação de informação de índole diversa em matéria orçamental e financeira, por parte do Governo à Assembleia da República. Por outro lado, estão também definidos um conjunto de instrumentos jurídicos e de mecanismos materiais à disposição da Assembleia da República, para que este órgão de soberania possa controlar a actividade orçamental e financeira do Governo e da Administração Pública. No sentido de ser reforçada esta posição, Sousa Franco sublinha, igualmente que *"tem também o Parlamento – e são estas que sobretudo agora importam – competências de controlo político. (...) A função de fiscalização financeira tem pois formas e instrumentos específicos e constitui também – na prática com bastante frequência – objecto ou matéria de actos parlamentares importantes. Em Portugal o Parlamento criou uma Subcomissão de Contas Públicas no âmbito da Comissão Parlamentar de Economia, Finanças e Plano (em 1992) e tem assumido alguma regularidade, embora com frequência reduzida"*[265].

Constata-se que as competências alargadas que a Constituição atribui à Assembleia da República em matéria de fiscalização dos actos da Administração e, sobretudo, dos seus actos de natureza orçamental e financeira se revestem das maiores dificuldades de execução e são exercidas durante curtos períodos de tempo e apenas em razão da natureza e importância política desses mesmos actos[266]. Por exemplo, diz o Regimento da Assembleia da Republica (RAR) que podem as Comissões *"(...) solicitar ou admitir a participação nos seus trabalhos de funcionários de departamentos ministeriais ou de dirigentes e técnicos de entidades públicas, desde que autorizados pelos respectivos ministros"*, o que, desde logo, determina uma manifesta diminuição dos poderes parlamentares das Comissões, uma vez que os depoimentos testemunhais podem ser coarctados directamente pela própria Admi-

---

[265] Cfr. Sousa Franco, A. L., *"Dinheiros Públicos, Julgamento de Contas ..."*, ob. cit., pág. 78.

[266] De uma forma genérica relativamente às dificuldades de execução das competências de controlo da Assembleia da República, veja-se o estudo efectuado por Leston-Bandeira, C., *Da Legislação à Legitimação: o Papel do Parlamento Português*, ob. cit., pág. 159 e segs., acerca da forma e do conteúdo do trabalho parlamentar sobre o Orçamento de Estado.

nistração e manipulados indirectamente pelos membros do Governo envolvidos[267]. O mesmo acontece com as perguntas feitas ao Governo, seja em Plenário ou em Comissão, uma vez que são respondidas muitas das vezes *in loco*, sem qualquer fiabilidade técnica ou legal ou o são por escrito, muitas das vezes com meses de atraso e repercutindo as informações dos serviços, mas não esclarecendo o Parlamento sobre o conteúdo das questões formuladas[268]. No mesmo sentido, constata-se que o envio à Assembleia da República dos Relatórios Mensais da execução orçamental e os balancetes trimestrais a que aludia a Lei n.º 6/91, de 20 de Fevereiro – Lei de Enquadramento do Orçamento de Estado – nunca foi cumprido desde a sua entrada em vigor, pelo que o Parlamento nunca fez um acompanhamento próximo, rigoroso e exigente da execução orçamental[269].

Na verdade, nesta sede, tem total acolhimento o pensamento de Sousa Franco[270], quando afirma que *"A fiscalização do Parlamento pode exercer-se através de meios comuns (nos quais a fiscalização política ao Governo pode envolver fiscalização administrativa do Governo ou da Administração: inquéritos parlamentares, interpelações ao Governo, intervenções políticas de diverso tipo), ou de formas especificamente financeiras (...). Fundamentalmente, contudo, a fiscalização política traduz-se no acompanhamento da execução do Orçamento nos termos do artigo 110.º da Constituição (que não tem existido, quer porque o Governo não fornece elementos suficientes, quer porque o Parlamento pouco tem ido além de algumas reuniões da Comissão Parlamentar de Economia, Finanças e do Plano com membros do Governo) (...) A prática, após a instauração do regime democrático, tem sido, até muito recentes tempos, a da não efectivação de qualquer espécie de responsabilidade"*.

---

[267] Cfr. Sá, Luís, *O Lugar da Assembleia da República no Sistema Político*, ob. cit., pág. 290 e segs..

[268] *Idem*, ob. cit., págs. 290 e segs. *Vide*, artigo 156.º c) da CRP.

[269] Foi esta a conclusão a que chegamos após as entrevistas realizadas com Manuel dos Santos, Guilherme D'Oliveira Martins, Octávio Teixeira, Brito Onofre e Rui Carp.

[270] Cfr. Sousa Franco, A. L., *O Controlo da Administração Pública em Portugal.*, ob. cit., pág. 144.

Hoje, avaliar o controlo da despesa pública parece-nos uma missão impossível, sobretudo, se nos sustivermos aos resultados, já que se torna quase sarcástico ouvir os comentários dos especialistas em economia que afirmam o domínio e a presença de um "*cancro*" chamado défice público, que para mais, como todo e qualquer câncer se tem desenvolvido!

III – O CONTROLO PARLAMENTAR DAS FINANÇAS PÚBLICAS – ANÁLISE COMPARADA

1. Nota preliminar

Delimitado o objecto da dissertação ao estudo do controlo parlamentar das finanças públicas com o objectivo último de proceder ao seu enquadramento e prática constitucional, importa agora analisar qual é a realidade nos sistemas comparados. Partimos, não o omitimos, da premissa e ideário de Karl Popper, quando sublinhou que *"o conhecimento científico, o saber científico é (...), sempre hipotético: é um saber por conjectura; procura o método do conhecimento científico e o método crítico, o método de pesquisa e da eliminação do erro ao serviço da busca da verdade, ao serviço da verdade"*[271].

Desta forma, a análise das ordens constitucionais e parlamentares com maior tradição e prática de controlo parlamentar das finanças públicas constitui um dos pontos cardeais da nossa investigação. Na verdade, com vista à prossecução deste objectivo, estamos convictos de que uma análise empírica nos permitirá, neste particular, uma abordagem prática dos resultados obtidos mais do que a simples comparação de regimes jurídico-constitucionais, pelo que, convictamente, assumimos este *modus faciendi* metodológico. A estratégia preconizada assenta na ideia segundo a qual o conhecimento das instituições parlamentares estrangeiras, das suas práticas de controlo das finanças públicas e dos eventuais modelos sistémicos, em que as mesmas podem ser classificadas, assume uma capital importância na compreensão da eficácia e da eficiência do controlo parlamentar da actividade financeira e da

---

[271] Cfr. Popper, Karl, "Conhecimento e formação da realidade: a busca de um mundo melhor", in *Em busca de um mundo melhor*, trad. de T. Curvelo, M. Loureiro e J. C. Espada, Lisboa, 1992, pág. 18.

própria evolução e desenvolvimento económico desses Estados. Insere-se esta matéria, na esteira do que sublinha René David sobre o estudo de realidades comparadas que exercem a função primordial ao permitir conhecer melhor a nossa realidade e de nos preparar em função de cada um dos cidadãos *"contribuir para a melhorar"*[272]. Para Citadini[273], o controlo possui relações intrínsecas com a democracia: *"não existe país democrático sem um órgão de controlo com a missão de fiscalizar a boa gestão do dinheiro público"*.

Todavia, para a compreensão global do objecto deste estudo, impõe-se, igualmente, o estudo e o conhecimento de outras experiências comparadas, onde inclusive, como anteriormente se evidenciou, podem radicar as origens históricas do objecto em análise. Nesta perspectiva, seleccionámos um conjunto vasto, representativo de algumas experiências parlamentares, que nos darão uma visão larga do que se passa em países de continentes diferentes – uma amostra do mundo. Os de Estados-Membros da União Europeia representativos dos modelos existentes e, por outro lado, as realidades dos Estados Unidos da América e do Brasil. Escolhemos, na verdade, realidades que suportam os principais modelos parlamentares e os ordenamentos dos Estados mais desenvolvidos e representativos e realizamos o seu estudo por ordem alfabética, critério que julgamos o mais justificado, uma vez que não conseguimos pré-definir uma grelha de análise de modelos-tipo ou de padrão-tipo.

Na França, a *Cour des Comptes*, instituída em 1807, foi considerada um marco para o controlo dos actos da administração. O Tribunal de Contas, na Alemanha, teve a sua origem na Alta Câmara Prussiana de Contas, criada em 1714. Em Portugal, as funções de fiscalização iniciaram-se de forma remota com a Casa dos Contos (1389-1761), Erário Régio (1761-1832) e outros órgãos similares até à *criação* do actual Tribunal de Contas. Também no Brasil, o sistema de controlo da Administração teve início com a implementação da República, em 1861, quando, por iniciativa de Rui Barbosa, foi criado o Tribunal de Contas da União.

---

[272] Cfr. David, René, *Les Grandes Systèmes de Droit Contemporains*, Paris, 1982, pág. 8.

[273] Cfr. Citadini, António Roque, *O Controlo Externo da Administração Pública*, Max Limonad, São Paulo, 1995, pág. 12.

Os órgãos mencionados são, na realidade, órgãos auxiliares dos Parlamentos, verdadeiros responsáveis pela fiscalização e controlo na Administração Pública (controlo externo), embora exista uma tendência de se relacionar o controlo externo apenas com os Tribunais de Contas. A verdade é que o Estado, cada vez menos *"mais Estado"*, concentrando-se apenas praticamente nas suas áreas clássicas (defesa, negócios estrangeiros, segurança e educação), exige uma maior colaboração dos órgãos de controlo, inclusive através da adopção de novas técnicas de administração e gestão, para que a sua acção seja eficaz. Em resumo, os Parlamentos exercem o controlo político externo da gestão pública, com a participação de Tribunais ou Auditorias, sendo dependente da existência destes órgãos o seu melhor desempenho e um indicador do grau de democracia em que determinado país vive[274].

Ao entendermos o controlo parlamentar como o conjunto de actividades políticas das Assembleias ou Câmaras, enquanto função nuclear da sua própria natureza política e por oposição à sua actividade legislativa e à actividade de gestão política e técnica executada pelos Governos, resulta imperioso debruçarmo-nos sobre os mais variados ordenamentos políticos, enfatizando a lei, mas desvalorizando a excessiva análise jurídica.

No que se refere à responsabilidade do Governo, o âmbito do controlo parlamentar varia consoante se trate de regimes de separação estrita – como os Estados Unidos – ou de regimes parlamentares, que se baseiam na solidariedade institucional, como o Reino Unido. Em boa verdade, a responsabilidade política do Governo perante o Parlamento assenta num acordo entre dois órgãos, cuja consequência é a demissão do Governo logo que este perde a confiança daquele. Por isso, relativamente aos Estados-Membros da EU, estudaremos as experiências do Reino Unido, da Dinamarca, da França e da Alemanha, por serem aque-

---

[274] Cfr. Pereira, Jesse T. Junior, *O Controlo da Administração Pública na Nova Constituição Brasileira*, Revista de Informação Legislativa, Brasília, 1989, onde nos apresenta um estudo comparado sobre os meios de controlo experimentados e existentes nos países da Europa Ocidental e Oriental, com a participação de quinze Estados: Áustria, Bélgica, Bulgária, França, Grã-Bretanha, Hungria, Itália, Jugoslávia, Polónia, República Democrática da Alemanha e República Federal da Alemanha, Suécia, Suíça, Checoslováquia e União das Repúblicas Socialistas Soviéticas.

les que mais diferenças apresentam, ao mesmo tempo que podemos encontrar diversas análises sobre os mesmos.

Debruçar-nos-emos sobre a experiência dos Estados Unidos da América, porque esta se apresenta como um modelo em si, diferenciado dos europeus e ao mesmo tempo, aparentemente, eficaz e eficiente. A escolha do Brasil justifica-se por se tratar de um dos Estados da Comunidade dos Países de Língua Portuguesa (CPLP) e em razão dos laços históricos e culturais com Portugal, uma vez que os outros quatro Estados da CPLP se encontram nesta matéria objecto de estudo, dada a manifesta juventude das suas democracias, ainda muito pouco desenvolvidos.

2. Na Alemanha

O Estado alemão é um Estado Federal, nos termos do artigo 20.º da Lei Fundamental de Bona, de 23 de Maio de 1949[275], cuja estrutura jurídico-constitucional, assume, entre outras, as seguintes premissas:

a) As Constituições dos Estados Federados (*Lander*) devem respeitar e ser conformes à ordem constitucional do Estado Federal (*Bund*) – artigo 28.º;
b) A regra geral é a de que a prossecução das atribuições públicas são incumbência dos Estados Federados, salvo disposição em contrário, o que significa que a competência do Estado Federal é uma competência de atribuição, sendo a regra geral a da competência dos Estados[276];

---

[275] Sobre o federalismo alemão pode ver-se Fremont, Michel, "L'évolution du Fédéralisme Allemand depuis de 1949", in *Mélanges offerts à Georges Burdeau – Le Pouvoir*, Paris, 1977, págs. 661-679 e Johnson, Nevil, *State and Government in the Federal Republic of Germany*, Pergamon Press, 3nd edition, 1993, págs. 1-21.

[276] Cfr. Burdeau, Georges, *Traité de Science Politique*, *ob. cit.*, 1998, págs. 623-627 e Lavaux, Philippe, *Les Grandes Démocraties Compemporaines*, PUF, Paris, 1990, págs. 488-494. O federalismo alemão está, na vertente da repartição de competências entre o Estado Federal e os Estados Federados, estruturado sobre o Princípio da Subsidiariedade.

c) Nos termos do princípio do *"Bundesrecht bricht Landesrecht"*[277], o direito federal prevalece sobre o direito dos Estados Federados, e estes só podem legislar na medida em que a Lei Fundamental não atribua poderes legislativos reservados à República Federal.

O sistema de controlo financeiro alemão encontra os seus fundamentos e raízes no sistema de auditoria Prussiano, fundado em 1714, pelo Rei Friedrich Wilhelm I. Este controlo assentava na actuação da *General-Rechen-Kammer*[278] (Câmara de Contas), dependente do Rei e independente dos organismos fiscalizados. Constata-se que, paralelamente ao que verificamos nas restantes monarquias europeias da época, a *General-Rechen-Kammer* começou por ser um instrumento de controlo das finanças públicas ao serviço do Rei, para se transformar gradualmente, com o advento do constitucionalismo, num mecanismo de controlo financeiro ao serviço do Parlamento[279]. Em 1848, o controlo das finanças públicas passa a ser um controlo parlamentar de constitucionalidade ou de controlo orçamental, em razão da transição para a monarquia constitucional e da criação do parlamento prussiano. A lei de aprovação do orçamento «*Budgetbe-Willigungsrecht*» previa expressamente o direito parlamentar à fiscalização e controlo da execução orçamental e a obrigação do executivo prestar contas ao Parlamento[280].

---

[277] De acordo com os artigos 31.º, 70.º, 71.º e 72.º da Lei Fundamental de Bona.

[278] Cfr. Gunter Zavelberg, Heinz, *275 Anos de Auditoria do estado na Alemanha. Fases da Evolução*, in Revista do Tribunal de Contas, n.º 4, Out./Dez./89, págs. 31-46, onde salienta que esta tinha por objectivos principais *"Contabilizar devidamente todas as despesas e receitas, dando assim uma visão geral ao Governo das finanças da Prussia"*, além de combater as fraudes e obrigar as instituições a fazer economias.

[279] Cfr. Gonçalves do Cabo, Sérgio, *ob. cit.*, pág. 167, citando (nota 202), Nevil Johnson, *ob. cit.*, pág. 219, que afirma que *"enquanto nos Estados Unidos e na Grã-Bretanha os sistemas de auditoria financeira pública foram desenvolvidos em torno do Parlamento, tendo em vista a necessidade de o Estado possuir meios de controlo da receita e despesa pública, e o desejo dos parlamentares de controlarem a execução orçamental; no Continente a génese destes sistemas esteve mais ligada aos soberanos e à necessidade que estes tinham de controlar a receita e a despesa pública"*.

[280] Cfr. Gunter Zavelberg, Heinz, *ob. cit.*, pág. 33.

Depois da primeira grande guerra mundial, foram introduzidas importantes alterações no direito orçamental e de controlo das finanças públicas da Alemanha, através da Lei Orgânica do Orçamento do Reich, de 31 de Dezembro de 1922 – «*Reichshaushaltsordnung*»" com a consagração do princípio do critério da eficiência, em sentido estrito, enquanto princípio complementar de auditoria, da auditoria por amostragem e da auditoria local[281]. A reforma mais importante do direito financeiro e orçamental na Alemanha «*Haushaltsrechtreform*», teve lugar em 1969, em consequência do artigo 114.° da Lei Fundamental de Bona, com a aprovação da Lei sobre os princípios orçamentais, de 19 de Agosto (HGrG – alterada em 21 de Dezembro de 1974) e do regulamento do orçamento federal, da mesma data (BHO – alterado em 27 de Junho de 1986). As contas públicas do ano orçamental em causa na Alemanha são elaboradas pelo Ministério das Finanças. Elas são verificadas de seguida pelo Tribunal de Contas (*Bundesrechnungshof*) e depois examinadas pelo Parlamento, no *Bundestag,* na sua Comissão de Fiscalização das Contas Públicas (*Rechnungsprufunsgsausschuss*).

O Tribunal de Contas proporciona assistência ao Parlamento nacional (*Bundestag*), ao Conselho Federal (*Bundesrat*) e ao Governo Federal. O Tribunal de Contas[282] produz relatórios federais sobre assuntos preocupantes e relatórios de alerta para os *Bundestags Comités*, sobretudo, sobre as Contas Públicas. Um dos momentos mais importantes do controlo parlamentar das finanças públicas na Alemanha resulta do relatório anual do Tribunal de Contas, que é conhecido e denominado por "*recomendações*", onde este apresenta os resultados da sua actividade fiscalizadora e serve de base à apreciação parlamen-

---

[281] Sobre a história e sistema vigente da fiscalização das finanças públicas, *vide* Egbert Kaltenbach, *Le Contrôle des Finances Féderales en RFA*, in RFFP, n.° 36, 1991, págs. 51-70.

[282] Sobre as competências do Tribunal de Contas alemão, cfr. Gonçalves do Cabo, Sérgio, *ob. cit.*, págs. 165-186. O Tribunal de Contas não se limita unicamente à fiscalização de contas de medidas já efectuadas. Através do Governo, ele participa na apresentação e na votação parlamentar do orçamento, podendo, nessa altura, apresentar o seu parecer. Além disso, este, segundo a sua tarefa legal, não se limita a conferir documentos, mas tem a tarefa e o direito, especialmente como «*encarregado pela economia da administração*», de se ocupar com o procedimento económico do Governo e de se pronunciar sobre questões actuais.

tar da execução orçamental, nos termos dos artigos 97.º e 114.º do BHO. O relatório "*recomendações*" contém, igualmente, uma análise económico-financeira da gestão orçamental do período em causa, bem como um conjunto de recomendações para o futuro, onde aprecia, em especial, se os valores constantes da execução orçamental e do inventário do património do Estado coincidem ou não com o seu suporte documental ou contabilístico; se as receitas e as despesas realizadas estão justificadas; os casos em que as disposições orçamentais e económicas não foram cumpridas; a participação do Estado no capital de empresas, etc.. Este relatório é submetido à apreciação do Parlamento no Outono seguinte ao ano financeiro em causa e é discutido no *Rechnungsprufungsausschuss* – Comissão de Fiscalização das Contas Públicas, que é uma comissão dependente da Comissão Orçamental, composta por deputados, representantes do *Bundesrechungshof* e dos ministérios. As "*recomendações*" são publicadas pelo Parlamento.

Contudo em observância a este relatório "*recomendações*", a Comissão de Fiscalização das Contas Públicas inicia e mantém com frequência reuniões com os dirigentes da Administração Pública, cuja gestão financeira fica sob análise profunda e em certas situações, os Ministros são chamados para audições sobre questões especificas, apesar de no *Bundesrat* não ser costume questionar de forma crítica os Ministros, quer no comité, quer no plenário.

Quando completa o seu trabalho de análise, a Comissão de Fiscalização das Contas Públicas «*Rechnungsprufungsausschuss*» envia um relatório e um conjunto de recomendações detalhadas à Comissão Orçamental para uma resolução, que depois recomenda ao Plenário do Parlamento uma aprovação formal para o ano em questão. O debate normalmente decorre antes do período de férias de verão e tem apenas um significado político, de aprovação ou de rejeição da forma como o Governo está a gerir as finanças públicas, não podendo, todavia, a sua aprovação ou a rejeição constituir fundamento constitucional para a demissão do Governo. Este processo parlamentar de aprovação das contas públicas não atrai um grande interesse dos *media*, nem mesmo quando há conflito político, porque o debate é vocacionado, nesta matéria, para o estabelecimento de um orçamento de Estado mais eficaz e menos para a análise das despesas realizadas, que já foram objecto de controlo de execução muito apertada.

A fiscalização parlamentar das contas públicas é, assim, conduzida pela Comissão de Fiscalização das Contas Públicas – uma subcomissão da Comissão Orçamental do Parlamento Federal Alemão – tendo por base os registos anuais das fiscalizações anteriores. Os deputados membros da dita Comissão de Fiscalização são, igualmente, membros da Comissão Orçamental, sendo os mesmos responsáveis, na respectiva especialidade, pela aprovação e pelo controlo do orçamento. Desde o princípio, a Comissão de Fiscalização das Contas Públicas[283] foi uma Subcomissão da Comissão Orçamental. Por causa da dupla pertença dos seus membros, esta Comissão de Fiscalização debate-se com grandes dificuldades na execução dos deveres que a ela estão atribuídos. De resto, pode constatar-se que a Comissão de Fiscalização vê no Tribunal de Contas Federal um concorrente em relação à opinião pública. De facto, a prioridade temporal compete ao Tribunal de Contas Federal. Os seus relatórios estão disponíveis mais cedo e é relativamente fácil a um vasto público aceder aos seus relatórios.

O controlo do orçamento e das finanças na República Federal da Alemanha dá vida a uma espécie de formação de uma "*peritocracia*", que, por sua vez, dispõe de um extenso campo de acção de controlo. Ou seja, na apresentação do orçamento, o Ministro Federal das Finanças não pode deixar de dar todos os esclarecimentos sobre todas as questões colocadas e pode-lhe ser exigida «*documentação constitutiva do orçamento*». Neste contexto, e igualmente na execução do orçamento, as análises económicas de eficiência têm muita importância. A lei orçamental obriga a ter em atenção o respeito pelos princípios da eficiência económica e da eficácia, tanto na apresentação como na execução do orçamento. As análises de eficiência económica são efectuadas em relação a todas as medidas – na fase de planificação e no controlo da execução. Desde os projectos de lei, todas as medidas estatais, como por exemplo o aprovisionamento, projectos de investimento e subvenções, são auditados e objecto de controlo de eficiência.

Aquando da aprovação do Orçamento, o procedimento parlamentar é caracterizado por uma actividade intensa do Parlamento relacionada com o orçamento. As Comissões Parlamentares ocupam-se do

---

[283] Cfr. Hoffmann, S., *Die Kontrolle der Regierung durch parlamentarische Rechnungsprüfung im Deutschen Bundestag*, 1970, pág. 35 e segs..

orçamento, fazendo debates políticos e minuciosos no plenário que duram entre dois a quatro dias (estas deliberações nunca chegam a durar mais do que uma «*semana orçamental*» do princípio ao fim). Enquanto as comissões especializadas distribuem por cada área especializada as respectivas recomendações, a decisão deste processo tem lugar na Comissão Orçamental. Para a execução do orçamento é válido o Princípio Constitucional da Responsabilidade do Ministério: cada Ministro é responsável perante o Parlamento pela gestão do seu orçamento, segundo as normas em vigor. Os «*encarregados pelo orçamento*» têm especial importância no controlo das finanças durante a execução do orçamento. Como os Ministros não podem assumir pessoalmente o controlo corrente da execução do orçamento, é nomeado para cada serviço um encarregado responsável pela execução do orçamento.

O controlo financeiro na Alemanha é mais do que a simples fiscalização de contas. Resulta da colaboração de organizações técnicas e políticas, que se ocupam do desenvolvimento e auditoria do comportamento das finanças públicas. Só se pode ser eficaz quando todas as instituições responsáveis cooperam, de forma a atingir-se o objectivo comum de fazer um uso correcto e económico dos recursos públicos. Na Alemanha, o Parlamento é politicamente concebido de modo a que a complexidade do acto de aprovação do orçamento, da colaboração na gestão e execução do orçamento e o sucessivo controlo sobre a gestão financeira do Governo constituam uma unidade indivisível. Também o estudo, que aqui se leva a cabo, se move no âmbito desta perspectiva e está ligado às mais recentes investigações sobre a teoria do Estado que rejeitam a redução do conceito de controlo à avaliação retrospectiva de um comportamento alheio. Em boa verdade, o que num primeiro momento, Bäumlin[284], eficazmente, pôs em evidência para a Suíça, também foi correctamente acolhido na República Federal Alemã. Esta mais extensa acepção é confirmada particularmente no âmbito da economia do orçamento público através das origens históricas do poder soberano

---

[284] Cfr. R. Bäumlin, *Die Kontrolle des Parlaments über Regierung und Verwaltung*, in *Zeitschrift für Schwezerisches Recht*, 85, ll, 1966, págs. 165-319 e especialmente 244 segs..

do Parlamento em matéria de orçamento[285]. Consequentemente tanto as premissas de direito constitucional e de política, como a análise da experiência aconselham a fornecer uma ilustração completa do Parlamento em matéria de controlo orçamental.

Deve parecer estranho que um Parlamento que participe muito intensamente no processo de decisão esteja à altura dos seus deveres de controlo retrospectivo. Se o Governo e o Parlamento colaborarem, fundindo-se numa estrutura operacional com responsabilidade indivisa e sem qualquer distinção funcional, falta aquela distância, aquela fecunda tensão, que é capaz de produzir uma crítica livre de prejuízos. Por essa razão, o Parlamento, como afirma a Constituição (artigo114.°, parag. 1, GG), deve conter-se na sua acção política. Todavia, não há dúvidas de que o *Bundestag*, na fase de gestão do orçamento, se limita à co-decisão das directivas políticas, sobre as quais pode ser consultado em sede de elaboração dos grandes projectos. No entanto, uma melhor publicidade poderia favorecer uma melhor compreensão deste sector essencial da actividade parlamentar[286]. Hans Schäfer, ex-Presidente do Tribunal de Contas Federal, observou que o controlo financeiro – enquanto defende o cidadão de um ataque "de lado" – não é considerado, apenas, um instituto de nível governativo, mas constitui, ao mesmo tempo, um eficaz instrumento de garantia da liberdade[287].

3. No Brasil

O controlo das finanças públicas no Brasil, no período anterior à independência, efectuava-se nos mesmos termos que em Portugal, ou seja, nos termos descritos no ponto 4 da Parte I deste trabalho. Com a proclamação da independência, a 7 de Setembro de 1822, foram feitas várias tentativas de criação de um Tribunal de Contas, que só viria a acontecer a 7 de Novembro de 1890, por iniciativa do Ministro da

---

[285] Sobre o tema Friauf, K. H., "Parliament control of the Budget in the Federal Republic of Germany", in *The power of the purse*, 1976, pág. 66-67 e segs..

[286] Geralmente a doutina pede uma mais intensa utilização da Assembleia.

[287] Cfr. Schafer, H., "Finanzkontrolle und parlamentaishe demokratie", in *Bulletin des Press und Informationsamtes der Bunderregierung*, 1976, pág. 1225.

Fazenda Rui Barbosa[288]. Após a entrada em vigor da Constituição de 1891, foi este Tribunal o órgão de controlo externo por excelência, competindo-lhe, entre outras, as funções de *"liquidar as contas da receita e da despesa e de verificar sua legalidade, antes de serem submetidas à apreciação do Congresso Nacional"*.

Ao invés, até à entrada em vigor da Constituição brasileira de 1967, o Parlamento brasileiro não apresentava qualquer preocupação nem tinha qualquer órgão de controlo orçamental ou financeiro. É a partir deste novo texto constitucional, que se desenha o modelo brasileiro de controlo externo, em que é determinada a natureza de órgão auxiliar do Congresso Nacional ao Tribunal de Contas, aproximando-se, neste ponto, de instituições existentes noutros países da América Latina, que encontram a sua filiação em sistemas de controlo externo do tipo auditor-geral ou parlamentar, como são o Chile, a Venezuela, El Salvador e Equador, entre outros.

Foi neste espírito, que o artigo 70.º da Constituição da República Federativa do Brasil de 1967, com a emenda Constitucional de 17 de Outubro de 1969 e entretanto revogada pela Constituição da República Federativa do Brasil de 5 de Outubro de 1988, dispunha que «*A fiscalização financeira e orçamentária da União será exercida pelo Congresso Nacional, mediante controlo externo. E pelos sistemas de controlo interno do poder executivo, instituídos por lei*» e no seu parágrafo 1.º afirmava que «*O controlo externo do Congresso Nacional será exercido com o auxílio do Tribunal de Contas da União e compreenderá a apreciação das contas do Presidente da República, o desempenho das funções de auditoria financeira e orçamentária, bem como o julgamento das contas dos administradores e demais responsáveis por bens e valores públicos*»[289].

O controlo externo, a cargo do Congresso Nacional, composto pela Câmara dos Deputados e Senado Federal, pode ser exercido por qualquer das duas Câmaras ou Comissões e tem o seu funcionamento previsto na Constituição Federal, em Leis específicas, em Regimentos Internos de cada uma das Câmaras do Congresso, no Regimento Comum

---

[288] Nos termos do Decreto n.º 1 166, de 17 de Dezembro de 1892, o Tribunal de Contas só foi instalado a 17 de Janeiro de 1893.
[289] Cfr. Miranda, Jorge, *Constituições de Diversos Países*, ob. cit., pág. 157.

a ambas e pelas Resoluções destinadas a regular as Comissões de Fiscalização e Controlo de cada uma delas e da Comissão Mista de Planos, Orçamentos Públicos e Fiscalização.

A função fiscalizadora das finanças públicas do Congresso Nacional, executada através das suas duas Câmaras, envolve o julgamento anual das contas prestadas pelo Presidente da República e a apreciação dos relatórios sobre a execução dos planos e orçamento do Governo, a fiscalização e controlo dos actos do Governo, incluindo os actos executados pela administração indirecta por qualquer das duas Câmaras e a convocação de Ministros de Estado ou titulares de órgãos directamente subordinados à Presidência da República para prestar, pessoalmente, informações sobre assuntos previamente determinados, importando um crime de responsabilidade a sua ausência sem justificação adequada.

Esta inquirição parlamentar pode ser feita pelo Senado ou qualquer de suas Comissões, nos termos do artigo 50.º do Regimento Comum do Congresso Nacional (RCCN), onde se prevê o encaminhamento de pedidos de informações aos Ministros de Estado ou titulares de órgãos directamente subordinados à Presidência da República, através das Mesas da Câmara de Deputados ou do Senado, sendo considerado crime de responsabilidade a recusa ou o não atendimento no prazo de 30 dias, bem como assim, a prestação de informações falsas (§ 2.º art. 50.º do RCCN). Também o Presidente da República pode ser convocado a qualquer das duas Câmaras, ainda, em razão do procedimento de tomada das contas, quando estas não forem apresentadas ao Congresso Nacional dentro de 60 dias, após a abertura da sessão legislativa (art. 51.º do RCCN, competência privativa da Câmara), posterior às das contas em causa. Cabe ainda a uma Comissão Mista permanente de Deputados e Senadores, (§ 1º art. 166.º do RCCN) examinar e emitir parecer sobre os projectos de lei relativos ao plano plurianual, às grandes orientações orçamentais, ao orçamento anual, aos créditos adicionais, às contas prestadas anualmente pelo Presidente da República e sobre os planos e programas nacionais, regionais e sectoriais, além de exercer o acompanhamento e a fiscalização orçamental, sem prejuízo da actuação das demais Comissões do Congresso Nacional (criadas de acordo com o §1.º e §2.º, incisos I e II do art. 58.º e art. 9.º do RCCN).

Especificamente em relação ao controlo externo, parte integrante do sistema de controlo e fiscalização dos recursos públicos brasileiros, a Constituição prevê, no seu artigo 70.º, que a fiscalização contabilística, financeira, orçamental, operacional e patrimonial da União e demais entidades da administração directa e indirecta, quanto à sua legalidade, legitimidade, economicidade, aplicação das subvenções e renúncia de receitas, será exercida pelo Congresso Nacional com o auxílio do Tribunal de Contas da União, podendo ser esse controlo exercido por qualquer das Câmaras do Congresso Nacional (Câmara de Deputados ou Senado) ou, ainda, por uma das suas Comissões, conforme já mencionado.

Como se pode perceber, são inúmeras as actividades do Congresso em relação à fiscalização e ao controlo, sendo que a maioria delas implica um exame e a aprovação dos actos e actividades da iniciativa do Governo. Verifica-se, portanto, que do ponto de vista formal, são inúmeros os poderes de fiscalização e de controlo a cargo do Congresso Nacional e que a maioria deles exige exame e aprovação de acções de iniciativa do Poder Executivo. Para essa fiscalização, além do trabalho das Comissões Permanentes (14 na Câmara de Deputados e 6 no Senado) e das Temporárias, cada uma das Câmaras do Congresso conta com uma Comissão de Fiscalização e Controlo, com atribuições específicas de fiscalização e controlo e ainda, com a Comissão Mista de Planos, Orçamentos Públicos e Fiscalização.

A sobreposição de órgãos para um mesmo fim é evidente e tem sido prejudicial ao exercício do controlo financeiro, pois todas elas possuem prerrogativas e poderes para fiscalizar e controlar, o que resulta na diluição do trabalho da fiscalização a cargo dos variados órgãos, sem contar com o facto, de que as Comissões Permanentes, sobrecarregadas com outras atribuições relativas ao processo legislativo, acabam por não dar prioridade ao trabalho relativo à fiscalização e ao controlo das contas públicas. Por isso, constatamos uma prática parlamentar de controlo financeiro bastante diluída, patente, sobretudo, na falta de relatórios e recomendações das Câmaras relativamente à execução orçamental e à aprovação das contas nacionais.

4. Na Dinamarca

A Dinamarca é uma monarquia constitucional hereditária, cuja estrutura político-administrativa se reparte entre o poder central exercido pelo Rei e pelo Parlamento (*Folketing*) e o poder local exercido pelos Governadores (*amtmand*) das vinte e cinco unidades administrativas em que se divide o país[290].

O controlo financeiro na Dinamarca está intimamente relacionado com a Constituição de 5 de Junho de 1849, uma vez que esta repartia as funções de controlo financeiro da despesa pública entre um corpo de auditoria constitucional (externa) e um conjunto de entidades de auditoria administrativa (interna)[291]. Esta distinção clara entre os dois modelos – auditoria interna de carácter administrativo e auditoria externa de natureza parlamentar – foi mantida ao longo dos tempos e resistiu, igualmente, à revisão constitucional de 5 de Junho de 1953. Com efeito, nos termos da Constituição dinamarquesa e do «*Audit of Public Accounts Act*», de 26 de Junho de 1975 (Statute n.º 321, de 26 de Junho de 1975), o *Rigsrevisor* – o Auditor Geral – é uma entidade independente, nomeada pelo Rei, sob proposta do Governo e ouvida a Comissão Parlamentar de Contas Públicas, sendo composta por quatro membros que durante 4 anos, independentemente de haver ou não eleições legislativas durante o seu mandato, se dedicam ao exame técnico de fiscalização e controlo das finanças públicas. Portanto, tem como competência assistir a Comissão Parlamentar de Contas Públicas na sua actividade de exame, fiscalização e controlo das finanças públicas, para além do seu plano de actividades de controlo à administração pública em geral.

A Comissão Parlamentar de Contas Públicas do *Folketing* actua como um intermediário entre o *Rigsrevisor* e o Parlamento. A Comissão decide quais os relatórios gerais e especiais do Auditor Geral (*Rigsrevisionen*), que devem ser submetidos ao *Folketing*. Desde 1991 que o Governo está obrigado a responder às recomendações da Comissão Parlamentar de Contas Públicas. Os Relatórios Especiais de Audi-

---

[290] Sobre a história político-administrtiva da Dinamarca pode ver-se Oliveira, A., *Dinamarca – IV Organização*, in VERBO – Enciplopédia Luso-Brasileira de Cultura, Vol. 6.º, cols., págs. 1384-1385 e Viggo Jensen, Mark, *Dinamarca – V História*, in VERBO – Enciplopédia Luso-Brasileira de Cultura, Vol. 6.º, cols., págs. 1385-1386.

[291] Cfr. Cardon, Ruben, C. A., *Necessidad de ampliar los limites del control de los gastos públicos mas alla del control de legalidad*, in Temas de Tribunales de Cuentas, Argentina, 1988, págs. 39-40.

toria são produzidos para submissão ao *Folketing* se o Auditor Geral decidir que o êxito das auditorias de inspecção ou auditorias de desempenho o justifiquem. Em geral, os resultados das auditorias são submetidos à Comissão Parlamentar de Contas Públicas. A Comissão envia o Relatório Especial – com os seus próprios comentários – ao *Folketing* e aos Ministros em causa, que devem responder no prazo de 4 meses, dando pormenores das medidas tomadas em resposta no relatório. Esta resposta e os comentários do Auditor-Geral formam a base do relatório da Comissão Parlamentar de Contas Públicas e o subsequente acompanhamento do trabalho.

O Parlamento dinamarquês tem uma grande influência na execução do orçamento de Estado, já que não existem limites para o número de rectificações que este pode fazer à proposta orçamental do governo. Normalmente, a preparação do orçamento pelo governo começa 13 meses antes do início do ano orçamental em questão. Contudo, como não existe qualquer regulamento legislativo para este procedimento, a preparação pode variar de ano para ano. Durante a execução do orçamento, o sistema é também descentralizado. Cada ministério controla a execução do seu orçamento e é responsável por auditar internamente a sua gestão financeira e prepara e controla a implementação das instruções financeiras. O Ministro das Finanças não utiliza, *a priori*, nenhum controlo financeiro sobre a despesa, uma vez que não existe nenhum controlo central sobre as operações de autorização das despesas. O controlo financeiro é especialmente feito com base no controlo *ex post* pelo Gabinete de Auditoria Interna de cada ministério e pelos auditores do Parlamento. Apenas as despesas de capital acima dos 15 milhões de Euros requerem uma pré-autorização do Comité de Finanças do Parlamento (cada projecto de construção importante, transacções do Estado, etc.). Por outro lado, a agência de contabilidade do governo, que faz parte do ministério das Finanças, trabalha com um sistema de informação de gestão financeira, que garante a continuação da contabilidade da execução do orçamento. A agência de contabilidade do governo também oferece um sistema de gestão de contabilidade centralizado para qualquer centro orçamental que queira utilizar os seus serviços. Esta agência é também responsável pela preparação da contabilidade final do governo central e pela sua apresentação ao Parlamento, para que haja uma aprovação final da execução do orçamento.

Concluindo, a Dinamarca tem um modelo específico de controlo parlamentar das finanças públicas, que se apresenta eficaz e eficiente e directamente relacionado com a qualidade da sua auditoria interna e com o controlo do défice público, que efectivamente se constata e verifica.

5. Nos Estados Unidos da América

O Congresso americano, de acordo com o «*Budget and Accounting Act, 1921*»[292], procede ao controlo e fiscalização financeira da despesa pública e da execução dos planos e programas orçamentais, auxiliado pelo *General Accounting Office* – GAO. O Congresso americano, no que diz respeito às finanças públicas, dispõe de poderes para controlar a Administração Pública muito mais fortes, adequados e eficazes que o Parlamento britânico ou francês. Alguns mecanismos de controlo estão inseridos na denominada" *colaboração dos poderes*" e, apesar de não constarem de forma expressa na Constituição, mas com base nela, transformaram-se em verdadeiros costumes constitucionais e consolidaram-se na esfera pública.

Assim, verifica-se que o GAO norte-americano surge directamente ligado ao Congresso e actua como órgão auxiliar deste na fiscalização das despesas públicas[293]. De acordo com o princípio da separação dos poderes, na sua versão mais liberal[294], o GAO surge na esfera do poder

---

[292] O «*Budget and Accounting Act, 1921*» pode ser consultado no *United States General Accounting Office*, Compilation of the 1921 Act as amended and extended by the Budget and Accounting Procedures Act of 1950, and other amendments through the 89th Congressman 2nd Session, December, 1966.

[293] Como antecedentes do GAO temos a Lei Dockery de 1894 e os estatutos da Lei da Fazenda de 1789. Cfr. Cardon, Ruben, C. A., *Necessidad de ampliar los limites del control de los gastos públicos mas alla del control de legalidad*, in Temas de Tribunales de Cuentas, Argentina, 1988. Outros órgãos podem colaborar com o Congresso para exercer a sua função fiscalizadora: o *Congressional Budget Office* (Comissão Orçamental do Congresso), o *Congressional Research Service* (Serviço de Pesquisas do Congresso) e o Office of Technological Assessment (Comissão de Avaliação Tecnológica). atém do *Office of the Inspector General-OIG* (Inspecção-Geral).

[294] Cfr. Piçarra, Nuno, *A separação de poderes....*, *ob. cit.*, pág. 143 e segs..

legislativo, enfileirado assim na tradição britânica de fiscalização financeira parlamentar ou por órgãos independentes emanados do Parlamento. As funções do GAO traduzem-se, sobretudo, na avaliação das operações financeiras públicas, tendo por objectivo fornecer ao Congresso uma visão técnica acerca da forma como foram utilizados e gastos os recursos públicos durante a execução orçamental. Efectivamente, o que está em causa na actuação do GAO é a avaliação do grau de economia, eficiência e eficácia posto na execução dos planos e actividades financeiras públicas, ou seja, surge directamente associado à concretização do princípio democrático[295] e à garantia da boa gestão do dinheiro dos contribuintes. O papel fundamental do GAO[296] é, assim, o de fornecer informações fidedignas ao Congresso que o auxilie na sua tarefa de avaliação da racionalidade das finanças públicas em geral e das despesas públicas em particular, procurando obter respostas, nomeadamente, para as seguintes questões:

a) Existem ou não possibilidades de eliminar o desperdício e a despesa inútil de dinheiros públicos?
b) Os programas governamentais executados directamente pela Administração ou por entidades públicas atingem os seus objectivos?
c) Haverá formas alternativas de atingir os objectivos governamentais com custos mais baixos?
d) As dotações são gastas nos termos da lei? A regularidade contabilística é respeitada no registo e liquidação das despesas?

---

[295] Sobre as dimensões financeiras do princípio democrático, em particular em matéria tributária e orçamental, *vide*, Xavier, Alberto, *Conceito e Natureza do Acto Tributário*, *ob. cit*., págs. 295-307 e Gomes Canotilho, J. J., *A Lei do Orçamento na Teoria da Lei*, in «Estudos em Homenagem ao Prof. Doutor J. J. Teixeira Ribeiro», II, Coimbra, 1979, págs. 543-583.

[296] Conforme refere o próprio Comptroller General of the United States, in *United States General Accounting Office*, Answers to frequently Asked Questions, June, 1979, pág. 3, «*We do not lobby for a particular legislative or program decision. Rather we endeavour to provide the king of objective analysis of alternatives that can be valuable to the Congress in reaching its own conclusion. In short, GAO must avoid a partisan program role just as it has carefully avoided a partisan political role*».

O GAO, enquanto organismo independente de auxílio do Congresso, assume como função primordial[297] a avaliação da eficácia na execução dos programas orçamentais, que, para ser exercida correctamente, implica um elevado grau de rigor e competência técnica no controlo da actividade financeira do Estado[298]. Os *objectivos* do GAO não se dissociam das necessidades de informação e de consultoria que o Congresso possui para o desempenho das suas responsabilidades legislativas e fiscalizadoras. Ele assessoria o Congresso, quando solicitado, emitindo opiniões e pareceres sobre aspectos legais, ditando princípios e padrões de controlo de contas e também examina, por iniciativa própria, o funcionamento do Governo Federal, preparando análises específicas para serem enviadas ao Congresso. Sobre o controlo de

---

[297] Numa visão simplificada, podemos afirmar que as funções do GAO consistem na execução de três tarefas principais:

a) Auxiliar o Congresso, as suas comissões e os seus membros, nas tarefas de controlo e fiscalização da actividade financeira do Estado, mantendo o seu estatuto de autonomia, independência e imparcialidade. Esta tarefa, classificada pelo GAO como «*Direct Assistance to the Congress*», ocupa cerca de 40% da sua actividade e consiste em elaboração de estudos definidos por lei; execução de auditorias a requerimento das comissões ou dos membros do Congresso; preparação de informações relativas a determinadas operações financeiras ou políticas governamentais, a apresentar às comissões ou aos membros do Congresso, fornecer apoio técnico na preparação de propostas legislativas e designar quadros para auxiliar as comissões do Congresso;
b) Realizar auditorias e proceder à avaliação dos programas, actividades e operações financeiras dos departamentos e organismos federais e fazer recomendações relativas à eficiência e eficácia dessas operações financeiras;
c) Proceder ao controlo financeiro dos programas e operações do Governo Federal, incluindo os seus aspectos legais e contabilísticos e à redução de litígios relacionados com créditos e dívidas governamentais «*claims settlement*».

[298] Nos termos da Sec. 301 do Título III do «*Budget and Accounting Act, 1921*», "*There is created an establishment of the Government to be known as the General Accounting Office, wich shall be independent of the executive departments and under the control and direction of the Comptroller General of the United States*". O *Comptroller General of the United States* e o *Assistant Comptroller* são nomeados pelo Presidente dos Estados Unidos, com o consentimento do Senado, por um mandato de 15 anos. No final do seu mandato o *Comptroller General* é inegável para outro mandato – Sec. 303 do «*Budget and Accounting Act, 1921*».

mérito nos Estados Unidos, foi criado um sistema de medidas para aferir a produtividade do sector público. O controlo da Administração Pública nos Estados Unidos contempla a avaliação de políticas públicas e de programas do Governo. O GAO, conforme mencionado, apoia o Congresso por meio de auditorias, de avaliações e de estudos dos programas federais. A sua acção dá-se em atendimento às solicitações das comissões ou membros do Congresso sobre as diversas actividades do governo em função de compromissos permanentes com as comissões ou por determinação legal. O seu trabalho de avaliação permite o exame de todas as actividades do governo pelo Congresso, quer ao nível local, quer federal e externo, pois existem Gabinetes do GAO nos 50 Estados Federais e em muitos países estrangeiros. O relatório *"Trabalhando para o Congresso"*, elaborado pelo GAO, regista as seguintes questões que são respondidas com relação à avaliação de programas: Os programas do governo estão a ser executados de acordo com as leis e os regulamentos aplicáveis ao caso? São correctos e credíveis os dados fornecidos ao Congresso a respeito desses programas? Os recursos estão a ser aplicados de forma legal? A sua contabilização está correcta? Os programas estão atingindo os resultados esperados, ou são modificações necessárias das políticas ou na administração do governo? Quais são as questões principais ou as questões novas que o Congresso deve examinar?

A área de acção do GAO passou das auditorias clássicas para a operacional que prioriza o acompanhamento e os resultados, além dos aspectos legais. O GAO pode desautorizar o pagamento pelo Tesouro de despesas que não se encontrem de acordo com as inscrições orçamentais. O GAO, por iniciativa própria ou por iniciativa do Congresso, é responsável por extensos estudos sobre os actos e práticas administrativas do Estado. Quando considera algumas práticas ineficientes e ineficazes ou anti-económicas embora legais, envia um relatório ao Congresso e propõe as devidas reformas. Todas essas questões poderiam ser postas por qualquer órgão responsável por avaliação de programas de governo, a diferença é que nos Estados Unidos as questões realmente ocorrem como parte da rotina e a um nível bastante sofisticado. Em resultado das exigências do Congresso e da sociedade por uma maior prestação de contas por parte do governo (Lei de Inspector-Geral, de 1978, Lei Pública n.º 95.452), foi criado o *Office of the Inspector*

General – OIG, que é uma unidade do Governo encarregada do planeamento, avaliação e orçamento público. O OIG foi criado para estimular a economicidade, a eficácia e a eficiência das operações federais e para evitar a fraude, o desperdício e a má administração. Possui Gabinetes independentes com autoridade legal e dupla responsabilidade, atendem aos órgãos onde estão sediados e ao Congresso.

Os Gabinetes do OIG possuem três funções: auditoria, investigação e inspecção. A auditoria pode ser externa ou interna; as investigações, criminais civis ou administrativas e as inspecções são consideradas avaliações voltadas para o cliente, o resultado dessas informações, sendo divulgado e às vezes adoptado pelos formadores das políticas públicas do Executivo e do Congresso. Apesar da importância desse trabalho, existem criticas para que não se leve em conta apenas os procedimentos administrativos e operacionais (o OIG enfatiza esses aspectos) que são limitados, mas que se valorize mais o impacto das acções do governo, ou seja, os resultados.

O Gabinete do Orçamento, *"Bureau of the Budget-BOB"*, é a unidade com maiores poderes no sistema administrativo de controlo. Esses poderes são financeiros, mas o Gabinete exerce controlo sobre a substância dos programas dos departamentos ministeriais, reforçando as suas atribuições financeiras. No período do ciclo orçamental anual, o BOB filtra os pedidos de reforço financeiro dos órgãos administrativos antes que eles sejam entregues ao Congresso. As recomendações deste Gabinete são respeitadas pelo Congresso e não existe solicitação financeira ao Congresso sem a apreciação do BOB. O BOB exerce um controlo apertado sobre a autoridade orgânica de cada departamento ministerial. Antes de iniciar formalmente uma nova proposta de legislação ou responder à inquisição de um congressista a respeito de uma nova legislação, por exemplo, os administradores públicos consultam o Serviço de Referência Legislativa do Gabinete do Orçamento. Este Serviço distribui a proposta para os organismos, que serão afectados por essa proposta, reúne opiniões e define as implicações para a execução do programa de Governo do Presidente. Sem a avaliação e o parecer favorável do Gabinete do Orçamento, uma determinada medida não pode ser objecto de apreciação pelo Congresso.

Assim, verificamos que, diferentemente do que sucede em sistemas de fiscalização financeira de tipo francês ou continental, em que as funções de fiscalização financeira das finanças públicas são confiadas a órgãos com natureza jurisdicional, no sistema norte-americano ou anglo-saxónico, é o próprio poder legislativo que procede à fiscalização da execução orçamental[299].

6. Na França

O regime de governo francês, instituído em 1958, configura hoje, um regime parlamentar dualista republicano, assente num sistema de governo semi-presidencial[300]. No entanto, nem sempre foi assim. Até à Revolução Francesa de 1789, que suprimiu as Câmaras de Contas e criou no seu lugar uma comissão de verificação de contas dependente do Governo – Decreto de 7 de Setembro de 1790 e de 17 de Setembro de 1791, a França era uma monarquia hereditária, governada por um monarca legitimado pela sucessão dinástica e assistido por um Conselho Régio, que o auxiliava na condução dos assuntos da política e da administração do reino. Em França, como de resto sucedeu na generalidade dos países ocidentais, o modo de organização das finanças públicas e dos seus mecanismos de controlo, foi fortemente influenciada pela evolução histórica das formas políticas de organização dos próprios Estados. O controlo das contas públicas em França, no período feudal, assentava, essencialmente, nas Câmaras de Contas (*Chambres des Comptes*), existentes junto de cada senhor feudal, com funções de organização e registo do seu património, de controlo das receitas dominais, dos impostos lançados sobre o povo e de outros créditos. Só a Câmara de Contas da cidade de Paris[301] extravasava esse âmbito,

---

[299] No caso norte-americano, compete mesmo ao Senado desempenhar as funções de Tribunal no caso de julgamento de crimes de responsabilidades, nos termos do artigo 1.º, séc. III, n.º 6, da Constituição dos Estados Unidos, de 17 de Setembro de 1787.

[300] Sobre o sistema de governo semi-presidencial Duverger, Maurice, *Xeque-Mate*, Lisboa, 1978. Sobre o semi-presidencialismo francês Miranda, Jorge, *Manual de Direito Constitucional*, *ob. cit.*, págs. 168-172.

[301] A Câmara de Contas de Paris estendia a sua jurisdição a uma parcela bastante vasta de território. No Entanto, existiam cerca de 13 jurisdições financeiras autónomas a nível provincial (v. g. Cour des Comptes, aides et finances de Provence;

uma vez que tinha a seu cargo o registo contabilístico do património régio, existente em toda a França.

Hoje, em França, existe, em teoria, um amplo poder de controlo político do Parlamento sobre a actuação do governo, em função da possibilidade de ser votada uma moção de censura que, neste caso, assume função de especial relevo. Apesar do sistema francês proporcionar um amplo controlo ao Parlamento, vários estudos fazem referência à ineficácia ou à fragilidade da fiscalização parlamentar na França, mencionando que *"com excepção das gestões individuais dos parlamentares em favor de seus eleitores, todos os meios de controlo são pouco utilizados e pouco eficazes; as duas Câmaras que formam o Parlamento não dispõem de tempo nem de facilidades práticas, nem de meios jurídicos de exercer controlo aprofundado e permanente sobre os serviços e os funcionários"*[302].

No entanto, a verificação da proliferação de organismos e de trabalhos de avaliação, ao longo da última década, revela uma verdadeira mudança na gestão dos assuntos administrativos, financeiros e políticos em França. São raras as matérias que não tenham sido submetidas ao olhar crítico do avaliador. Estas avaliações têm por objecto *"a atribuição institucionalizada de custos (de todos os tipos) a um processo ou conjunto de processos financiados pelo orçamento, apreciando a coerência destes processos e a sua congruência com as escolhas políticas, devendo esta última permitir a correcção ou a transformação das actividades públicas"*[303].

A avaliação exige, consequentemente, o recurso a meios importantes destinados à recolha de informação e à elaboração de uma aná-

---

Chambre des Comptes de Grenoble; Chambre des Comptes de Dijon; Chambres des Comptes de Bretagne, etc.). Cfr. AAVV, *La Cour des Comptes*, Éditions du Centre National de Recherche Scientifique, Paris, 1984, pág. 5 e Magnet, Jaques, *La Cour des Comptes*, Berber-Levrault, Paris, 1965, págs. 40-41.

[302] Por exemplo: o relatório sobre a avaliação dos colégios, entregue ao ministro que tutela o ensino escolar, *Le Monde*, 15 de Novembro de 1999, pág. 9 e o relatório de avaliação da lei Evin relativa à luta contra o tabagismo, *Comissariado Geral do Plano*, 22 de Novembro de 1999, entre outros.

[303] Cfr. Quermonne, J. L. e Rouban, L., «L'évaluation et le contrôle politique, in L'évaluation des politiques publiques», Nioche, P. e Poinsard, R. (orgs.), *Economica*, 1984, pág. 238.

lise rigorosa e objectiva[304]. Estando a cargo dos serviços ministeriais, de comissões *ad hoc* ou de estruturas permanentes especializadas, o controlo parlamentar das finanças públicas esteve, desta forma, muito tempo afastado do debate político. Este problema é flagrante em matéria orçamental, onde a informação, apesar de superabundante, não visa tanto dar conta da eficácia da política conduzida, mas sim elaborar um diagrama da situação existente[305]. A Comissão de Finanças não tece, na V República Francesa, qualquer papel de controlo ou fiscalização das finanças públicas. Por isso, colocar a avaliação e o controlo no centro da actividade orçamental da Assembleia Nacional Francesa[306] foi uma das conclusões mais importantes do grupo de trabalho sobre a eficácia da despesa pública constituído em 1999[307]. Esta conclusão

---

[304] Em 1990, nomeadamente, um comité interministerial de avaliação, que se tornou o Conselho Nacional de Avaliação em 1998, é encarregue pelo Primeiro-Ministro de desenvolver e coordenar as iniciativas governamentais em matéria de avaliação (Decreto n.° 90-82, de 22 de Janeiro de 1990, *JO*, pág. 952, relativo à avaliação das políticas públicas; revogado pelo Decreto n.° 98-1048, de 18 de Novembro de 1998, relativo à avaliação das políticas públicas, *JO*, pág. 17 531). Desde 1995, igualmente, os textos governamentais devem, anteriormente à sua adopção, ser objecto de estudos de impacto (ver a circular de 26 de Janeiro de 1998, *JO*, pág. 1912). O governo tem ainda capacidade legal para embargar a maior parte das instâncias de avaliação existentes (Conselho Económico e Social, Comissariado Geral do Plano).

[305] Consultar, sobre este ponto, nomeadamente, Miaboula-Milandou, A., «Les moyens d'action du Parlement à l'égard de la loi votée», *RFDC*, 1997, n.° 33, pág. 35 e Braud, C., «L'évaluation des lois et des politiques publiques, in *Les Petites Affiches*, 7 de Agosto de 1996, pág. 7; C. Bigaut, «Parlement: les offices d'évaluation de la législation et des politiques publiques», in *Regards sur l'actualité*, Set.-Out. de 1996, pág. 27; J. Pan, «La rénovation du travail parlementaire à l'Assemblée Nationale», in *Revue du Droit Public et de la Science Politique*, 1995, pág. 987, Camby, J. P. e Servent, P., *Le travail parlementaire sous la Ve République*, Montchrestien 1997, pág. 120 e segs.

[306] Cfr. Chevalier, Jean, «L'évaluation législative: un enjeu politique», in *Contrôle parlementaire et évaluation*, sob a dir. De Delcamp, A. e Bergel, J. L. e Dupas, A., *La Documentation française*, 1995, pág. 20.

[307] Este grupo de trabalho presidido por L. Fabius, presidente da Assembleia Nacional Francesa, era constituído principalmente por membros da Comissão das Finanças da Assembleia, bem como por dois membros da Comissão dos Assuntos Culturais e da Comissão das Leis, respectivamente: *JO*, Doc. AN («Assemblée Nationale»), 27 de Janeiro de 1999.

traduziu-se na criação da Missão de Avaliação e Controlo (MAC)[308] no interior da Comissão de Finanças da Assembleia Nacional francesa, em Fevereiro de 1999[309]. A MAC representou, então, uma nova forma de avaliação e controlo na Assembleia da Nacional Francesa.

Os diversos governos opuseram-se sempre veementemente a esta criação. O Parlamento poderia apenas recorrer a estes serviços por intermédio e sob o controlo apertado do governo[310]. Neste sentido, nem o Decreto de 22 de Janeiro de 1990 nem o de 18 de Novembro de 1998, que instituíram respectivamente o Comité Interministerial de Avaliação e o Conselho Nacional de Avaliação, previam a mínima colaboração com o Parlamento[311]. Na verdade, só o Tribunal de Contas, devido ao seu carácter jurisdicional e às suas modalidades de funcionamento, surgiu na década de noventa como um verdadeiro aliado do Parlamento na elaboração de trabalhos de avaliação. Em virtude do artigo 47.º da Constituição, o Tribunal de Contas assiste o Parlamento no controlo da execução das leis de finanças. Além do seu dever de informação das assembleias legislativas (artigos LO 132.º-1 e L. 136.º-1 do Código das Jurisdições Financeiras), o Tribunal de Contas pode igualmente realizar, a pedido das comissões de inquérito ou das comissões das finanças, inquéritos sobre a gestão dos serviços, das empresas ou dos organismos submetidos ao seu controlo (artigos LO 132.º-3-1 e L. 132.º-4 do Código das Jurisdições Financeiras).

Pretendendo inspirar-se no modelo britânico, a MAC fica-se pela lógica funcional do NAO, rejeitando o quadro institucional de gabinete. Assim, os deputados escolheram uma missão de informação temporária com base no artigo 145.º do Regulamento da Assembleia Nacional Francesa. A MAC, cujo princípio estava estabelecido no relatório entregue pelo grupo de trabalho sobre a eficácia da despesa pública, a 27 de

---

[308] Lei n.º 83-609 de 8 de Julho de 1983 relativa ao ofício parlamentar de avaliação das escolhas científicas e tecnológicas; Lei n.º 96-516, de 14 de Junho de 1996, relativa ao ofício parlamentar de avaliação da legislação; Lei n.º 96-517, de 14 de Junho de 1996, relativa ao ofício parlamentar de avaliação das políticas publicas: *JO*, 15 de Junho de 1996, pág. 8 911.

[309] Sobre esta matéria, *vide* Camby, Jean-Pierre, *La réforme du budget de l'État, Systèmes Droit*, L.G.D.J., Paris, 2002.

[310] Cfr. *JO*, Debates AN, sessão de 19 de Julho de 1995, pág. 1294.

[311] Cfr. Decreto n.º 90-82 revogado pelo Decreto n.º 98-1048.

Janeiro de 1999, foi criada logo a 3 de Fevereiro de 1999 pela Comissão de Finanças da Assembleia Nacional Francesa, para se reunir no dia seguinte, a 4 de Fevereiro[312]. Neste sentido, o grupo de trabalho privilegiou «*uma abordagem pragmática*», permitindo-lhe dispor de uma estrutura imediatamente operacional[313].

O Parlamento já teria, assim, ao seu dispor, um meio de controlo do Governo, bastando-lhe utilizá-lo da melhor forma[314]. A inovação que constitui a MAC prende-se precisamente com a importância da tarefa que lhe é confiada, relativamente ao quadro jurídico restrito no qual ela intervém. Em particular, a MAC apresenta um carácter temporário, à imagem das comissões de investigação. Isto implica que, todos os anos, a Comissão de Finanças da Assembleia Nacional Francesa renove a sua legitimação. A existência da MAC depende, portanto, da boa vontade da Comissão de Finanças. Se esta precariedade constitui uma desvantagem real para a missão, por outro lado, responde perfeitamente às exigências impostas pelas comissões e principalmente, pela Comissão de Finanças, para a instituição de uma instância de avaliação e de controlo da despesa pública. Ao criar a MAC, a Comissão de Finanças da Assembleia Nacional Francesa aprendeu algo, pois, ela rompe com o desejo de conjugar os esforços das duas Câmaras na matéria. Reforçando, desta forma, os instrumentos de análise orçamental de uma única Câmara, a MAC fortalece o acréscimo de legitimidade de que já beneficia a Assembleia Nacional Francesa neste domínio[315].

Mais. Ela faz com que a Comissão de Finanças da Assembleia Nacional Francesa seja o órgão privilegiado de avaliação e de controlo

---

[312] Sobre as missões criadas anteriormente pela Comissão das Finanças: A. Antoine, *Les missions d'information budgétaire à l'Assemblée Nationale*, R. A., 1990, pág. 157.

[313] Cfr. *JO*, Doc. AN, n.º 1871, pág. 33.

[314] Nomeadamente, Bataille, C., *JO*, Debates AN, sessão de 18 de Julho de 1995, pág. 1262 e Dupas, A., *Contrôle et évaluation à l'assemblée nationale*, *ob. cit.*, pág. 74.

[315] Pelo seu modo de eleição que em primeiro lugar a designa directamente para exercer, em nome dos cidadãos, seu direito de consentir ao imposto e de pedir contas a todos os agentes públicos da sua administração; depois, pelos seus poderes orçamentais que lhe permitem conhecer em prioridade, e mais profundamente, os projectos de lei das finanças (artigos 39.º e 47.º da Constituição francesa).

no seio do Parlamento[316]. Nesse sentido, é atribuída à MAC a missão de aumentar o controlo exercido sobre o governo em matéria de despesas públicas. Determinados pelo artigo 145.º do Regulamento da Assembleia Nacional Francesa, os princípios orientadores da intervenção da MAC na actividade parlamentar são, por outro lado, influenciados pela relação privilegiada que a Missão mantém com a Comissão de Finanças. Designada como um instrumento de avaliação e de controlo não deve, no entanto, tornar-se, segundo a Comissão de Finanças, um instrumento de crítica das escolhas governamentais anteriores e das políticas que estão a ser elaboradas. A MAC está unicamente encarregue de examinar os resultados obtidos e de medir, por conseguinte, a eficácia e a utilidade das despesas feitas nessa ocasião. Esta actividade de controlo tem também uma função de avaliação *ex-post*. Os trabalhos realizados pela MAC devem constituir um instrumento de ajuda à decisão orçamental permitindo estabelecer uma ligação entre a autorização orçamental e o bom emprego dos dinheiros públicos[317]. A MAC é, desta forma, convidada a quebrar o isolamento do Parlamento perante o projecto de lei de finanças apresentado pelo governo anualmente, a alimentar o debate pela sua perícia mas, também, a prosseguir o debate orçamental para além da única discussão feita no Outono de cada ano.

Uma tal missão deve, certamente, limitar-se «*a um mero papel informativo contribuindo para permitir à Assembleia Nacional francesa exercer [...] o seu controlo sobre a política do governo*»[318], mas estas informações parecem apenas recomendações de acção dirigidas ao Governo, visto que não são dotadas de qualquer força obrigatória[319].

---

[316] O grupo de trabalho sobre a eficácia da despesa pública traduz, aliás, a amplitude da sua ambição sugerindo modificar o nome da Comissão de Finanças, que passaria a ser a Comissão de Finanças, da Economia, da Avaliação e do Controle.

[317] Cfr. *JO*, Doc. AN, n.º 1871, pág. 30 e 38.

[318] Decisão n.º 90-275 DC, de 6 de Junho de 1990, recolha de jurisprudência constitucional de 1994, pág. 406.

[319] O Conselho Constitucional teve a ocasião de precisar, em relação à delegação da planificação, «*que não é interdito ao legislador, no âmbito da organização do trabalho legislativo, criar organismos que serão associados à preparação do plano e fornecerão [...] ao Parlamento informações e sugestões, visto que em caso algum suas opiniões não terão peso*»: decisão n.º 82-142 DC, de 28 de Julho de 1982, *ibidem*, pág. 129.

Por isso, a MAC não se reduz, nem deve no futuro reduzir-se, a uma simples «*caixa de ressonância*» de outras instâncias de avaliação. O trabalho realizado testemunha o novo impulso que a MAC deseja dar à avaliação e ao controlo parlamentar. A audição dos altos funcionários e dos ministros implicados foi realizada de forma incisiva e precisa pelo conjunto dos membros da Missão. Um importante trabalho prévio foi efectuado com esse fim pelos relatores especiais, no âmbito de reuniões quase semanais, associando, igualmente, alguns membros dos organismos cujos trabalhos eram utilizados. Da mesma maneira, a abordagem global e transversal que a MAC pretende usar está fortemente relativizada pela ausência de representantes das outras comissões permanentes[320]. Por uma questão de realismo, a MAC não pretende que o Parlamento exerça um poder de substituição perante as escolhas orçamentais do Governo[321]. O controlo e a avaliação da despesa pública pela MAC devem unicamente permitir o fortalecimento do debate público e inflexão da política orçamental[322].

É esta a própria essência do artigo 14.º da Declaração dos Direitos do Homem e do Cidadão de 1789: «*Os cidadãos têm o direito de verificar, por si mesmo ou através dos seus representantes, a necessidade da contribuição pública, de a consentir livremente, de acompanhar o seu emprego e de determinar a sua quotização, repartição, cobrança e duração.*» E mesmo que Barrot se lembre que Fabius «*veio, um dia, às oito horas da manhã, ao ministério e fez-nos abrir os livros*»[323], admite

---

[320] Apenas um relator recomendado pela Comissão da Produção e do Comércio e um relator da Comissão das Leis é que participaram nos trabalhos da MAC relativos à política rodoviária e aos efectivos da polícia.

[321] Cfr. *JO*, Doc. AN, n.º 1871, pág. 14.

[322] Alguns representantes destas formações políticas juntaram-se, contudo, à MAC em Janeiro. Assim, J. – P. Delande (RPR) substitui na co-presidência, A. Bonrepaux demissionário. Esta segunda MAC examinou as questões seguintes: a gestão das universidades, a cobertura do imposto, o funcionamento das COTOREP, a política da cidade, a situação mineira na Nova Caledónia. A abertura da MAC aos membros da oposição constituía uma garantia de objectividade e de autoridade para a missão. Contudo, este equilíbrio não podia sobreviver na falta das garantias consideradas suficientes por estes deputados. A segunda MAC foi, então, constituída, a 22 de Dezembro de 1999, na ausência de representantes dos grupos RPR e UDF.

[323] Intervenção aquando do colóquio da Sociedade Francesa das Finanças

que se tratou, talvez, de um «*acto de bravura excepcional*». De facto, o procedimento exige uma «*utilização equilibrada(...) pois é bem necessário conceber que nos encontramos numa lógica de relação de força e de escala*»[324].

Assim, é agora, no mínimo, necessário que a Comissão de Finanças tenha uma doutrina de controlo que lhe permita impor a sua autoridade e mesmo a sua legitimidade[325]. Aquilo que falta é a unidade de doutrina, uma clara consciência do carácter técnico do controlo, uma visão precisa do peso político desse mesmo controlo, que permita, por si só, limitar uma burocracia demasiado minuciosa e indiscreta. Querer é algo penoso: parece ser difícil transformar os costumes parlamentares já enraizados, que poderiam ser apenas lenta e progressivamente vergados, com pequenos toques, dissimulando as inovações sob a máscara da prudência ou do tecnicismo do controlo. É esta a lógica parlamentar, mas é certo que o controlo parlamentar deve ter em consideração as mudanças recentes que a administração sofreu, devendo também ser cada vez mais moderno, programado, concertado e incómodo, pois a administração necessita deste incentivo político e um aumento do controlo parlamentar, bem como da sua eficácia e do seu «*tecnicismo*». No entanto, aquilo de que existe uma maior necessidade é de uma vontade política de controlo.

7. No Reino Unido

No Reino Unido, berço do parlamentarismo moderno e do sistema democrático de controlo, a fiscalização das contas públicas foi desde muito cedo uma necessidade sentida. O sistema representativo britânico nasceu com a «*Magna Charta Libertarum*», de 15 de Julho de 1215 e perdurou até à «*Petition of Right*», de 7 de Junho de 1628 e ao «*Bill*

Públicas realizado a 6 de Setembro de 2000, na Assembleia Nacional francesa, a propósito da proposta de lei orgânica de D. Migaud.

[324] Cfr. Maisonneuve, C., «Le rôle des rapporteurs spéciaux», in *l'Exercice du pouvoir financier du Parlement*, Economica, 1996.

[325] Cfr. Caritey, J., *ob. cit.*, pág. 514, verificou-o em Novembro de 1973, aquando da pequena «*rebelião*» de alguns deputados no dito caso do artigo II sobre a compensação demográfica dos regimes de Segurança Social.

of Rights», de 13 de Fevereiro de 1689[326]. Desde estas longínquas datas que o povo vinha afirmando a necessidade de controlo dos dinheiros públicos, na vertente do controlo parlamentar da receita e da despesa[327].

No sistema político anglo-saxónico[328], cabe ao legislador, ou seja, ao Parlamento, o domínio da sanção política do Governo, pelo que as finanças públicas são controladas pelo sistema parlamentar de auditor--geral[329], da mesma forma que ao Parlamento compete autorizar a cobrança de impostos e a realização das despesas públicas. Assim se compreende a natureza e finalidades de um sistema de auditor-geral parlamentar, como o vigente na Grã-Bretanha[330]. O sistema de controlo financeiro instituído na Grã-Bretanha resulta, pois, de um aprofundado processo histórico, que assentou a sua formação na base da premissa do primado do Parlamento e da ausência de poderes dos Tribunais nesta

---

[326] O Reino Unido é composto pela Escócia, Inglaterra, País de Gales e Irlanda do Norte, pelo que a sua designação mais correcta será Reino Unido da Grã-Bretanha. Cfr. Jorge de Macedo, *Reino Unido da Grã-Bretanha e Irlanda do Norte – V História*, in VERBO – Enciclopédia Luso-Brasileira de Cultura, Vol. 16.º, cols., págs. 142-153 e cfr. Miranda, Jorge, *Constituições de Diversos Países*, INCM, I Vol., 3ª ed., Lisboa, 1986, pág. 396. Este princípio do primado do poder legislativo na aprovação parlamentar dos impostos foi posteriormente confirmado na «*Petition of Right*», de 7 de Junho de 1628, onde se estabelecia que ninguém devia a ser obrigado "*a contribuir com qualquer dávida, empréstimo ou benevolence e a pagar qualquer taxa ou imposto, sem o consentimento de todos, manifestado por acto do Parlamento*", e no «*Bill of Rights*», de 13 de Fevereiro de 1689, onde se estabelecia que "*a cobrança de impostos para uso da Coroa (...), sem autorização do Parlamento e por um período mais longo ou por modo diferente do que tinha sido autorizado pelo Parlamento, é ilegal*".

[327] Cfr. Gonçalves do Cabo, Sérgio, *A fiscalização financeira do sector empresarial do Estado por Tribunais de Contas ou instituições equivalentes*, Revista do Tribunal de Contas, Tribunal de Contas, Lisboa, 1993, pág. 129 e segs..

[328] Sobre o sistema de governo britânico, Miranda, Jorge, *Manual de Direito Constitucional*, ob. cit., págs. 130-137.

[329] Sobre este tema de uma forma muito bem desenvolvida, *vide*, Dicey, A. V., *Introduction to the Study of the Law of the Constitution*, 10.º ed., Londres, 1965.

[330] Cfr. Laufenburger, Henry, *Finances-Comparées*, Recueil Sirey, Paris, 1947, págs. 50-53, 59-60 e 62-68, refere que « *le Parlement français se désintéresse pratiquement du contrôle des comptes publiques, seul moyen positif de juger les ministres. Cette carence contraste avec la rigueur du double contrôle administratif et judiciaire en cours d'exécution»*.

matéria de legalidade financeira. O controlo financeiro externo compete à Câmara dos Comuns e é assegurado pela Comissão de Contas Públicas e pelo Controlador e Auditor Geral (*Comptroller and Auditor General*).

Desde 1861[331], que o controlo parlamentar das contas públicas no Reino Unido era e é assegurado pelo «*Committee of Public Accounts*», que foi e é uma comissão da Câmara dos Comuns, encarregada de verificar o emprego dos dinheiros públicos inscritos no orçamento e as contas dependentes de autorização parlamentar, bem como apurar eventuais responsabilidades financeiras dos funcionários das finanças incumbidos da execução orçamental. Com a aprovação pelo Parlamento do «*Nacional Audit Act*», em 1983, que veio a instituir o «*Nacional Audit Office*» (NAO), em lugar do «*Exchequer and Audit Department*»[332], responsável pelo controlo interno na administração pública britânica, o «*Comittee of Public Accounts*» foi substituído pela «*Public Accounts Commission*», composta por nove membros, com funções idênticas às do «*Comittee of Public Accounts*». Ora, para além de um importante papel de controlo e fiscalização, a «*Public Accounts Commission*»

---

[331] Em 1861, Gladstone apresentou uma moção à Câmara dos Comuns para que a Câmara designasse uma comissão com o propósito de assegurar que os gastos se realizassem de acordo com o propósito para o qual foram votados pelo Parlamento. Este controlo é conhecido como "controlo interno", ou controlo parlamentar. Segundo a Ordem Permanente N.° 90 da Câmara dos Comuns, "*Haverá uma Comissão Especial de Contas Públicas para o exame das contas que representam as apropriações das somas votadas pelo Departamento para cobrir os gastos públicos, e de outras contas que, caso a Comissão considere apropriadas, sejam apresentadas perante o Parlamento, a qual não deve conter mais de quinze membros, que serão nomeados no começo de cada sessão e de entre os quais a presença de cinco formará Quórum. A Comissão estará autorizada para citar pessoas, requerer documentação ou inspeccionar arquivos e informar de vez em quando*".

[332] O NAO foi criado por acto legislativo do Parlamento em 13 de Maio de 1983, através do National Audit e iniciou funções em 1 de Janeiro de 1984, tendo substituído o «*Exchequer and Audit Department*», que havia sido criado em 1866. Cfr. Downey, G., The Role of the United Kingdom National Audit Office, in AAVV, *El Tribunal de Cuentas de las Comunidades Europeas y los Tribunales de Cuentas de los países miembros: competências e relaciones*, Encuentro Internacional, Sevilha, 1986, págs. 93-103 e Bourn, Jonh, *La reddition de comptes au Parlement du Royame-Uni: Les relations du National Audit Office avec le Parlement*, in RFFP, n.° 36, pág. 71-75.

desempenha uma relevante função em matéria de elaboração e preparação orçamental, já que, com base no seu trabalho de controlo, ela acrescenta e pode apresentar propostas de alteração das dotações a inscrever para o ano seguinte no orçamento do Estado. Enquanto órgão do Parlamento e responsável pelo controlo externo parlamentar das finanças públicas, a «*Public Accounts Commission*» traduz o seu trabalho na apresentação de relatórios, que são posteriormente sujeitos à apreciação em plenário da Câmara que os aprovará. Estes relatórios são apresentados juntamente com as contas públicas até ao final do ano subsequente ao da execução objecto de controlo. Todavia, esta comissão, mantém, igualmente, relações muito estreitas com o «*Nacional Audit Office*» (NAO), que é a instituição responsável e incumbida do controlo financeiro independente e imparcial em relação ao poder político que fiscaliza as contas públicas.

A Comissão de Contas Públicas *(Public Account Committee)*, é composta por 15 membros designados em cada sessão legislativa, pela Câmara dos Comuns, sendo praxe indicar proeminentemente, um membro da oposição para presidi-la. É auxiliada pelo *Comptroller and Auditor General*[333] e por altos funcionários do Tesouro. Esta Comissão tem poderes para interrogar funcionários e convocá-los para apresentarem documentos. Examina a regularidade da despesa e investiga falhas ou negligências administrativas que causem desperdícios de recursos públicos. A composição da Comissão é na prática proporcional à representação partidária de toda a Câmara, excepção feita a dois cargos que normalmente se preenchem com o Secretário de Finanças da Tesouraria e o Presidente da Comissão de Estimativas. As averiguações desta Comissão baseiam-se principalmente nas *Informações* do Controlador

---

[333] Podemos dizer, que o Departamento de Intervenção e Auditoria e o Controlador e Auditor Geral são a sede da auditoria estatal na Grã-Bretanha, no sentido em que as suas funções assumem a natureza de controlo interno da Administração britânica. As obrigações deste departamento estão apoiadas na Lei de Fazenda e Intervenção (*Exchequer and Audit Department Act*) de 1866 e 1921, que lhe outorga duas funções: controlo do Fundo Nacional de Receitas e Despesas (*Exchequer Receipts and Issues*) e a Auditoria de Contas Públicas. O Controlador Geral e Auditor Geral de Contas Públicas é nomeado por Cartas Patentes sob o Grande Selo do Reino Unido (Secção 3 das leis de Fazenda e Intervenção de 1866 e 1921 e a Lei de Revisão do Estatuto de 1893).

e Auditor Geral sobre as contas, dando um enfoque mais acentuado à análise das contas que constituíram tema dos comentários críticos dessas *Informações*. O Controlador e Auditor Geral[334] assiste às reuniões como conselheiro, igualmente, assistem, sempre representantes da Tesouraria – *Paymaster General*, para assessorar a Comissão sobre qualquer assunto técnico que possa surgir no decurso do exame.

A Comissão converteu-se, ao longo dos anos, num poderoso instrumento para desmascarar os gastos desnecessários e ineficazes. O trabalho de exame da Comissão realiza-se numa atmosfera semi-judicial tendo por base uma exposição verbal, que é posteriormente publicada com toda a evidência apresentada. Os resultados destas deliberações concretizam-se em *Informações*, nas quais se pode criticar a administração financeira dos Ministérios e se recomendam as alternativas ou melhorias que se consideram necessárias. Estas *Informações* são posteriormente apresentadas ao Parlamento e podem ser objecto de debate na Câmara dos Comuns durante as sessões seguintes. As suas recomendações são executadas obrigatoriamente pela Tesouraria Pública em conjunto com os diversos Departamentos Públicos e postas em prática na medida que sejam aceites, de acordo com instruções da Tesouraria. Uma resposta a cada *Informação* é apresentada à Comissão pela Tesouraria no ano seguinte, o que representa o ponto de vista oficial do Governo face a todas as conclusões e recomendações, sob a forma de *Treasury Minute*. Quando as observações não são aceites pela Tesouraria, a Comissão pode acatar as objecções daquela ou voltar a questionar sobre essas matérias numa *Informação* posterior. Desta maneira podem surgir diferenças nas opiniões entre as sucessivas Comissões e o Executivo representado pela Tesouraria, até que finalmente se chega a um acordo. Se este procedimento não for concretizado, será a Câmara dos Comuns que dará o veredicto final de controlo.

Diferentemente destes mecanismos de controlo – controlo externo no Parlamento efectuado através da *Public Accounts Commission* e controlo interno por três entidades[335] – existe ainda, a fiscalização e o

---

[334] Mas como Normaton indica *"ele não é somente um empregado do Parlamento, a Lei submete-o, numa série de assuntos, às instruções da Tesouraria"*.

[335] Poderemos dividir em três essas formas de controlo interno, a saber:

a) A fiscalização do *Exchequer*, a cargo do *Chancellor of the Exchequer*, que

controlo exercido pelo auditor-geral do Reino Unido, o *National Audit Office* – NAO[336], que é composto pelo *Comptroller and Auditor General*[337] e pelos serviços de apoio. Apesar dos poderes de controlo do NAO serem extremamente amplos, a sua acção restringe-se às questões técnicas relacionadas com a avaliação da economia, eficiência e eficácia da despesa pública – *Value for Money Audit*, estando excluídas as questões relacionadas com a avaliação de mérito dos objectivos políticos prosseguidos pelos poderes públicos objecto de controlo e fiscalização[338]. As suas principais funções são fiscalizar as despesas públicas e verificar se os recursos foram gastos de acordo com as finalidades estabelecidas a quando da aprovação pelo Parlamento. Também realiza auditoria sobre as contas de todos os departamentos do Governo e procura assegurar que as dotações sejam aplicadas de acordo com as finalidades para as quais foram votadas. Dispõe de um amplo grupo de auditores, alguns dos quais permanecem junto aos órgãos do Governo,

---

é o departamento governamental que procede à cobrança das receitas e as entrega ao Banco de Inglaterra para que este possa assegurar o serviço da dívida pública e ao *Paymaster General* para a realização das despesas públicas;

b) A contabilidade dos Ministérios exercida por um secretário permanente de cada Ministério, o *Accounting Officer*, que é o contabilista do Ministério, encarregado da autorização de todos os pagamentos e que responde perante o Ministro e perante a *Public Accounts Commission*;

c) A contabilidade do *Paymaster General*, a tesouraria geral do Governo, que canaliza as receitas provenientes do *Exchequer* para os diversos ministérios, para que estes possam acorrer às suas despesas e que efectua os pagamentos aos credores e fornecedores do Estado.

[336] O *National Audit Act* afirmava, no seu preâmbulo, a necessidade de reforçar o controlo parlamentar das despesas públicas, promovendo a economia, a eficiência e a eficácia do uso dos dinheiros públicos. Uma tradução deste documento pode ser consultada em Tribunal de Contas, *Tribunais de Contas e Instituições Congéneres em Diferentes Países*, Lisboa, 1992, págs. 439-468.

[337] O *Comptroller and Auditor General* é nomeado pela Rainha, sob proposta da Câmara dos Comuns, com o acordo do Primeiro-Ministro e a sua posição constitucional é de total independência em relação ao Governo e só pode ser exonerado do cargo pela Rainha, através da aprovação de uma «moção de censura» por ambas as Câmaras do Parlamento.

[338] Cfr. Gonçalves do Cabo, Sérgio, *A fiscalização financeira do sector empresarial do ...*, ob. cit., págs. 258 e 259.

realizando auditorias às contas ou acompanhando a realização das despesas.

O Controlador e Auditor-Geral, com a sua equipa de aproximadamente quinhentos funcionários e através de Comissões Especiais (*Select Committees*), faz um controlo detalhado sobre as contas públicas. Como funcionário da Coroa, é ele que detém a competência de libertar as dotações para os Ministérios, autorizadas pelo Orçamento. O estudo do funcionamento do controlo parlamentar no Reino Unido dá-nos a oportunidade de observar como os princípios e as práticas de controlar se desenvolvem e se concretizam conforme as diferentes necessidades, sejam políticas ou administrativas e como os grandes ramos de actividade pública se interligam e exercem, entre si, um controlo recíproco e sistémico em conformidade com os princípios financeiros estabelecidos.

Descrito o funcionamento da fiscalização e controlo a cargo do Parlamento inglês e os instrumentos de controlo utilizados para a efectivação desse controlo por iniciativa dos parlamentares, verdadeiros detentores das prerrogativas de fiscalização e controlo, que são o objecto da pesquisa deste trabalho, apresentaremos uma visão geral sobre o trabalho de controlo financeiro efectuado pelo Parlamento Europeu.

8. O caso do controlo parlamentar na União Europeia.

Desde que na década de cinquenta foi iniciado o processo de integração europeia, a evolução das Comunidades Europeias, quer no âmbito das competências, quer no plano institucional, tem sido constante. Neste processo, o Parlamento Europeu (PE) ocupa um lugar destacado, pois tem sido, e ainda é, a instituição comunitária que tem experimentado transformações mais profundas desde a sua criação. Transformações que, ligadas à progressiva extensão das suas competências, se projectam sobre o sistema institucional comunitário *in totum*, aproximando assim esta instituição ao conteúdo da sua denominação. Se houver que identificar o factor desencadeante da evolução da instituição parlamentar europeia (com início no fim da década de 70 e que tem continuado de forma progressiva e contínua), a modificação da forma de eleição dos seus membros, concretamente, o passo à eleição directa por sufrágio universal seria, como destaca a realidade, um dos factores determinantes.

As funções legislativas e orçamentais (actividades próprias e características de toda a instituição parlamentar) têm sido as mais beneficiadas com este processo. Mas não tem acontecido assim com o terceiro grupo de atribuições próprias das assembleias representativas, isto é, o controlo parlamentar, que até há bem pouco tempo não tinha merecido especial atenção.

Com base nos Tratados Fundadores e no Tratado de fusão de 8 de Abril de 1965, a repartição das competências fazia do Conselho a verdadeira autoridade orçamental, na medida em que era da sua competência aprovar o orçamento com maioria qualificada, ficando o Parlamento Europeu limitado a um papel meramente consultivo. A decisão do Conselho, a 22 de Abril de 1970, que só passou a ser operacional e eficaz com a assinatura do Tratado de Bruxelas em 22 de Julho de 1975, deu autonomia financeira à Comunidade Europeia, atribuindo-lhe recursos próprios. Esta substituição das contribuições financeiras dos Estados levou ao reforço do papel acrescido do Parlamento Europeu. Doravante, as competências orçamentais foram redistribuídas no sentido de um melhor equilíbrio institucional entre o Conselho, o Parlamento e a Comissão, pondo fim à predominância absoluta do Conselho no processo de decisão orçamental.

Os Tratados de 22 de Abril de 1970 e de 22 de Julho de 1975 aumentaram os poderes orçamentais do Parlamento: o Tratado de 1970, que atribuiu de recursos próprios à Comunidade, dá a última palavra ao Parlamento sobre as despesas ditas não obrigatórias. O Tratado de 1975 dá-lhe o direito de rejeitar o projecto de orçamento. Aprova definitivamente o orçamento, pode também rejeitá-lo globalmente e decide sobre as despesas não obrigatórias, doravante preponderantes, ou seja, cerca de 55% do orçamento. Há sectores que consideram que o PE está muito perto de conquistar o terceiro bloco de competências próprio de uma instituição parlamentar, isto é, o controlo. A verdade é que, apesar dos esforços da própria instituição, ainda há importantes obstáculos ao exercício do controlo parlamentar nos termos e com os efeitos comummente admitidos pelos ordenamentos constitucionais dos Estados-Membros, obstáculos derivados dos condicionantes impostos pelo desenho institucional comunitário. Pois, embora com a reforma operada em Amesterdão e com as novidades introduzidas em Nice se tenha avançado notavelmente no sentido do reforço da relação de dependência da Comissão da confiança parlamentar, esta vinculação não consegue determinar, em função das maiorias parlamentares, a composição daquela instituição.

Assim, hoje em dia, a afirmação de Rubira[339], na qual este defende que embora o TCE se refira só ao dever da Comissão – e não do Conselho – de responder às perguntas que se formulem, o Regimento do Parlamento Europeu (RPE) tem equiparado para este efeito a posição da Comissão e do Conselho, de tal forma que actualmente se considera que a uma e outra cabeça do Executivo comunitário estão no poder, em termos praticamente idênticos, dos poderes de controlo que o Parlamento Europeu detém. O controlo parlamentar do Conselho não é a sua única dificuldade. Às dificuldades referidas temos de acrescentar outras, também derivadas da organização e prática institucional: assim, a realização pela Comissão de competências delegadas pelo Conselho e a criação de comités surgida em redor dele (fenómeno conhecido como "*comitologia*"), a integração do Conselho Europeu no esquema orgânico comunitário e a sua relação com as instituições, em especial com o PE; a determinação das funções do Banco Central Europeu, ou da multiplicidade de agências que surgem e que actuam com um margem de manobra no âmbito funcional e em que se levanta a questão da sua fiscalização parlamentar, entre outras questões[340]. Depois disto, não deve surpreender que os teóricos não se tenham ocupado tanto em elaborar uma teoria de controlo parlamentar como em analisar os instrumentos que servem ao PE para cumprir esta função, independentemente da função principal para que foram criados[341].

---

[339] Cfr. Lavilla Rubira, Juan José, *El control típico de la actividad del Ejecutivo: perguntas y comisiones de investigación*, Cyan, Madrid, 1997, pág. 212.

[340] No mesmo sentido, Christiansen, Thomas, "Legitimacy Dilemmas of Supranational Governance: The European Commission between Accountability and Independence", in *Working Paper,* European University Institute, n.º 74, 1997 e Nickel, Dietmar, "The Amsterdam Treaty – a shift in the balance between institutions!?", in *Working Papers*, The Jean Minnet Chair, Havard Law School, n.º 14, 1998.

[341] É o caso das obras de Schmitt, Hermann e Thomassen, Jacques, *Political Representation and Legitimacy in the European Unión*, Oxford University Press Inc., Oxford/New York, 1999 e de Costa, Olivier, "Le parlement européen entre efficacité

Sem sermos exaustivos, e a título de exemplo, vamos expor alguns desses argumentos. Como se poderá ver, indefectivelmente, a qualificação que esta actividade do PE mereça para o autor, a inclusão de uns instrumentos e a exclusão de outros, manifestam uma posição teórica do conceito de controlo parlamentar utilizado, embora não se tenha formulado de forma expressa.

Rideau[342] realiza uma classificação tripartida dos instrumentos de que dispõe o PE e que servem à sua função de controlo:

- Instrumentos clássicos de controlo onde ficariam incluídos perguntas, debates, comissões parlamentares, delegações parlamentares, participação do PE nos procedimentos de decisão e moção de censura;
- Modalidades específicas integradas pela aprovação ou não da gestão do orçamento pela Comissão e a utilização da via contenciosa;
- Outros meios que possam favorecer a função de controlo mas que não têm esse objectivo directamente, isto é, o direito de petição e defensor do povo.

Por sua vez, Lalumière[343] inclui como instrumentos através dos quais o PE exerce a função de controlo às comissões temporais de investigação, o direito de petição, o papel mediador que o PE se outorga a si próprio e a moção de censura. De outro modo, Isaac[344] considera como instrumentos de controlo (político) a discussão e debate dos relatórios apresentados pelas instituições (Relatório Geral e Relatórios parciais) ou de quaisquer assuntos em relação com a actividade comunitária, o lançamento de perguntas, a criação de comissões de investigação e a moção de censura. Para a professora Martín[345], o Par-

---

fonctionélle et deficit politique", in *L'Union Européenne. Droit, Politique, Democratie*, dir. Gérard Dupart, PUF, Paris, 1996, pág. 150.

[342] Cfr. Rideau, Joel, *Droit Institutionnel de l'Union et des Communautés Européennes*, LGDJ, Paris, 1999, pág. 679.

[343] Cfr. Lalumière, Catherine, «Le Parlement européen une Évolution difficile», in *Les Cahiers du radicalisme. Pour l'Europe*, n.° 3, Paris, 1999, pág. 186.

[344] Cfr. Isaac, Guy, *Manual de Derecho Comunitário General*, (trad. de Germán-Luis Ramos Ruano), 4ª. Edição, Ariel, Barcelona, 1997, págs. 82-84.

[345] Cfr. Mangas Martín, Araceli, "Capítulo VII. El Parlamento Europeo", in

lamento Europeu exerce os seus poderes de controlo (político) através de vários mecanismos: a formulação de interpelações ou perguntas, o debate sobre o Relatório Geral Anual da Comissão e os Relatórios sectoriais, a criação de comissões temporais de investigação, a apresentação da moção de censura contra a Comissão e o outorgamento da confiança à mesma, a aprovação ou recusa da execução do orçamento, a participação na eleição dos membros de outras instituições, o controlo político sobre a Política Externa e de Segurança comum, a Cooperação Judicial e Policial e o direito de petição perante o Parlamento Europeu.

Com estes parâmetros como referência, opta-se aqui por um conceito amplo do controlo parlamentar, entendido como controlo político e, portanto dirigido não só a exigir responsabilidades políticas num sentido estrito, mas fundamentalmente a influir através de quaisquer tipos de actuação parlamentar na actividade das instituições (controlando, valorizando e na medida do possível procurando que nas decisões as outras instituições e os órgãos comunitários considerem a vontade de quem representa os povos dos Estados-Membros), e, numa última instância, na opinião dos cidadãos, para que estes possam no nível correspondente (comunitário, estatal) exercer os seus direitos e exigir responsabilidades pertinentes.

Contudo, neste trabalho não nos vamos referir com detalhe a cada instrumento. De alguns deles já há numerosa bibliografia, cada vez mais abundante nalguns casos (moção de censura e investidura, procedimentos legislativos, nomeadamente co-decisão, entre outros), noutros, o importante é que possam ser utilizados pelo PE com uma finalidade controladora, e não tanto a sua descrição ao detalhe. Assim, vamos dar especial atenção aos clássicos e tradicionais instrumentos de informação, de controlo sem sanção (perguntas e comissões de investigação), nos meios de controlo orçamental e naquelas outras actuações do PE que, embora não estejam dirigidas fundamentalmente ao cumprimento desta função de controlo, têm sido ou podem ser utilizadas pelo PE. Junto com os instrumentos de exigência de responsabilidade política, as perguntas e comissões de investigação constituem os meios tradicio-

---

Araceli Mangas Martín e J. Liñán Nogueras, *Instituciones y Derecho de la Unión Europea*, 2ª Edição, McGraw-Hill, Madrid, 1999, págs. 84-86.

nalmente atribuídos aos Parlamentos para o cumprimento da função de controlo parlamentar inerente a todo o regime parlamentar. Esta relação não tem passado despercebida para os redactores dos Tratados que têm posto uma especial atenção na previsão explícita destes instrumentos. O próprio PE tomou conta no RPE de determinar as genéricas menções dos Tratados. O que, ao mesmo tempo, lhe permitiu incorporar elementos não previstos nos textos constitutivos mas de enorme transcendência prática e até dotar-se de faculdades que não estão expressamente mencionadas em tais textos e que, duvidosamente, podem inferir-se dos mesmos, sem forçar a sua interpretação.

A participação do PE em matéria orçamental tem aumentado, notável e progressivamente, quer na fase da aprovação do orçamento, quer na fase posterior de controlo e fiscalização da execução e gestão do mesmo. Embora em todo o processo normativo em que participa o PE se possa falar de uma função de controlo (entendido num sentido amplo), no caso dos orçamentos é muito mais relevante. Para lá das possibilidades dirigidas mais a influir no conteúdo orçamental do que no seu controlo em sentido estrito, os artigos 275.º e 276.º TCE atribuem ao PE faculdades de controlo, fiscalização da gestão e execução do orçamento realizadas pela Comissão, instituição a quem, de acordo com o artigo 274.º TCE, correspondem tais funções. O PE desenvolve esta actividade fiscalizadora após o exercício ficar fechado, aprovadas as contas, mas também durante o período orçamental. No primeiro caso, o PE, por recomendação do Conselho, aprovará as contas, o balancete relativo ao exercício já fechado que a Comissão lhe tenha apresentado. Para isso, o PE poderá examinar, após o Conselho, a documentação apresentada pela Comissão e os relatórios do Tribunal de Contas e de outras instituições com capacidade controladora, e pedir explicações à Comissão, que terá de fornecer toda a informação precisa ao PE.

Embora o Tratado não contenha referência alguma das previsões, parece possível que o PE não aprove a gestão da Comissão. O controlo sobre a gestão passada e sobre as contas apresentadas pela Comissão realiza-se após um debate e respectiva votação. Em princípio, já que o texto do Tratado não confere uma consequência jurídica imediata à não aprovação, temos de assumir que o valor da mesma é unicamente política. Portanto, esta forma de controlo não procura um exame técnico (embora possa utilizar critérios de tal natureza) próprio de outras instituições (o Tribunal de Contas), mas um juízo político sobre a gestão efectuada pela Comissão.

O controlo que se faz durante o exercício tem, desde 1976, a forma de um debate anual, geralmente no mês de Novembro, sobre a base de uma questão oral com debate denominado por "*procedimento Noteboom*". Mas, existem igualmente debates a partir da apresentação dos relatórios trimestrais apresentados pela Comissão sobre o estado de execução do orçamento (artigo 276.º 3 TCE), modalidade que permite um debate de fundo entre o PE e a Comissão. As competências orçamentais do PE exercem-se através das duas comissões parlamentares permanentes: a Comissão de Orçamentos e a Comissão de Controlo Orçamental. À primeira das citadas, a Comissão de Orçamentos, compete-lhe assumir a definição e exercício das competências que em matéria orçamental atribuem os Tratados ao PE, e a segunda, como o seu nome indica, implicada nas funções de controlo em sentido estrito, prepara, entre outros, os trabalhos do PE quando este tenha de intervir no trabalho realizado pela Comissão. Esta Comissão de Controlo Orçamental tem competências muito amplas. Mas, como diz Velilla[346], tem os limites próprios de um órgão parlamentar: a não especialização, ausência de "*uma unidade de avaliação própria*" e a necessidade de trabalhar sobre documentos elaborados pela Comissão e o Tribunal de Contas e não sobre as suas próprias investigações sobre a execução do Orçamento. Assim a extensão das suas funções tem levado à comissão a criar comités consultivos especializados, especialmente na coordenação da luta contra a fraude.

Todavia, existem outras actuações do Parlamento Europeu que servem, indirectamente, a sua função de controlo. É possível incluir neste último grupo, quase toda a actividade parlamentar que não tenha como fim directo realizar funções de controlo. Pois, como se disse, aqui temos optado por um conceito de controlo amplo e inclusivo de toda a actividade parlamentar. Nesta ordem das coisas, são numerosos os autores que têm destacado a utilização que o PE tem realizado da

---

[346] Cfr. Montejo Velilla, Salvador, "El control de la política del Ejecutivo en matéria financiera", in *Los Parlamentos de Europa y el Parlamento Europeo*, Cyan, Madrid, 1997, págs. 233-234.

informação que recebe a partir do exercício do direito de petição, ou as possibilidades que supõe a intervenção crescente no processo normativo de co-decisão, a necessidade de um ditame conforme ou a emissão de relatório prévio em actuações concretas[347].

O controlo inicial das receitas e das despesas é exercido, em parte, pelas instâncias nacionais, que conservaram as suas competências, sobretudo em matéria de recursos próprios, visto que estas dispõem dos instrumentos necessários à percepção e ao controlo das ditas somas. A nível comunitário, o controlo é feito, segundo o regulamento financeiro, pelos ordenadores e contabilistas e de seguida pelo controlador financeiro interno de cada instituição. O controlo externo é feito pelo Tribunal de Contas Europeu (*Cours des comptes Européenne*), que deve apresentar todos os anos um relatório circunstanciado à autoridade orçamental (Parlamento Europeu e Conselho), de acordo com as disposições do artigo 206.º do tratado da União Europeia.

O Tribunal de Contas transmite, o mais tardar a 30 de Novembro, às autoridades de aprovação (PE e Conselho) o seu relatório anual sobre a gestão do exercício precedente, acompanhado das respostas das instituições. Simultaneamente com o relatório anual, o Tribunal fornece ao Parlamento Europeu e ao Conselho uma declaração de conformidade relativamente à fiabilidade das contas assim como a legalidade e a regularidade das operações subjacentes. O relatório do Tribunal é examinado pelo Parlamento Europeu e pelo Conselho, no quadro do procedimento da aprovação através do qual o Parlamento Europeu, após recomendação do Conselho, se pronuncia sobre a gestão da Comissão para o exercício em causa. Este procedimento leva a um exame aprofundado dos trabalhos do Tribunal e implica que a Comissão remedeie as lacunas observadas pelo Tribunal e sublinhadas pelo Parlamento Europeu.

Ademais, o artigo 205.º do TCE exige que a Comissão execute o orçamento conforme os princípios da boa gestão financeira. O respeito destes princípios é assegurado pelos sistemas de controlo financeiro

---

[347] Cfr. Fligstein, Neil e Mcnichol, Jason, "The Institutional terrain of the European Unión", in Working Paper do Seminário, *Issues of State Soverignty and the European Union*, Berkeley, CA, University of California, 1997, pág. 12 e Corbett, Richard, *The European Parliament's role in closer EU integration*, Mcmillan Press, London, 1998, pág. 124 e segs..

internos da Comissão e pela verificação efectuada pelo Tribunal de Contas. Junto do Secretariado-Geral da Comissão, a Unidade de Coordenação da Luta Anti-Fraude (UCLAF) tem como missão detectar os casos de fraude que prejudiquem o orçamento comunitário.

A fase final do controlo é representada pelo procedimento de aprovação: o Parlamento Europeu, agindo sobre a recomendação do Conselho, dá aprovação uma vez por ano à execução do orçamento efectuada pela Comissão[348]. A Comissão deve dar seguimento às observações do Parlamento Europeu no que diz respeito à execução das despesas, na execução do ano seguinte[349]. O regulamento financeiro de 21 de Dezembro de 1977, regularmente alterado, especifica as modalidades de estabelecimento e de execução do orçamento, e as modalidades de reedição e verificação das contas. No título VI "*Reedição e verificação das contas*", o regulamento financeiro estabelece as obrigações das instituições comunitárias no quadro do controlo orçamental.

O Tratado de Amesterdão não alterou as responsabilidades orçamentais do Parlamento Europeu, nem quanto à igualdade de direitos com o Conselho nos procedimentos de decisão nem quanto à co-responsabilidade no domínio das receitas. Assim, no seu aviso do 28 de Outubro de 1997, sobre o relatório apresentado pela Comissão relativamente ao Tratado, a Comissão dos Orçamentos "*lamenta a ausên-*

---

[348] Em 1995, a Comissão introduziu (à iniciativa do comissário E. Likanen) um projecto visando melhorar e sanear a gestão financeira. Trata-se do projecto SM 2000: "*Para uma gestão financeira sã e eficaz*". A primeira fase do projecto tem por objectivo reforçar as regras de gestão existentes, racionalizar os procedimentos, melhorar as ferramentas de informação, redefinir as tarefas e a formação do pessoal responsável pela gestão financeira. A segunda fase consiste numa profunda reforma dos métodos de gestão financeira no seio dos serviços da Comissão focando a organização interna e o quadro regulamentar. A terceira fase tem como objectivo reforçar a parceria com os Estados membros na gestão dos fundos comunitários (dando particular atenção aos relatórios do Tribunal de Contas e da Comissão do Controlo Orçamental do PE) na medida em que 80% das despesas comunitárias são geridas por agentes locais, regionais ou nacionais.

[349] Artigos 203.º, 205.º e 206.º; o Parlamento Europeu aprova definitivamente o orçamento e controla a sua execução, artigo 143.º; o Parlamento Europeu discute o relatório geral anual e artigo 206.º; o Parlamento Europeu dá aprovação sobre a execução do orçamento.

cia de evolução sobre as disposições financeiras"[350]. Embora neste domínio os procedimentos da União Europeia sejam específicos das suas instituições, elas mais do que nunca desenham uma prática administrativa nos vários Estados membros. Mas também estão a evoluir em resposta às circunstâncias, testemunham a recente criação do Gabinete para o Combate à Fraude (OLAF), que foi autonomizado da Comissão Europeia e lhe foi atribuído responsabilidades independentes para o combate à fraude e a corrupção em todas as instituições da União Europeia e no que diz respeito a todos os aspectos relacionados com as receitas e despesas da União Europeia.

9. Nota comparativa

A análise comparada do controlo parlamentar das finanças públicas nos diversos Países permite concluir a existência de um vasto conjunto de elementos comuns, dos quais se destacam:

a) O controlo parlamentar das finanças públicas é efectuado através de órgãos públicos;
b) Esse controlo é um controlo externo;
c) É o nível mais elevado de controlo do Estado;
d) O Parlamento é o destinatário final do controlo interno e do controlo externo jurisdicional, de julgamento de contas ou técnico.

Em primeiro lugar, é de salientar que, historicamente, podemos distinguir claramente dois tipos de origens do controlo parlamentar das finanças públicas. Aquele controlo parlamentar das finanças públicas originado por uma vontade e por uma necessidade de controlo monárquico sobre a riqueza do Estado e o controlo originalmente determinado por circunstâncias históricas de afirmação do Parlamento perante o poder do rei. Podemos assim verificar, que na Alemanha, no Brasil, na França e em Portugal, foram criadas ao longo dos séculos estruturas administrativas de natureza técnica e jurisdicional, de apoio às monar-

---

[350] Cfr. Sande, Paulo, *O Sistema Político na União Europeia*, Principia, Lisboa, 1999, pág. 125 e segs..

[QUADRO VIII]

O Controlo Parlamentar das Finanças Públicas

	Orgãos de Controlo	Tipo de Controlo	Nível de Controlo	Sistematização de Controlo
Alemanha	Bundestag (Parlamento) Comissão de Fiscalização de Contas Públicas e Comissão Orçamental	Controlo Técnico e Político Externo	Controlo de Topo (EFICAZ)	O Parlamento incorpora todo o controlo interno e jurisdicional, das Auditorias Internas e do Tribunal de Contas
Brasil	Congresso Nacional Câmara dos Deputados/Senado Federal, Comissão de Fiscalização e Controlo, Comissão Mista de Planos, Orçamentos Públicos e Fiscalização	Controlo Político Externo	Controlo de Topo (INEFICAZ)	O Parlamento está afastado do controlo interno e apenas se relaciona com o Tribunal de Contas
Dinamarca	Folketing (Parlamento) Comissão Parlamentar de Contas Públicas e da Auditoria Geral	Auditoria Externa e Controlo Político Externo	Controlo de Topo (EFICAZ)	Controlo Sistematizado com relação estreita e integrada entre o controlo interno, o Tribunal de Contas e o Parlamento
EUA	Congresso GAO	Auditoria e Avaliação Externa e Controlo Político Externo	Controlo de Topo (EFICAZ)	Controlo Sistematizado entre o Congresso, GAO, OIG e BOB
França	Assembleia Nacional MAC	Auditoria e Avaliação Externa e Controlo Político	Controlo de Topo (INEFICAZ)	A Assembleia Nacional não se assume como órgão sistémico, dado o facto da relação e sistematização do controlo interno e externo
Reino Unido	Câmara dos Comuns Comissão de Contas Públicas e Auditoria Geral	Controlo Político Externo	Controlo de Topo (EFICAZ)	Sistema de Controlo bem organizado, eficiente e eficaz, com uma estreita relação entre a Comissão de Contas e a Auditoria Geral
U. E.	Parlamento Comissão de Orçamentos e Comissão de Controlo Orçamental	Controlo Político Externo	Controlo de Topo (EFICAZ)	Controlo Sistematizado, controlo sobre as Finanças Públicas com alguma relação com o Tribunal de Contas Europeu
Portugal	Assembleia da República Comissão de Execução Orçamental	Controlo Político Externo	Controlo de Topo (INEFICAZ)	O Parlamento não é destinatário final do Controlo Interno e Externo, Jurisdicional e Técnico

quias, por necessidade dos próprios monarcas controlarem a riqueza e as despesas do reino. Ao invés constatamos que, no Reino Unido, nos Estados Unidos da América, na Dinamarca e na União Europeia, os parlamentares assumem uma fiscalização da riqueza nacional e da sua gestão, ao arrepio da vontade régia e assente na ideia de que competia ao Parlamento, em representação do povo, controlar a aplicação da receita dos tributos cobrados.

Neste sentido, concluímos também que o controlo parlamentar das finanças públicas é um tema cuja realidade política, constitucional e parlamentar só nos últimos 50 anos tratou com algum cuidado e acompanhamento.

Em segundo lugar, na generalidade dos Países objecto de análise, podemos concluir que existem normas e estatutos constitucionais que atribuem aos Parlamentos atribuições e competências para efectuarem o controlo das finanças públicas, bem como para fiscalizarem os actos do Governo e da administração Pública. Ou seja, é um controlo público. Embora, como verificámos, existem naturezas e estatutos completamente distintos de país para país, uma vez que mesmo nos Estados de matriz anglo-saxónica, os órgãos constitucionais parlamentares competentes para efectuarem o controlo parlamentar das finanças públicas assumem diferenças muito acentuadas. Mesmo ao nível do estatuto institucional e da sua importância política nos diversos regimes constitucionais, essas diferenças são assinaláveis. Existem mesmo órgãos, comissões parlamentares que se sobrepõe, não sendo facilmente distinguíveis dentro do mesmo país. É o caso da Alemanha, onde as competências entre a Comissão Orçamental e a Comissão de Fiscalização das Contas Públicas não é clara e onde ambas as comissões parlamentares não apresentam um distanciamento da execução orçamental por parte do Governo, uma vez que participam e co-responsabilizam-se em parte por essa gestão, através da emissão de pareceres, autorizações orçamentais e escolha de procedimentos de gestão dos grandes projectos nacionais. Pelo contrário, em Portugal, na França, no Brasil, na Dinamarca, no Reino Unido, nos Estados Unidos e na União Europeia, existe uma clara distinção de funções e de poderes entre a execução do orçamento, sendo que, mesmo nos países onde o Parlamento é constituído por duas câmaras (caso do Brasil, Reino Unido e Estados Unidos), esses papeis não se confundem e não existe duplicação de estruturas de controlo, pelo que é transparente o controlo e notória a fiscalização efectuada.

Em terceiro lugar, o controlo financeiro efectuado pelos Parlamentos dos países objecto de análise assumem em todos os casos uma natureza de controlo levado a cabo por órgãos externos ao Governo e à Administração Pública. Nuns casos trata-se de órgãos dos próprios Parlamentos e de outros de órgãos independentes dos Parlamentos, mas também dos Governos. É o caso do controlo efectuado pela Comissão Parlamentar de Contas Públicas dinamarquesa que, ao não depender de nenhum destes dois órgãos, assume a função técnica de controlar e fiscalizar as finanças públicas, fazendo a interligação entre o controlo interno e o controlo externo. Esta Comissão elabora relatórios sobre os trabalhos de controlo efectuados pelo Tribunal de Contas e pelo Auditor Geral.

Ao invés, em todos os outros casos, as comissões parlamentares de controlo orçamental e de fiscalização das contas públicas são órgãos dos próprios Parlamentos, embora com estatutos diferenciados. Por exemplo, nos Estados Unidos, o GAO assume um estatuto de órgão auxiliar do Congresso, mas apesar do seu estatuto de autonomia, independência e imparcialidade, foi criado pelo Congresso como «*Direct Assistance to the Congress*», tendo como missão primordial fornecer ao Congresso informações fidedignas e avaliações da eficácia da execução dos programas inscritos no orçamento de Estado.

O controlo parlamentar das finanças públicas assume, numa análise comparada, o estatuto de nível mais elevado de controlo no seio de cada Estado, uma vez que em muitos deles esse controlo pode em última análise ter como consequência política a natureza de moção de censura. É o caso português, quando o Orçamento de Estado é rejeitado sucessivamente pela Assembleia da República, ou a Conta Geral do Estado não é aprovada. Em todos os países analisados, o controlo parlamentar das finanças públicas aparece-nos como o último patamar de análise técnica e/ou valoração política da execução orçamental efectuada pelo Governo, sendo que não se conhece instância mais elevada e representativa de avaliação.

Em quarto lugar, nos casos analisados, poderemos concluir pela existência de verdadeiros sistemas de controlo nacional das finanças públicas, em que se percebem e analisam as funções de auto-controlo e de controlo interno no seio da Administração Pública, assumindo esse controlo interno a natureza de controlo sectorial, operacional ou estratégico, assente na figura do Auditor-Geral ou de órgão similar. Verifica-se a existência de um controlo externo de natureza técnica e jurisdicional, que se relaciona com o controlo interno, em termos de eficácia e de eficiência das suas acções e dos seus resultados e constata-se que todo o controlo nacional se direcciona e culmina no controlo externo político parlamentar, em que as Comissões de Controlo das Contas Públicas são o expoente máximo. Nestes casos, incluímos o Reino Unido, os Estados Unidos, a Dinamarca. Quando à Alemanha, a falta de transparência entre o trabalho das duas comissões parlamentares com funções de controlo financeiro e as suas próprias funções de co-gestão do orçamento do Estado, deixa-nos perspectivar que o sistema de controlo nacional necessita de aperfeiçoamentos, uma vez que vários autores os reclamam e a prática parlamentar do controlo financeiro passa despercebida assim da vida do próprio Parlamento e da comunicação social alemã[351].

O caso francês, como vimos, necessita de aperfeiçoar o seu controlo parlamentar das finanças públicas através da experiência da MAC, que só recentemente foi constituída e que só um tempo de maturação, pelo próprio Parlamento, poderá fazer vingar. É de realçar que o trabalho efectuado por cada um dos Parlamentos nesta matéria e os resultados obtidos é consequência, sobretudo, do figurino do sistema constitucional e das competências e do trabalho efectuado por outros órgãos exteriores ao Parlamento em si.

Assim, verifica-se que o trabalho de controlo parlamentar financeiro na Alemanha assenta essencialmente no relatório anual e nas suas recomendações que o Tribunal de Contas elabora sobre a execução orçamental do ano anterior. O mesmo se verifica, em certa medida, em Portugal, no Brasil e na União Europeia. Ao invés, constata-se que no Reino Unido, o trabalho efectuado pela *Public Accounts Commission* assenta em certa medida no trabalho levado a cabo pelo NAO, mas esta comissão tem poderes e efectua um trabalho de acompanhamento e

---

[351] Cfr. Soares, Ehrhardt, *As Comissões Parlamentares de Inquérito*, Universidade de Coimbra, Boletim da Faculdade de Direito, Vol. LVI, Coimbra, 1980, pág. 184 e segs..

controlo da execução orçamental, que permite trimestralmente, por exemplo, dar conhecimento ao Parlamento do nível de execução orçamental em cada programa, projecto ou medida. Do mesmo modo, o controlo realizado pelo GAO é um controlo divergente de todos os outros órgãos analisados, uma vez que o GAO tem uma natureza de órgão auxiliar do Congresso, com a qual ocupa 40% das suas capacidades, realizando um trabalho de análise, avaliação, auditoria e controlo dos dinheiros públicos, com 60% das suas outras capacidades disponíveis, assumindo a função de julgador de contas, de Tribunal de Contas dos Estados Unidos.

Ressalta também que, em todos os Estados, o papel dos seus Tribunais de Contas, enquanto órgãos de controlo externo e auxiliares dos Parlamentos varia de caso para caso[352]. Assim, verificamos, que na França, na Alemanha, na União Europeia, no Brasil e em Portugal, os Tribunais de Contas aparecem muito afastados do controlo parlamentar das finanças públicas, porque os Parlamentos, dada a sua pouca sensibilidade para as matérias técnicas financeiras, de análise e avaliação, preferem a simples leitura dos relatórios de auditoria e avaliação, que no plano político e partidário sejam mais visíveis, facilmente conhecidas da opinião pública.

---

[352] Sobre a esta matéria na União Europeia, *vide*, Tribunal de Contas, *A organização, funcionamento e competência da função jurisdicional dos Tribunais de Contas e instituições congéneres da União Europeia – Estudo de Direito Comparado*, Lisboa, 1998.

IV – O CONTROLO FINANCEIRO PARLAMENTAR EM PORTUGAL

1. O controlo parlamentar na Teoria do Estado em geral

A democracia representativa assenta numa ideia simples: o poder reside no povo, que o delega em certos órgãos que têm a missão de realizar a vontade popular democraticamente expressa através do seu voto, sendo que a realidade pode ser alterada e para isso existem mecanismos pacíficos antecipadamente previstos e aceites pelo povo. Apesar de que, como sabemos, muitas das deliberações tomadas pelo Parlamento no âmbito das suas competências não tenham passado e não passem de manifestações declaradas do predomínio do Governo sobre o Parlamento, em que o Parlamento se manifesta, não como resultado de deliberações de genuína vontade sua, mas como formalização da vontade da maioria parlamentar, muitas das vezes até antes dos seus actos de deliberação[353].

Este fenómeno tornou-se tão claro e evidente, que alguns autores propõem mesmo que seja utilizada uma nova terminologia, de forma a aclarar e a separar as águas entre poder legislativo e executivo, como é o caso de Duverger[354], que sugeriu duas novas denominações a de «*poder deliberativo*» a de «*poder governamental*». Na verdade, concordamos com os que pensam que não se pode subordinar o controlo ao consentimento do subordinado, pelo que assumimos o papel determinante que as minorias têm no protagonismo da função do controlo

---

[353] Cfr. Lucas Verdú, Pablo, "El Derecho Parlamentario en el marco del Derecho Político", in *Revista de la Facultad de Derecho de la Universidad Complutense de Madrid*, n.º 72, Madrid, 1989, pág. 368.

[354] Cfr. Duverger, Maurice, «Les images des institutions politiques futures», in *Futuribles*, n.º 93, 1965.

parlamentar sobre o Governo[355]. Nestes termos, e assumindo as características anteriormente descritas, avançamos para a tentativa de delimitar o conteúdo básico do que deve ser entendido por controlo parlamentar.

Integra-se no controlo parlamentar o direito à informação, a avaliação e fiscalização parlamentar, a participação e direcção política, a manutenção da confiança e a manifestação da desconfiança através da moção de censura. Encontrar um nexo comum a todas estas manifestações de fiscalização parlamentar, de forma a construir uma configuração e formatação unitárias, torna-se cientificamente, bastante difícil ou mesmo impossível. Por isso, para alguns autores, controlo parlamentar é tudo aquilo que não se encaixa nas demais funções desenvolvidas pelo Parlamento[356].

Não é possível avançar nesta análise sem assumir que a teoria do controlo parlamentar tem que ser interpretada à luz da ideia de que se tem que atender, essencialmente, aos fins que o controlo deve realizar no sistema político e não a qualquer outro critério, uma vez que é o resultado do controlo exercido nos termos constitucionais e regimentais, que tem de ser analisado e avaliado. Ignorar os fins do controlo parlamentar é criar conceitos jurídico-políticos através de pura *"engenharia institucional"*, sem correspondência real e que confundem essa mesma realidade com o conteúdo da acção fiscalizadora do Parla-

---

[355] Nesta linha de pensamento, Chandernagor, André, *Un Parlement, pour quoi faire?*, Gallimard, Paris, 1967, pág. 71; Sanchez Navarro, Angel, «Control parlamentario y minorias», in *Revista de Estudos Políticos*, Centro de Estudios Constitucionales, Nueva Epoca, n.º 88, Abril-Junio, Madrid, 1995; Lopes Guerra, Luis, *El control parlamentario como instrumento de las minorías*, ob. cit. e Fontes, José, *Do Controlo Parlamentar da ...*, ob. cit., pág. 40 e segs..

[356] «*Es un cajón e sastre*» no dizer de Santaolalla López, Fernando, *El Parlamento y sus instrumentos ...*, ob. cit., págs. 9 e 10. De realçar o esforço levado a efeito pela doutrina italiana de tentar encaixar essa multiplicidade de funções numa determinada categoria jurídica, de onde destacamos Galeotti, Serio, *Controlli costituzionali*, Giuffrè, Milão, 1970, pág. 25 e segs., que na sua definição de controlo parlamentar integra e faz referência a três aspectos: o elemento do *«duplo sujeito»* – o sujeito controlante e controlado; o elemento *«parâmetro»* – o conjunto de valores e princípios que configuram o regime democrático com os quais se irá comparar a acção do Governo e o elemento *«sancionador»* – como a possível aplicação de sanções em razão do resultado da comparação realizada.

mento[357]. Então qual o conteúdo do controlo parlamentar à luz do critério dos seus fins?

O controlo parlamentar pode assumir-se como toda a actividade do Parlamento orientada a limitar a capacidade de decisão do Governo e da Administração, mediante a definição dos fins e dos meios que a sociedade considera os mais adequados para o exercício das funções do seu poder executivo, o Governo. De facto, o Parlamento exerce em substituição as funções que o povo não pode exercer de forma continuada ao longo dos mandatos[358]. Ora, esta primeira aproximação não nos deixa tranquilos, porque se mostra insuficiente face aos argumentos contrários a esta posição. Desde logo, porque se constata que os poderes do Estado atribuídos ao Governo e ao Parlamento estão animados de atribuições próprias e, simultaneamente, de vontade política, o que leva o Governo, por formas diversas, a obter os mesmos resultados por formas ínvias, ao mesmo tempo que se afirma que o que existe são vontades políticas distintas e não de controlo propriamente dito.

Nesta linha, alguns autores ressaltam a diferença existente entre controlo exercido *pelo* Parlamento e *no* Parlamento, mas estes demonstram-se insuficientes para delimitar a função de controlo parlamentar[359], no sentido de distinguir os actos que são praticados pelo Parlamento, por sua decisão, dos que lhe são inerentes pela sua natureza. A noção de controlo parlamentar, enquanto função tradicionalmente atribuída ao Parlamento, pelos clássicos, no sentido de Montesquieu[360], segundo o qual *"O corpo representante(...) deve ser elegido(...) para promulgar leis ou para ver se as que aprovou estão a ser executadas, coisa que só não conseguirá fazer muito bem, mas que é fundamental que só ele o*

---

[357] Cfr. De Mita, Ciriaco, *Politica e istituzioni nell'Italia Republicana*, ob. cit., págs. 20-21 e 150.

[358] É a posição defendida por alguma doutrina que afirma que o Parlamento controla quando legisla, quando aprova os orçamentos e as contas, quando elege, etc.. Cfr. Gil-Robles, José María, *Control y autonomías*, Civitas, Madrid, 1986, págs. 395-396.

[359] Cfr. Aragón Reys, Manuel, «El control parlamentario como control político», in *Revista de Derecho Político*, UNED, n.º 23, Madrid, 1986, pág. 12.

[360] *Vide* Montesquieu, Charles de Secondat, *O Espírito das Leis*, ob. cit., particularmente os capítulos VI, do Livro XI, pág. 154. A mesma ideia expressa Stuart Mill, Jonh, *Utilitarism, Liberty and Representative Government*, J. M. Dent & Sons Ldt., London, 1910, pág. 239.

possa fazer", assume igualmente que o controlo é uma exigência e uma necessidade derivada directamente do conceito de democracia representativa, reconhecendo que "*o preço da democracia é o controlo perpétuo*"[361].

De outro modo, Stuart Mill, assinala que "*A verdadeira função de uma assembleia representativa é controlar [towatch and control] o Governo: alumiar os seus actos com a luz da publicidade; obrigar a explicar e a justificar todos aqueles actos que considere questionáveis; censurá-los se os estima condenáveis e se os homens que compõe o Governo abusarem da sua confiança, ou se a utilizam de tal forma que entra em conflito com a vontade da nação [the deliberate sense], expulsá-los do poder e nomear os seus sucessores*".

Além de se apresentar, a nosso ver, como uma exigência e uma necessidade, o controlo parlamentar apresenta uma extrema importância reconhecida por uma grande parte dos autores e actores políticos[362], que, à margem das outras funções de legitimação do Parlamento, assume que o controlo do Governo constitui a verdadeira função do Parlamento nas sociedades contemporâneas. Este deve exigir contas ao Governo pelos seus actos, verificando a correcção da actuação governamental e sancionando politicamente os incumprimentos e os meios ineficientes empregues, os resultados ineficazes e os custos imputados a cada um desses actos ou actividades, se disso for o caso[363]. Como dissemos, actualmente tende a afirmar-se que o controlo parlamentar assume a função mais importante de toda a actividade parlamentar. Este facto decorre de diversas circunstâncias, sobretudo em razão dos Parlamentos terem perdido, desde as origens do constitucionalismo moderno, o

---

[361] Cfr. Griffith, J. A. G. e Ryle, Michael, *Parliament. Functions, Practice and Procedures*, Sweet and Maxwell, London, 1989, pág. 16.

[362] *Vide*, Giulj, Sylvie, *Le Statut de l'opposition en Europe*, Notes et études documentaires, Paris, 1980, pág. 216; Lopez Garrido, Diego, «Las funciones políticos--directivas de los Parlamentos», in A., Garrorena Morales, *El Parlamento y sus transformaciones actuales*, Ed. Angel, Tecnos, Madrid, 1990, pág. 354; Santaolalla, Fernando, *El Parlamento en la encrucijada*, Eudema, Madrid, 1989, págs. 16 e 28-33 e Desfeuilles, Henri, *Le pouvoir de contrôle des Parlements nordiques*, Librairie Générale de Droit et de Jurisprudence, Paris, 1973, pág. 345.

[363] Cfr. Sanchez Navarro, Angel, «Control parlamentario y minorias», *ob. cit.*, 1995

papel central próprio do monismo parlamentar. Durante longos períodos, a posição do Parlamento assentava sobretudo na concepção e aprovação das Leis, como expressão da vontade popular, e remetia a função de controlo para uma posição meramente garantística da própria actividade política, mas sem ser efectivamente valorizada e efectivada. A realidade moderna é muito diferente, uma vez que a vida parlamentar, animada pela actividade dos partidos políticos[364] e pela dinâmica do sistema parlamentar, debilitaram a importância do processo legiferante, em que a maioria que apoia o Governo obriga a que este praticamente só ratifique as decisões daquele[365]. Nesse sentido, Sarasola sublinha que "*Así las cosas, no es de extrañar que el control parlamentario haya cobrado especial relieve entre las funciones parlamentarias. (...) los partidos políticos y el parlamentarismo, que dan la sensación de que el control es ineficaz, porque la mayoria que apoya al Gobierno no fiscaliza su actuación*".

Por outro lado, o que se constata hoje, é que a dinâmica política não se desenvolve com base nas relações entre o Governo e o Parlamento, uma vez que o «*estado de partidos*» origina e manifesta relações entre a maioria e a minoria que regulam essa dinâmica. Veja-se que o domínio do Governo sobre todas as funções parlamentares é total, uma vez que os seus Grupos Parlamentares impõem as suas decisões e as iniciativas das minorias só prosperam quando existem divisões no seio da maioria, porque, em caso contrário, não são tomadas em consideração. Basta dizer, que em Portugal[366], como em França ou em Espanha[367], nenhuma iniciativa parlamentar pode ser votada, se estabelecer um aumento de despesa pública ou uma diminuição das receitas previstas no Orçamento de Estado, sem a necessária aprovação do Governo.

---

[364] Sobre os partidos políticos ver por todos Rebelo de Sousa, Marcelo, *Os Partidos Políticos*, Livraria Cruz, Braga, 1983.

[365] Cfr. Braga da Cruz, Manuel, *Instituições Políticas e Processos Sociais*, Bertrand Editora, Venda Nova, 1995, pág. 151 e segs. e no ordenamento espanhol cfr. Sanchez Navarro, Angel, «Control parlamentario y minorias», *ob. cit.*, 1995, pág. 223 e segs. e Fernández Sarsola, Ignacio, «El control parlamentario y su regulación en el ordenamiento español», *ob. cit.*, pág. 90.

[366] *Vide* Artigo 20.º da Lei 6/91, de 20 de Fevereiro – Lei de Enquadramento do Orçamento de Estado.

[367] *Vide* Artigo 41.º da Constituição Francesa da IV República e Artigo 134.º, ponto 6., da Constituição Espanhola de 1978.

Todavia, apesar dessa aparente diminuição política do Parlamento[368], o controlo parlamentar está mais presente que nunca na vida parlamentar e assume uma função expansiva perante e sobre as outras funções do Parlamento, pois sempre que há discussão sobre uma determinada matéria, as minorias podem controlar politicamente a tomada de posições, como acontece, de resto, no debate e aprovação dos diplomas legais apresentados por iniciativa dos deputados ou oriundos do Governo, como é o caso da Lei do Orçamento de Estado[369]. Ora, como resultado da importância do controlo parlamentar, surgiram três formas distintas de abordar teoricamente esse mesmo controlo, consoante o regime político em vigor.

Como é do conhecimento geral e já por nós assumido, o controlo parlamentar nasceu da circunstância das Constituições, com o advento das revoluções liberais, terem tido como função essencial limitar o poder político e de se tornar imperioso criar um mecanismo de validação dessa mesma tentativa de limitação. O *controlo-equilíbrio* é característico dos ordenamentos constitucionais onde, perante o complexo sistema político de *checks and balance* patente nos jogos de forças entre os órgãos de soberania, o controlo assume uma função pública não escrita e constitucionalmente não consagrada. Este controlo aparecia como um elemento chave construído a partir da interpretação levada a efeito sobre o sistema britânico, que se baseava exclusivamente na *statute law* e foi levado a cabo por autores como Montesquieu, Blackstone e Locke[370]. O Parlamento, titular do poder legislativo, não controlava o executivo para poder demonstrar os erros daquele perante o povo, mas para se defender das intromissões do Rei e dos seus Ministros. Com o advento da Revolução Francesa de 1789 e com as demais Cons-

---

[368] Cfr. Mozzicafreddo, Juan, "Estado, modernidade e cidadania", *ob. cit.*, pág. 277, onde constata que "*a diminuição da importância política do Parlamento (...), parece-nos resultar do peso predominante do poder político e legislativo do Governo face ao Parlamento se instituir sobretudo como base de sustentação maioritária do Governo*".

[369] Cfr. Leston-Bandeira, C., *Da Legislação à Legitimação: o Papel do Parlamento Português*, *ob. cit.*, pág. 159.

[370] Cfr. Montesquieu, Charles de Secondat, *O Espírito das Leis*, *ob. cit.*; Blackstone, Guillermo, *Commentaries on the laws of England*, Oxford, 1765 e Locke, Jonh, *Dois tratados sobre o Governo*, Martins Fontes, São Paulo, 2001, pág. 377 e segs..

tituições Liberais, veio à luz do conhecimento a teoria da função de controlo como *controlo-sujeição*. Ora, como para a teoria do liberalismo revolucionário francês[371] não era suficiente a ideia de equilíbrio institucional, uma vez que a base de toda a sua construção assentava na ideia do primado e supremacia da lei e, consequentemente, no predomínio incondicional do Parlamento face ao Governo, o controlo só poderia ter como função a sujeição do Governo face ao Parlamento, executando e cumprindo este com fidelidade a vontade soberana da Nação, representada por aquele.

O controlo assume assim, nesta perspectiva, um caracter e uma natureza mais jurídica que política, uma vez que era transformado num controlo sobre a execução das normas emanadas pelo Parlamento, pois que não era atribuída valoração e papel político às minorias parlamentares. Nesta acepção, assente nas premissas de Rousseau[372], só a maioria expressava a vontade geral, já que a minoria tinha uma visão equivocada e sectária que não devia ser tida em linha de conta.

No Reino Unido, ao invés, a função de *controlo-equilibrio* foi gradualmente abandonada durante o reinado de Jorge III e fomentou o aparecimento de um sistema parlamentar que foi assumido pelo *Reform Act* de 1832, em que o controlo deixou de ser perspectivado apenas exclusivamente como interorgânico, assumindo a essência de *controlo-oposição*. Assim, o sistema político obrigou à criação de relações de cooperação entre os poderes e ao abandono da perspectiva dialéctica e conflitual e à assunção da ideia de que as vontades minoritárias não eram vontades erradas, mas tão só posições diferentes, que se encontram na perspectiva de vir a formar Governo para poderem aplicar as suas posições. O estatuto da oposição foi institucionalizado, convertendo-se em *His Majestry Oposition* e formando um *Shadow Cabinet*[373]. O

---

[371] De uma forma mais aprofundada sobre as raízes dos regimes democráticos e as concepções constitucionais e participativas da democracia, cfr. Eisenstadt, S. N., *Os Regimes Democráticos – Fragilidade, Continuídade e Transformabilidade*, Celta, Oeiras, 2000, pág. 15 e segs..

[372] Cfr. Rousseau, Jean-Jacques, *Du contrat social*, Bordas, Paris, Livro II, Cap. IV, 1972, pág. 98 e Livro IV, Cap. II, pág. 186.

[373] Cfr. Giuseppe de Vergottini, *Lo «Shadow Cabinet». Saggio comparativo sul rilievo costituzionale dell'opposizione nel regime parlamentare britannico*, Giuffrè, Milão, 1973, pág. 49 e segs..

controlo passou, portanto, a constituir um poder de fiscalização interno do Parlamento, da Câmara dos Comuns e um instrumento da minoria de dar a conhecer as actos politicamente censuráveis do Governo. Poderemos dizer que, de certa forma, foi no Reino Unido que nasceu o actor político – a opinião pública, que explica a importância da publicidade do controlo exercido no Parlamento. As teorias contemporâneas sobre o controlo parlamentar parecem beber de tal forma das finalidades destas formas de controlo, que as podemos classificar em três categorias de controlo: o controlo-garantia; o controlo direcção e o controlo-responsabilidade.

A teoria do *controlo-garantia* assume o controlo parlamentar como um controlo estático, em que o seu objecto exclusivo é o de apreciar o cumprimento ou o incumprimento da actuação ministerial, nos termos e de acordo com os parâmetros políticos do Parlamento, que se afirma como órgão superior, fazendo aplicar sanções perante desvios governamentais a esses parâmetros. Ora, esta concepção do controlo parlamentar tem sido alvo de alguma controvérsia teórica, sobretudo entre autores espanhóis[374] e italianos[375], uma vez que se afirma que esta concepção não potencia uma mudança na política governativa, já que apenas se preocupa em defender um conjunto de valores predeterminados pelo Parlamento, servindo apenas como garantia de estabilidade. Esta concepção assume, a nosso ver, uma outra dificuldade, já que

---

[374] Cfr. Montero Gilbert, José Ramón e García Morillo, Joaquín, *El control parlamentário*, Tecnos, Madrid, 1984, págs. 26 e segs.; García Morillo, Joaquín, *El control parlamentário del Gobierno en el Ordenamiento español*, Publicaciones del Congreso de los Diputados, Madrid, 1985, pág.117 e segs.; Montero Gilbert, José Ramón, «Las relaciones entre el Gobierno y las Cortes Generales: Notas sobre el control parlamentario y la responsabilidad política en la Constitución española», in Alonso Garcia y António Bar Cendón: *El Gobierno en la Constitución española y en los Estatutos de Autonomia*, Diputació de Barcelona, Barcelona, 1985, pág. 208 e 210 e Santaolalla Lópes, Fernando, «La función de control y la ciencia del Derecho Constitucional», in *Revista de las Cortes Generales*, n.º 12, 1987, págs. 223-227.

[375] Cfr. Galeotti, Serio, *Introduuzione alla teoria dei controlli costituzionali*, Giuffrè, Milão, 1963, págs. 34,39,43,111 e segs.; *Idém, Controlli costituzionali*, Giuffrè, Milão, 1970, pág. 25 e segs.; Chimenti, Carlo, *Il controlo parlamentare nell'ordinamento italiano*, Giuffrè, Milão, 1974, págs. 38-39; Bozzi, Alzo, *Intituzioni di Diritto Pubblico*, Giuffrè, Milão, 1981, pág. 127 e Ugo Rescingo, Giuseppe, *Corso di Diritto Pubblico*, Zanichelli, Bolonha, 1987, pág. 417.

coloca na maioria parlamentar existente em cada momento o poder de controlar, uma vez que é ela quem detém a primazia da vontade na defesa do programa de Governo. Encontramos ainda autores que defendem uma autonomização do *controlo-inspecção* dentro do *controlo--garantia*, já que este, apesar de se apresentar igualmente como um conceito estático, se diferencia daquele, uma vez que considera esgotado o controlo parlamentar no acto de recepção da informação. O órgão controlador, o Parlamento, em contraste com os parâmetros de controlo preestabelecidos, faz um juízo sobre a informação, mas desleixa uma posição proactiva do Parlamento face ao Governo. Esta concepção assume que o controlo parlamentar deve resumir-se a uma posição de indignação e comprovação face à actuação do Governo e sem preocupação em formular respostas, críticas e sugestões àquele.

Em contraste com as concepções estáticas do controlo, o *controlo--direcção* é concebido numa perspectiva dinâmica da vida parlamentar. A teoria do *controlo-direcção* afirma a ideia de um controlo quase sempre plurifuncional, uma vez que não se refugia apenas na fiscalização da actividade do Governo, assumindo mesmo uma função de direcção, resultante da função de *indirizzo* político. Como nos ensina Carré de Malberg[376], podemos entender esta concepção de controlo parlamentar, na perspectiva de que a actividade de *controlo-direcção* corresponde à actividade realizada pela maioria, em que consequentemente se produz uma imposição de *indirizzo* parlamentar – de orientação política, ou poderemos entendê-lo e considera-lo na perspectiva de que quem exerce essa função de direcção é a minoria parlamentar, em que, neste caso, a minoria não pode fazer mais do que tentar influenciar e condicionar o próprio *indirizzo* do Governo, ou seja a sua perspectiva da sua acção governativa.

Em nossa opinião, é esta segunda posição do controlo parlamentar que melhor exprime a concepção do *controlo-direcção*, sob pena desta função se transformar numa mera caixa de ressonância das posições governamentais, diluindo o controlo e abafando as posições da minoria na oposição. Consideramos que se o Parlamento se assume como a "Casa da Democracia", onde o princípio democrático da maioria é a

---

[376] Cfr. Carré de Malberg, Raymond, *Contribution à la Théorie Générale de l'État*, Recueil Sirey, Paris, 1922, Vol. II, pág. 108, nota 106.

sua base institucional quanto ao poder legislativo que detém. Quanto ao controlo parlamentar, o Parlamento, enquanto câmara de representação e face a cada questão que se lhe ponha, consigna a cada grupo parlamentar o poder de se exprimir, defendendo as suas posições e as do seu eleitorado. Não esqueçamos o conhecido aforismo inglês «*The majority shall have its way, the minority its say*».

Comprometendo as duas teorias anteriores, a teoria do *controlo--responsabilidade*, tenta concatenar a ideia de controlo parlamentar com a de responsabilidade política, no sentido de que alguém deve responder pelas suas condutas quando se afasta dos parâmetros preestabelecidos. A teoria do *controlo-responsabilidade* assume-se como condição *sine qua none*, o nexo relacional, embora numa dupla perspectiva. Para alguns analistas[377], o *controlo-responsabilidade* tem um nexo de causalidade directa com a responsabilidade política parlamentar, ou seja, com os mecanismos que permitem a destituição constitucional do Governo, em especial, através da moção de censura.

Nesta perspectiva, a responsabilidade política parlamentar não seria o momento culminante do controlo, mas apenas a sua manifestação principal, uma vez que a responsabilidade só pode ser exigida pela maioria parlamentar, dado que o único controlo, efectivamente, é exercido por ela. Segundo uma outra forma de análise, o conceito de controlo parlamentar relaciona-se directamente com a responsabilidade difusa, ou seja, com a responsabilidade que é exigida pela opinião pública[378]. Nesta linha de pensamento, o controlo pretende submeter o Governo à critica parlamentar na tentativa de o desgastar politicamente[379], estando ao serviço da minoria parlamentar. Assim, sinteti-

---

[377] Cfr. Eisemein, A., *Éléments de Droit français et comparé*, Recueil Sirey, París, 1927, Vol I, pág. 484 ; Loewenstein, Karl, *Teoria de la Constitución, ob. cit.*, 1983, págs. 71 e 107 e Mendel, Francoise e Herman, Valentie, *Parliaments of the World*, The MacMillan Press, Londeweva, 1976, pág. 825.

[378] Cfr. Ugo Rescingo, Giuseppe, *La responsabilità politica*, Giuffrè, Milão, 1967, pág. 115 e segs e *Corso di Diritto Pubblico*, Zanichelli, Bolonha, 1987, pág. 417 e Aragón Reys, Manuel, «El control parlamentario», in *Enciclopedia Jurídica Básica*, Editorial Civitas, Vol.I, Madrid, 1995, págs. 1675-1679.

[379] Cfr. Vergottini, Giuseppe, *Le funzioni delle assemblee parlamentari*, Arnaldo Forni Editore, Sala Bolognese, 1975, págs. 194-195; Manzella, Andrea, *Il Parlamento*, Il Mulino, Bolonha, 1977, págs. 355 e 366 e «Il Parlamento», in Giuliano Amato y Augusto Barbera, *Manuale di Diritto Pubblico*, Il Mulino, Bolonha, 1984, pág. 466 e

zando, com base num conceito amplo de controlo parlamentar, na esteira da opinião de Vergottini[380] e reconhecendo, no entanto, a dificuldade de o fazer, dadas as diversas naturezas dos instrumentos e das diferentes perspectivas de análise, classificamos as seguintes funções de fiscalização parlamentar:

a) A função de obtenção de informação[381], quer do Governo, quer de outras instituições, com o objectivo de que o Parlamento, os grupos parlamentares ou os deputados individualmente considerados, adquiram conhecimento sobre determinados factos, situações, documentos etc.;

b) A função de inspecção parlamentar[382], articulada através de figuras regimentais e outras, como sejam as perguntas, interpelações, comissões de inquérito ou de investigação, que não se limitam ao mero conhecimento dessas situações, mas assumem valorações e juízos sobre a política desenvolvida pelo

---

Scheider, Hans Peter, *Democracia y Constitución*, Centro de Estudios Constitucionales, Madrid, 1991, pág. 165.

[380] Cfr. Vergottini, Guiseppe, "La función de control en los Parlamentos de fin de siglo", *ob. cit.*, pág. 36 e segs., onde o autor incluí:

a) O conjunto de actividades informativas direccionadas a ministrar o Parlamento com os conhecimentos indispensáveis para que possa tomar decisões e obter dados com que possa comprovar ou não a correspondência entre a acção do Governo e as orientações parlamentares (função de informação e de inspecção);

b) Acções que, apesar de tradicionalmente se enquadrarem na função controlo parlamentar, na realidade, expressam formas de co-gestão e co-direcção, entre o Governo e o Parlamento;

c) Orientações e valorações críticas dirigidas a condicionar a acção governamental e eventualmente a fazer valer a responsabilidade política do Governo ou de algum dos seus membros (função de orientação e função de controlo político).

[381] Sobre esta função ver por todos Díez-Picazo, Luis Maria, "Parlamento, proceso y opinión pública", in *Revista Española de Derecho Constitucional*, n.º 18, Madrid, 1986 e Schmitt, Carl, *Sobre el parlamentarismo*, Madrid, 1990.

[382] Cfr. Chimenti, Carlo, *Il controlo parlamentare nell'ordinamento italiano*, Giuffrè, Milão, 1974, págs. 38-39; Amato, *L'ispezione politica del Parlamento*, Giuffrè, Milão, 1968 e Galeotti, Serio, "Controlli constituzionali", in *Enciclopedia del Diritto*, Giuffrè, Milão, 1962, Tomo X, pág. 319 e segs..

Governo, como acontece quando o Parlamento faz suas as recomendações do Tribunal de Contas e as endereça ao Governo ou quando perante situações geradoras de responsabilidades financeiras ou outras constantes, por exemplo, do Parecer sobre a Conta Geral do Estado, o Parlamento delibera comunicá-las ao Ministério Público;

c) A função de direcção política «*indirizzo*», assinalando, participando ou colaborando com o Governo na fixação de grandes objectivos políticos e, nesse sentido, contribuindo com a sua iniciativa, para o seu desenvolvimento e sua efectiva aplicação. É o caso da aprovação do Programa de Governo;

d) A função de controlo parlamentar *stricto sensu,* que obriga o Governo a contar com a confiança do Parlamento, em que este lha pode retirar em qualquer momento, mediante a instrumentalização da figura da moção de censura.

Em qualquer dos casos, assim como noutros, o controlo actua como um mecanismo de selecção de opções políticas, uma vez, que contrastando com as opções do Governo, a oposição refuta e recusa-as e por vezes reordena-as e, por isso, Sarasola[383] verifica que "*Por este motivo el control requiere de tres fases: la recepción de datos sobre la conducta del Gobierno (input), el contraste com el parámetros que deberían presidir la conducta gubernamental (enjuiciamiento) y la adopción de una medida correctora o ratificadora de ésta (output)*". As contemporâneas teorias sobre o controlo parlamentar que acabamos de analisar, se enquadradas e assumidas em conjunto, acabam por se completar, numa visão global que toca aspectos de todas elas. Esta visão torna-se consequência da natureza funcional do controlo parlamentar, uma vez que este pode servir aspectos muito distintos e diversos, consoante o sujeito titular desse controlo. A sua função e a sua titularidade marcam indubitavelmente a sua natureza. Nestes termos, quem exerce o controlo é a maioria ou a minoria, que pode controlar

---

[383] Cfr. Fernández Sarasola, Ignacio, «El control parlamentario y su regulación en el ordenamiento español», in *Revista Española de Derecho Constitucional*, año 20, n.º 60, Septiembre-Diciembre, 2000, pág. 97 e Giannini, Massimo Severo, «Controlo: nozioni e problemi», in *Rivista Trimestrale di Diritto Pubblico*, 1974, págs. 1264, 1275 e 1281.

dirigindo o Governo ou remetendo para a comprovação do cumprimento de determinadas premissas ou fins programáticos, para posteriormente fazer exercer a responsabilidade política parlamentar.

2. O princípio constitucional do controlo parlamentar das finanças públicas

A Constituição da República determina, como atribuição da Assembleia da República, o princípio do controlo parlamentar das finanças públicas, através de um conjunto de disposições constitucionais, que embora já citadas anteriormente, carecem de uma abordagem mais aprofundada e de serem comparadas com a prática parlamentar portuguesa. Analisando, quer do ponto de vista político, quer do ponto de vista técnico-jurídico, o controlo parlamentar das finanças públicas, enquanto princípio, resulta da interpretação realizada quer pela teoria, quer pela prática parlamentar das disposições constantes dos artigos artigo 107.º e artigo 162.º da CRP.

O que verificamos é que os deveres de informação, por parte do Governo, bem como os mecanismos e instrumentos à disposição da Assembleia da República, não são utilizados e cumpridos, por omissão completa de uma vocação fiscalizadora de natureza técnico-financeira pela Assembleia da República. A este respeito, predomina um incumprimento generalizado por parte do Governo, uma vez que o único documento remetido anualmente tem sido o Orçamento de Estado e de forma espaçada a Conta Geral do Estado, nos termos do artigo 107.º da CRP[384], conforme se pode observar pela análise do Quadro IX, uma vez que amiúde as contas públicas foram entregues, aprovadas e publicadas com diversos anos económicos de atraso.

Corroborando esta posição, a informação trimestral a que aludia o artigo 23.º da Lei n.º 6/91, de 20 de Fevereiro, hoje Lei n.º 91/2001, de 20 de Agosto – Lei do Enquadramento do Orçamento de Estado – acerca

---

[384] Concebemos esta função da Assembleia da República como uma função autónoma do Estado Moderno, no sentido do que defende Miranda, Jorge, *Funções, Órgãos e Actos do Estado*, Lisboa, 1990 e Moreno, Carlos, *O Sistema Nacional de Controlo Financeiro*, ob. cit., pág. 98.

do montante, condições, entidades financiadoras e utilização de todos os empréstimos contraídos, bem como acerca do montante, condições e entidades beneficiárias de empréstimos e outras operações activas concedidas pelo Governo e os balancetes trimestrais relativos à execução orçamental, que deviam ser enviados à Assembleia da República

[QUADRO IX]

Publicação e aprovação parlamentar das contas do Estado

Conta Geral do Estado

Ano Económico	Publicação	Aprovação no Parlamento	Publicação da Resolução (Diário das Sessões)	Publicação da Resolução (D.Governo/ D.República)
1974	1976	-	-	-
1975	1977	-	-	-
1976	1978	20 de Junho de 1991	-	-
1977	1979	20 de Junho de 1991	-	-
1978	1981	20 de Junho de 1991	-	-
1979	1982	20 de Junho de 1991	-	-
1980	1984	20 de Junho de 1991	-	-
1981	1984	20 de Junho de 1991	-	-
1982	1984	20 de Junho de 1991	-	-
1983	1985	20 de Junho de 1991	-	-
1984	1985	20 de Junho de 1991	-	-
1985	1986	20 de Junho de 1991	-	-
1986	1987	20 de Junho de 1991	-	-
1987	1988	20 de Junho de 1991	-	-
1988	1989	20 de Junho de 1991	-	-
1989	1990	18 de Dezembro de 1991	12 de Março de 1992	14 de Março de 1992
1990	1991	4 de Outubro de 1996	12 de Outubro de 1996	31 de Outubro de 1996
1991	1992	4 de Outubro de 1996	12 de Outubro de 1996	31 de Outubro de 1996
1992	1993	4 de Outubro de 1996	12 de Outubro de 1996	31 de Outubro de 1996
1993	1994	4 de Outubro de 1996	12 de Outubro de 1996	31 de Outubro de 1996
1994	1996	23 de Abril de 1998	27 de Abril de 1998	6 de Maio de 1998
1995	1996	23 de Abril de 1998	27 de Abril de 1998	6 de Maio de 1998
1996	1997	23 de Abril de 1998	27 de Abril de 1998	6 de Maio de 1998
1997	1998	3 de Novembro de 2000	18 de Novembro de 2000	29 de Dezembro de 1998
1998	1999	20 de Dezembro de 2001	16 de Janeiro de 2002	28 de Dezembro de 1999
1999	2001	19 de Dezembro de 2002	17 de Janeiro de 2003	12 de Fevereiro de 2001
2000	2001	19 de Dezembro de 2002	17 de Janeiro de 2003	27 de Dezembro de 2001
2001	2002	Ainda não aprovada	Ainda não publicada	23 de Dezembro de 2002

regularmente, não o têm sido, nem solicitados ou remetidos por estes órgãos de soberania, respectivamente. Na verdade, como sublinha Moreno[385], *"julgamos útil assinalar que o Parlamento e nomeadamente a sua Comissão de Economia, Finanças e Plano, na sequência de uma tradição que ainda se não inverteu, tem, de facto, manifestado um alheamento quase absoluto do exercício das suas competências de controlo financeiro, em particular do controlo da execução do Orçamento de Estado"*.

Ou seja, constatamos que os mecanismos de fiscalização política da actividade administrativa de natureza orçamental e financeira da Administração Pública, consagrados na Constituição e no Regimento da Assembleia da República, são utilizados pelo Parlamento apenas duas ou três vezes por ano.

Aquando da aprovação do Orçamento de Estado e Conta Geral do Estado se agendada no ano subsequente (o que não tem sido a prática constitucional, parlamentar e administrativa em Portugal)[386], mas apenas e exclusivamente em relação a estes documentos ou actos políticos. Quase toda e qualquer outra actividade financeira da Administração ou actos do Governo ficaram, desde Abril de 1976 a Março de 2002, sem qualquer juízo de acompanhamento e controlo directo por parte da Assembleia da República, à revelia daquilo que a Constituição e a Lei determinam[387], ou seja, o conceito de controlo parlamentar é, na teoria do controlo, tipificado como um controlo-responsabilidade. Só que a responsabilidade difusa que foi e é exigida pela opinião pública não teve qualquer acolhimento estando, muitas das vezes, ao serviço da minoria parlamentar na tentativa de desgastar politicamente o Governo, através da sua submissão à crítica parlamentar.

No que concerne ao controlo e acompanhamento da execução orçamental, não se conhece a recepção por parte da Assembleia da República de qualquer dos relatórios trimestrais a que aludia a Lei n.º 6/91, de 20 de Fevereiro e que alude hoje o artigo 56.º da Lei n.º 91/2001, de 20 de Agosto, nem se encontraram ecos da sua análise e discussão nas actas da Comissão de Economia, Finanças e Plano.

---

[385] Cfr. Moreno, Carlos, *"Gestão e Controlo ...."*, *ob. cit.*, pág. 303.
[386] Cfr. Ministério das Finanças, *Reforma da Lei de Enquadramento Orçamental, Trabalhos Preparatórios e Anteprojecto*, Lisboa, 1998, pág. 484.
[387] *Idem*, pág. 313.

Acresce que, igualmente, quanto à fiscalização das contas, a mesma é feita extemporaneamente, é concretizada sem respeito pelos prazos legais que a Lei de Enquadramento do Orçamento de Estado define. A apreciação do seu conteúdo é menorizado, é efectuado sem um debate profundo de análise da relação custo-beneficio das políticas planeadas, executadas e concretizadas; não é efectuada uma avaliação rigorosa das contas quanto à sua projecção e quanto e à sua dimensão financeira[388]. A prova desta situação é o facto das quatro Resoluções da Assembleia da República que aprovam as Contas Gerais do Estado de 1990, 1991, 1992 e 1993, terem sido publicadas no Diário da República de 31 de Dezembro, correspondendo a atrasos de vários anos, relativamente ao prazo legal[389] e que vários indicadores comprovam, como por exemplo o número de horas passadas nos debates do Orçamento de Estado e da Conta Geral do Estado, quer em Comissão, quer em plenário[390].

3. O *accountability* – cidadania e representação

"Afinal, não é o controlo um acto de cultura?"[391]

Os poderes constitucionais de controlo do Parlamento ou se exercem em relação aos titulares dos órgãos ou aos actos por eles executados. Nesse sentido, já anteriormente assumimos o *accountability*[392]

---

[388] Tendo em atenção que na análise que efectuámos das Actas da Comissão de Economia, Finanças e Plano e ao Diário da Assembleia da República, não encontrámos nenhum debate sobre as Contas Gerais do Estado apresentadas de 1994 a 1999.

[389] *Vide* as Resoluções n.º 30/96, 31/96, 32/96 e 33/96, de 31 de Dezembro.

[390] Ver por todos Leston-Bandeira, C., *O papel do Parlamento português com base num estudo de caso: o debate do Orçamento – 1983-95*, Cadernos de Ciência de Legislação, n.º 26, Out./Dez., INA, Lisboa, 1999.

[391] Cfr. Tavares, José, F. F., *Sistema nacional de controlo: – Controlo interno e controlo externo*, in Revista do Tribunal de Contas, n.º 26, Jul./Dezembro, 1996, pág. 79.

[392] A visão mais estruturada sobre os conceitos possíveis de representação encontra-se em Sartori, G., *Elementi di Teoria Política*, Bolonha, Il Mulino, 1990 e em Fisichella, D., *La Rappresentanza Politica*, Laterza, Roma-Bari, 1996. Sobre a crise de representação política em Portugal, ver por todos Vitorino, António, e Brito Fernandes, Maria João, "A representação da crise da Política em Portugal", in *Análise Social*, vol. XXXIV (154-155), 2000, págs. 259-313.

como um instrumento social de responsabilização política, ou seja, de obrigação, daqueles que têm a seu cargo a gestão dos recursos públicos, de responder pelos actos e resultados dessa utilização. Importa-nos aqui a responsabilidade política que se relaciona intrinsecamente com o controlo, podendo dizer-se, de acordo com Canotilho[393], *"de certa forma, que ela é, em geral, o reverso da medalha: exprime a situação do controlado face ao controlante. Esta situação implica que o titular do órgão controlado goza de uma relação de confiança do controlante e que perante este responde pelos efeitos e pelas orientações políticas da sua actividade"*. O certo é que, como expõe Kelsen[394], sem Parlamento não há democracia!

Por estas razões, torna-se imperioso e urgente assegurar um efectivo controlo parlamentar das despesas públicas, que tem, como vimos, sobretudo, duas naturezas relacionais: fundamentos político-sociais e jurídico-económicos. Por isso, na esteira do que sublinha Sousa Franco[395], qualquer processo social, como é a actividade financeira, suscita, em particular nas complexas civilizações do nosso tempo, o aparecimento de múltiplas formas de controlo, as quais incidem sobre os seus diversos instrumentos e instituições. Não espantará que um dos seus campos primordiais – em coerência com o lugar central que nela assume a instituição orçamental – seja o Orçamento do Estado, visando garantir que a sua execução prossiga os objectivos e a estratégia de meios nele definidos e, assim, assegurar a subordinação da administração financeira à política financeira. Nesta perspectiva, não deve haver receita ou gasto sem controlo, o que implica medir ou avaliar (quantitativamente e qualitativamente) a actividade realizada, compará-la com um critério de regular e boa gestão e corrigi-la para alcançar os resultados previstos (*feedback*).

Mozzicafreddo[396], por sua vez, sublinha que os métodos de controlo na administração pública assentam, normalmente, no controlo

---

[393] Cfr. Gomes Canotilho. J. J., *Direito Constitucional e Teoria da Constituição*, ob. cit., págs. 235-272.

[394] Cfr. Kelsen, Hans, *Esencia y valor de la democracia*, Ediciones Guadarrama, Barcelona, 1977, págs. 48-52.

[395] Cfr. Sousa Franco, A. L., *Finanças Públicas e Direito Financeiro*, Vol. I., 4ª Ed., Almedina, 1992, pág. 452 e segs..

[396] Cfr. Mozzicafreddo, Juan, ob. cit., pág. 3.

hierárquico interno sobre as competências e funções; no controlo da prestação de contas dos programas e políticas públicas; no controlo normativo prévio – orientações estipulando *ex-ante* os procedimentos administrativos de controlo a serem observados – as auditorias internas e externas à administração por entidades certificadas ou por órgãos de soberania. Certamente que esta panóplia de instrumentos não indica a efectividade dos mesmos: o descontrolo sobre os actos e a falta de responsabilidade perante o cidadão – desde os prazos de resposta até ao controlo dos gastos, passando pela eficiência da função do sistema administrativo e da autoridade política são, na nossa sociedade, uns dos elementos fundamentais do défice de confiança e da opacidade da Administração Pública e do poder político. Assumindo que a Assembleia da República é uma *"assembleia representativa de todos os cidadãos portugueses"*, nos termos do artigo 147.º da CRP, constata-se que ela representa todos os cidadãos portugueses, independentemente da intensidade da sua participação política, económica, social, cultural ou linguística. Nesta perspectiva, de acordo com a componente parlamentar do regime institucionalizado pela Constituição de 1976 e que a revisão constitucional de 1982 acentuou, o Governo é responsável perante a Assembleia da República, nos termos dos artigos 190.º e 191.º da CRP. Esta responsabilização política parlamentar do Governo, exprime a ideia de que, perante a Assembleia da República, o Governo tem o dever de prestar contas pelos seus actos[397] e pelos actos praticados pela Administração Pública dele hierarquicamente dependente, nos termos da alínea d) do artigo 199.º e do artigo 266.º da CRP.

Por outro lado, para além dos seus actos, tem de responder pelos resultados alcançados e pelas políticas públicas[398] aprovadas no Programa de Governo e pelos recursos empregues na prossecução das

---

[397] Actos praticados no âmbito das denominadas «funções de Governo» e «funções administrativas».

[398] Sobre o conceito de políticas públicas, cfr. Montalvão Sarmento, Cristina, "Política pública: o espelho da política. Conjunturas de ordem", in *A reforma do Estado em Portugal, Problemas e perspectivas – Actas do I Encontro Nacional de Ciência Política*, Bizâncio, Lisboa, 2001, págs. 641-658 e Muller, Pierre, "L'analyse cognitive des politiques publiques: vers une sociologie politique de l'action publique", in *Revue Française de Science Politique*, Vol. 50, n.º 2, 2000.

mesmas, nos termos das Grandes Opções do Plano e Orçamento de Estado aprovado em cada ano.

O controlo das finanças públicas pelo Parlamento é assim, no sentido em que este se apresenta como órgão representativo do povo português[399], um importante e fundamental instrumento do sistema nacional de controlo financeiro do Estado[400]. Do ponto de vista teórico, é bem conhecida a destacada querela existente entre as chamadas «*escola clássica*» e «*escola keynesiana*». Para alguns, mais do que diferentes escolas teóricas, chega-se a evocar a existência de preconceitos ideológicos na base das apreciações contraditórias que se confrontam neste domínio. Segundo Eisner[401], "*não é possível evitar-se a suspeição de que a questão da disciplina orça mental (...) parece reflectir certas preferências ideológicas tanto quanto princípios económicos gerais*".

A escola clássica assume que o equilíbrio orçamental é um princípio estrutural que só deve ser questionado face a circunstâncias extraordinárias, porquanto, "*recorrer ao crédito quer dizer devorar o futuro*"[402]. A escola keynesiana, por sua vez, encara o saldo das contas públicas como um instrumento de política económica, em que "*não tem qualquer validade o mito do perigo do défice orçamental*"[403]. É face a este quadro teórico, que alguns defendem que praticar o défice será cair

---

[399] Cfr. Sousa Franco, A. L., *Dinheiros públicos, julgamento de contas e controlo interno no espaço de língua Portuguesa*, ob cit., pág. 27, esclarece que "*Desde que há finanças especializadas há controlo especializado: pois como já se disse, confiar é bom, controlar é melhor*".

[400] Cfr. Tavares, José, F. F., *Sistema Nacional de Controlo: Controlo interno e controlo externo*, ob. cit., pág., 59 e segs. e Moreno, Carlos, *O Sistema Nacional de Controlo Interno*, ob. cit., pág. 131.

[401] Cfr. Eisner, Robert, "The 1971 Report of the President's Council of Economic Advisers: Inflation and Recession", in *American Economic Review*, Vol. 61, Setembro, 1971.

[402] Cfr. Bastiat, Frédéric, "l'État", in *Journal des Débats*, 25 de Setembro de 1948.

[403] Cfr. Cavaco Silva, Aníbal e César das Neves, João, *Finanças públicas e Política Macroeconómica*, Universidade Nova de Lisboa, 2ª. Edição, 1992, onde, igualmente chamam à atenção para o facto de "*a grandeza do saldo orçamental deve ser apenas o resultado da escolha da política orçamental compatível com os objectivos da estabilização económica*".

na "*anarquia orçamental de inspiração keynesiana*"[404] e outros que sustentam que "*um défice que financia a construção e manutenção das nossas estradas, pontes, portos e aeroportos é um investimento no futuro*"[405]. Sobra espaço, assim, para apreciações abrangentes da mais variada natureza, havendo posições defendendo a não preocupação com os défices e com a dívida pública, outros que argumentam que não se deve estar completamente complacente ou então, que o impacto económico dos défices é inconstante. Todavia, como sublinha Santos[406], a regra que o melhor acolhimento e um mais alargado consenso terá colhido "*é a chamada regra de ouro das Finanças Públicas, segundo a qual o montante do défice não deve ultrapassar o valor do investimento público (...) Isto é: em última análise, o que se pretende salvaguardar é a sustentabilidade da política orçamental e a solvabilidade do Estado*".

Apesar de parecer haver uma tendência para a deslocação dos aspectos puramente legais, processuais e hierárquicos da exigência de contas, para o plano dos aspectos financeiros e económicos[407], na perspectiva de estimular ganhos económicos e eficiência face aos recursos públicos disponíveis, não deixam, actualmente, de existir razões para tal deslocação. Senão, analisem-se problemas tão graves como sejam o do descontrolo dos défices públicos nos países da União Europeia, os défices de pagamento de impostos devidos ao Estado e as altas taxas de tributação sobre os rendimentos das empresas e dos indivíduos. Assim, neste caso, o controlo das finanças públicas pela Assembleia da República deve demonstrar que este órgão de soberania, representante de

---

[404] Cfr. Buchanan, James e Wagner, Richard, *Democracy in Deficit. The Political Legacy of Lord Keynes*, Academic Press, Inc., Nova Iorque, 1977.

[405] Cfr. Eisner, Robert, *How Real is the Federal Deficit?*, The Free Press, Nova Iorque, 1986.

[406] Cfr. Albano Santos, J., "O défice Orçamental – ainda e sempre?", *ob. cit.*, pág. 24. Sobre a problemática das questões relacionadas com os défices orçamentais, cfr. Blinder, Alan *et al.*, *The Economics of Public Finance, Studies of Government Finance*, The Brookings Institution, Washington, DC., 1974; Buiter, Willem, *Principles of Budgetary and Financial Policy*, Harvester Weatsheaf, Nova Iorque, 1990; Maloney, Jonh, *Debt and Deficits. An Historical Perspective*, Edward Elgar Publishing, Ltd., Cheltenham, 1998 e Landais, Bernard, *Leçons de Politique Budgétaire*, De Boeck & Larcier, s.a., Bruxelas, 1998.

[407] Cfr. Romzek, Barbara, "Dynamics of public sector accoutability in an era of reform", in *International Review of Administrative Science*, vol. 66, n.° 1, 2000.

todos os cidadãos portugueses, cumpre cabalmente a suas atribuições na perspectiva do *accountability*, responsabilizando o Governo e a Administração Pública pelos erros políticos na aplicação dos dinheiros públicos, oriundos do trabalho e esforço de cada um dos seus cidadãos.

O conceito de responsabilidade, que, no nosso entender, abrange não só o funcionamento do sistema político e administrativo, mas também e acima de tudo, a produção de confiança do cidadão no sistema político, deve ser analisado, para além da dimensão organizacional do *accountability*, noutras perspectivas como sejam as suas dimensões institucional e contratual. Assumimos que o conceito de *accountability*, transportado das organizações privadas para o sector público, no sentido de exigência de responsabilidades aos actores políticos, pela prática de actos administrativos, de execução de políticas públicas[408], de controlo organizacional, de respeito pelas regras orçamentais e procedimentos legais, quando interrelacionado com os instrumentos legais de controlo parlamentar, como sejam os inquéritos, as perguntas ao Governo, os requerimentos, os debates em plenário e as interpelações, assume um potencial de mudança organizacional, sobretudo no que diz respeito ao controlo dos défices orçamentais e à efectividade da utilização desses mesmos instrumentos.

A noção clássica de controlo parlamentar remete-nos para a ideia de responsabilidade política institucionalizada parlamentarmente. O Parlamento, depois de realizar o exame à actuação do Governo de acordo com os parâmetros legítimos da forma política instituída, pode exercer os seus poderes e iniciar os procedimentos de exigência de responsabilidade política, dos quais pode surgir a sanção de retirada da confiança política, através da aprovação de uma moção de censura.

Todavia, como atrás dissemos, nem toda a actividade de fiscalização parlamentar conduz à imposição de sanções. Existem, de facto, funções de fiscalização como as de informação, de crítica, de inspecção e de direcção ou impulso político, que não originam a aplicação de qualquer sanção e muito menos à "*remoção do Governo*". Pode mesmo dizer-se que a força do controlo parlamentar não está no seu poder

---

[408] Cfr. Peters, B. Guy, *La Política de la burocracia*, México-Buenos Aires, Edição e organização do Fondo de Cultura Económica, 1995 e Mozzicafredo, Juan, *Estado-Providência e ...*, *ob. cit.*, págs. 29-68.

sancionatório, mas antes, na obstacularização imediata e na capacidade de criar outras formas de impedir futuramente o Governo de agir de forma semelhante, desgastando-o e contribuindo para a sua substituição em eleições futuras, ou seja, a fiscalização parlamentar procura influenciar a opinião pública e o eleitorado, para cativar o seu voto.

Em boa verdade, nos regimes democráticos ocidentais, a mais transcendental vigilância, fiscalização e controlo do Governo é a que corresponde à função do eleitorado, da opinião pública e dos meios de comunicação. O eleitorado, enquanto supremo titular do poder, é quem nas urnas expressa a sua vontade, confirmando a confiança que detém no que o governa ou decidindo-se por outras alternativa políticas. No sentido dos estudos sobre os "*controlos interorgânicos*" efectuados por Loewenstein[409], confirma-se a natureza tripartida desse controlo, representado nos controlos entre Governo e Parlamento e vice-versa e o controlo exercido pelo povo, organizado em corpo eleitoral, que por último controla e avalia a dinâmica política. É para esta opinião pública que a actividade parlamentar de controlo é direccionada. De facto, essa dinâmica política é avaliada, sobretudo, a partir das posições políticas tomadas pela maioria e pela minoria, embora, nas democracias ocidentais, a instalação do «*parlamentarismo racionalizado*» afaste e diminua o conhecimento público do trabalho e controlo efectuado pelas minorias. Ou seja, o controlo político efectuado quer pela maioria, quer pela minoria, é transposto para o exterior do Parlamento, no sentido de sensibilizar o eleitorado e a opinião pública em geral, de que existem boas políticas e projectos alternativos ao Governo, uma vez que o trabalho parlamentar não é reconhecido directamente pelo povo de forma imediata.

Todas estas formas de fiscalização e de controlo político do Governo, apesar de representadas e institucionalizadas no Parlamento, organizam-se e manifestam-se naquilo a que alguns autores têm denominado de "*fiscalização sociológica*", remetendo para a fiscalização sociológica não institucionalizada e para sua consequente responsabilidade difusa, relacionada directamente com a opinião pública e com a capacidade de influenciar os diferentes grupos políticos, sociais e de

---

[409] Cfr. Loewenstein, Karl, *Teoria de la Constitución*, Ariel, 2ª ed., 3ª reimpressão, Barcelona, 1983, pág. 326 e Sartori, G., *ob. cit.*, pág. 236, que se interroga sobre "*Qual é a sanção que os deputados mais temem: a do eleitorado, a do aparelho do partido ou a de terceiros grupos de apoio?*".

interesse, de cujo "*consentimento e cooperação activa e passiva necessitam os Governos para desenvolver as suas políticas*"[410]. Por isso, alguns autores assumem que "*De entre as funções parlamentares, é a representativa a que possui uma posição a que poderemos chamar preliminar. Isso porque, em primeiro lugar, ela é uma constante histórica em meio das transformações sofridas pelas atribuições do Parlamento, e, em, segundo lugar, porque nela se baseiam todas as demais funções parlamentares*"[411].

Desta constatação resulta, evidentemente, a atribuição de competências decisórias em matéria orçamental e de apresentação de contas públicas aos Parlamentos – enquanto órgãos de representação financeira do povo – que, desde as origens dos regimes democráticos, no sentido da concretização do princípio democrático, têm vindo a exercer constitucionalmente as funções de domínio em nome do povo, assumindo a legitimidade derivada do princípio da soberania popular e exercendo os seus poderes com vista a prosseguir os fins ou interesses do povo. Como a actividade financeira do Estado, no Estado de Direito, se exerce sobre os bens públicos, oriundos directa e indirectamente da actividade produtiva de cada cidadão, então, facilmente, se pode depreender que, dada a dimensão das sociedades, se torna fundamental eleger representantes – os deputados eleitos com base na democracia representativa – que nos Parlamentos exercem um conjunto de funções atribuídas a esta, que garantem a cada cidadão a sua propriedade privada e a boa aplicação dos dinheiros e bens públicos. Dada a importância que hoje a Constituição Económica[412] assume, enquanto formada pelo ordenamento essencial da actividade económica – contendo os princípios e as normas essenciais reguladoras da economia do Estado,

---

[410] Cfr. Martínez Elipe, León, *Introducción al Derecho Parlamentario. Conexiones históricas y político-parlamentarias*, ob. cit., pág. 264; *Tratado de Derecho Parlamentario – Fiscalización Política del Gobierno*, Aranzadi Editorial, Volume Primeiro, Navarra, 2000, pág. 96 e Ugo Rescingo, Giuseppe, *La responsabilidad política*, Zanichelli, Milão, 1967.

[411] Cfr. Bobbio, Norberto, Matteucci, Nicola e Pasquino, Gianfranco, «*Parlamento*» e «*Representação Política*», in *Dicionário de Política*, ob. cit., págs. 884 e 1101 e segs..

[412] Sobre este conceito, regime constitucional e sua importância, cfr. Vital Moreira, *Economia e Constituição*, Coimbra Editora, 2ª. Edição, Coimbra, 1979.

há autores que já (auto) delimitam, enquanto subsistema desta, a Constituição Orçamental[413]. As matérias orçamentais, enquanto regras consagradas constitucionalmente, assumem, parece evidente, um conjunto articulado e sistemático de pressupostos do próprio Estado Social de Direito, enquanto garante da sua subsistência, através da estipulação de receitas e afectação de despesas públicas.

No entanto, a natureza constitucional destas matérias não se esgota na receita e na despesa, uma vez que a disciplina e princípios norteadores do equilíbrio orçamental, as competências fiscais, a exigência de distribuição da riqueza, a necessidade de fiscalização orçamental assumem, igualmente, uma materialidade constitucional relevante[414]. Neste sentido, Sousa Franco[415] vai ainda um pouco mais longe, quando sublinha que *"Com efeito, no essencial, o actual controlo independente das finanças públicas por órgãos, políticos e não políticos, tem por fundamentos essenciais os dois princípios inspiradores das modernas formas da democracia representativa e pluralista, na sua modalidade liberal como na social (Estado liberal, Estado social): a representação política e a separação de poderes."*

Por tudo quanto referimos, enfatizamos assim, a necessidade de uma absoluta transparência da execução orçamental, para que nenhum Governo possa sem a anuência expressa dos seus cidadãos[416] – na pers-

---

[413] Cfr. Stern, K., *Das Staatsrecht der Bundesrepublik Deutschland*, Muchen: C. H. Beck, Vol. II, pág. 1061, separa a Constituição Orçamental da Constituição Económica e Financeira em sentido restrito. Ver, igualmente, Lobo Torres, Ricardo, "O orçamento na Constituição", Vol. V., *Tratado de Direito Constitucional Financeiro e Tributário*, Ed. Renovar, 2ª edição, São Paulo, 2000, págs. 1-28.

[414] *Vide* por todos, Buchanan, J., *The Limits of Liberty*, Chicago, University of Chicago, Press, 1975, pág. 51.

[415] Cfr. Sousa Franco, A. L., *Finanças Públicas e Direito ..., ob. cit.*, págs. 116-120 e 124-126; Soares Martinez, P., *Introdução ao estudo das Finanças*, *ob. cit.*, pág. 80 e segs..

[416] Nesse sentido, somos da mesma opinião que Bobbio, Norberto, Matteucci, Nicola e Pasquino, Gianfranco, «Parlamento», *ob. cit.*, págs. 886, quando assume que *"em linhas gerais, o instrumento parlamentar de controlo mais comum está no poder de tornar notória e apontar à opinião pública, por meio da solicitação de explicações, interpelações e inquéritos à actuação do executivo. É claro que este tipo de acção, para ser eficaz, requer a existência de um público atento aos acontecimentos políticos e capaz de influir no seu processo"*.

pectiva do *accountability* – hipotecar o futuro dessa sociedade à custa do presente e respeitar a ética de responsabilidade inter-geracional inerente a um justo exercício da cidadania, para que se possa conhecer, em tempo real, o verdadeiro impacto macroeconómico de cada acção governativa, bem como, para que haja um efectivo controlo democrático das contas públicas, enquanto pedra de toque de todo o regime democrático. Nesse sentido, Bento[417] defende a existência de dois princípios fundamentais a salvaguardar no tratamento das contas públicas: o controlo democrático – "*por mandato dos cidadãos contribuintes*" – de todas as despesas e receitas para que, em última instância, os contribuintes sejam, ou previsivelmente venham a ser, responsáveis e o princípio da não desorçamentação no Sector Público Administrativo, onde indica que basta restituir a noção de "*Sector Público Alargado*", monotorizando o seu défice conjunto e o seu endividamento e sujeitar aqueles agregados ao controlo do Parlamento, sendo que "*É claro que isto também pressupõe que o Parlamento leve a sério o seu papel constitucional nesta matéria, preparando-se para a apreciar seriamente (e não apenas em função da agenda política corrente), rodeando-se das competências necessárias, ouvindo os especialistas e as instituições especializadas e dando importância efectiva ao Tribunal de Contas*".

Concluímos, assim, que a noção de *accountability*, assumida como modelo e instrumento social de responsabilização política, apesar da sua estreita e conexa relação com o controlo parlamentar financeiro, enquanto controlo externo político, remete-nos, para além deste conceito, para a noção de responsabilidade, uma vez que a Assembleia da República, enquanto órgão representativo dos cidadãos portugueses, tem o dever constitucional de fiscalizar a execução orçamental e as contas públicas, devendo efectivar as responsabilidades políticas que o Governo e a Administração Pública têm perante esta e ao mesmo tempo dando contas dos resultados obtidos através da prossecução da sua função de controlo.

---

[417] Cfr. Bento, Vítor, "A desorçamentação das despesas públicas", in *Revista do Tribunal de Contas*, n.º 34, Jul./Dezembro, 1996, pág. 25 e segs..

4. O controlo financeiro parlamentar na prática constitucional

A Constituição da Republica fixa, como anteriormente verificámos, o princípio do controlo orçamental das finanças públicas. Com efeito, no artigo 107.º está claramente expresso que "*A execução do Orçamento será fiscalizada pelo Tribunal de Contas e pela Assembleia da República que, precedendo parecer daquele tribunal, apreciará e aprovará a Conta Geral do Estado, incluindo a da segurança social*". Do mesmo modo, a Constituição comete à Assembleia da República, nos termos do artigo 162.º e no quadro das suas funções de fiscalização, a competência para "*Vigiar pelo cumprimento da Constituição e das leis e apreciar os actos do Governo e da administração*" e "*Tomar as contas do Estado e das demais entidades públicas que a lei determinar, as quais serão apresentadas até 31 de Dezembro do ano subsequente, com o parecer do Tribunal de Contas e os demais elementos necessários à sua apreciação*", assim como "*Apreciar os relatórios de execução dos planos nacionais*".

A Assembleia da República de 1976 foi essencialmente concebida como um órgão de produção legislativa, em que foi dado grande ênfase aos procedimentos legislativos, ao mesmo tempo que a regulamentação específica sobre os instrumentos de fiscalização e controlo escasseavam. Simultaneamente, dados os problemas políticos existentes no país, constatamos que o Parlamento na I e II e III Legislaturas se centrou mais na resolução e regulação de vários sectores da sociedade portuguesa, do que em fiscalizar as finanças públicas, até porque, sabendo das dificuldades financeiras que o país atravessava, com conflituosidade social e os sectores económicos praticamente todos nas mãos do Estado, as prioridades de análise foram outras. Os mecanismos de fiscalização eram tidos como instrumentos últimos de controlo político, utilizando-se apenas as moções de censura ou as interpelações, assentes em debates esporádicos sobre a própria existência do próprio Governo e quase nunca sobre a fiscalização da actividade governamental e das suas políticas e dos actos da administração. Foi o que considerámos como *a fase da instalação e experimentação* do Parlamento, afirmando a sua imagem e o seu poder.

Ora se atentarmos, como vimos atrás, na análise do Quadro V, verificamos que na I e II legislaturas, estas figuras de controlo foram utilizadas vinte e uma vezes, enquanto que nas restantes sete legislaturas apenas dezoito. Ao longo destes últimos vinte anos, esta realidade alterou-se consideravelmente, uma vez que a função controlo deixou de ser concebida como *garantia da democracia* e passou a ser encarada como uma *prática da democracia*[418].

As competências de fiscalização das despesas públicas pela Assembleia da República não parecem, pois, estar limitadas à apreciação da Conta Geral do Estado, dado que pode apreciar os actos do Governo e da Administração, quaisquer que eles sejam, usando para tal os instrumentos regimentais de que dispõe ao serviço dos seus poderes de controlo parlamentar em geral e do controlo das finanças públicas em particular. Neste quadro e quanto ao objecto deste estudo, é a análise da evolução e da aplicabilidade destes últimos, sobre os quais nos vamos debruçar, no sentido de verificar de que forma esses instrumentos foram variando de natureza e intensidade entre 1976 e 2002 e ao mesmo tempo, analisando como foram utilizados, com que frequência e que resultados de controlo ou fiscalização foram obtidos. Ao analisarmos a evolução da própria instituição parlamentar e a natureza das maiorias parlamentares obtidas em cada legislatura, verificamos que existe uma correlação directa entre a natureza política do Parlamento em cada momento, a intensidade do controlo político sobre os actos financeiros do Governo e da Administração e a relevância das contas públicas, conforme demonstra o Quadro X.

A grelha de análise de toda a problemática do controlo parlamentar das finanças públicas que construímos assentou em três perspectivas distintas: análise da utilização dos instrumentos de controlo parlamentar; análise dos debates parlamentares sobre o controlo das finanças públicas e análise da actividade técnica da Comissão de Economia, Finanças e Plano e das iniciativas políticas e legislativas tendentes a melhorar o controlo parlamentar nestas matérias. Tendo já avaliado a utilização dos principais instrumentos de controlo na II Parte deste trabalho, pautaremos a análise do comportamento parlamentar nesta matéria à análise dos debates sobre o controlo parlamentar e as inicia-

---

[418] Cfr. Leston-Bandeira, C., «Parliament and citizens in Portugal: Still Looking for the links», in Philip Norton, *Parliaments and Citizens in Western Europe*, Londres, Frank Cass, 2001.

[QUADRO X]

Relevância das contas públicas em função das maiorias parlamentares					
1976/1979		1989		2002	
Predomínio do Parlamento	1979/1985 Predomínio do Governo	1985/1987 Predomínio do Parlamento	1987/1995 Predomínio do Governo	1995/2002 Predomínio do Parlamento	
PS	AD BLOCO CENTRAL	PSD	PSD	PS Criação da Comissão de Execução Orçamental PSD	
RELEVÂNCIA DAS CONTAS	CONTAS SEM RELEVÂNCIA			CONTAS COM RELEVÂNCIA	

tivas políticas e legislativas de controlo das finanças públicas, na perspectiva global da utilização dos instrumentos de controlo mais intensamente utilizados e dos resultados obtidos.

Nesta análise, é de realçar que restringimos o âmbito da nossa investigação aos anos objecto de avaliação (1979, 1981, 1984, 1986, 1990, 1994, 1998 e 2001), embora amiúde tenhamos encontrado iniciativas e debates que não podemos deixar de evidenciar pela sua importância política.

Como verificamos no Quadro XI, a utilização de um vasto conjunto de descritores de análise permitiu-nos analisar a própria evolução do instituto do controlo parlamentar das finanças públicas, através do número de vezes que esses descritores foram utilizados em cada ano parlamentar objecto de análise.

A análise dos debates parlamentares, nos termos dos descritores, ajuda-nos a perceber a forma como cada um dos conceitos foi sendo assimilado pelo legislador português e de que forma o Parlamento foi construindo a noção de controlo parlamentar que detém em geral e do controlo financeiro em particular. Se nos primeiros anos da democracia portuguesa só os conceitos de «*finanças públicas*», «*controlo*» e «*fiscalização*» eram utilizados pelos deputados nos debates em plenário, verifica-se um alargamento do léxico ao longo das diversas legislaturas e após 1990, outros conceitos ganham relevância teórica, reconhecimento

[QUADRO XI]

Grelha de análise dos debates parlamentares

	1979	1981	1984	1986	1990	1994	1998	2001
Controlo orçamental	-	-	-	-	4	-	1	21
Controlo financeiro	-	-	-	-	2	1	4	2
Controlo parlamentar	-	-	-	-	1	6	-	10
Fiscalização orçamental	-	-	-	1	2	-	-	2
Finanças públicas	13	18	11	104	33	40	27	98
Controlo	1	21	13	10	225	372	258	141
Fiscalização	46	70	74	90	33	385	206	278

e importância prática, como foram os conceitos de «*controlo orçamental*», de «*controlo financeiro*», «*controlo parlamentar*» e «fiscalização orçamental», o que significa uma assunção política de outras preocupações e uma mudança comportamental do Parlamento na última década.

Todavia, ao debruçarmo-nos sobre o primeiro ano orçamental objecto de análise, o ano de 1979, em razão de ter encerrado em si a última sessão legislativa da I Legislatura, verificamos a existência da utilização de outros instrumentos de controlo parlamentar, mas nenhuma iniciativa parlamentar de controlo directo ou indirecto das finanças públicas, o que patenteia de forma clara preocupações políticas de outra natureza e necessidade de outros trabalhos, como os legislativos, de representação ou de afirmação eleitoral, entre outros. Encontramos, nomeadamente, debates longos e detalhados sobre os processos de nacionalizações, reestruturação do sector público empresarial, sobre a reforma agrária e sobre o papel do IFADAP no contexto da agricultura nacional.

Quanto à utilização dos mecanismos de controlo parlamentar durante a I Legislatura, da análise efectuada dos Diários da Assembleia da República, podemos concluir pela existência da utilização de outros instrumentos de controlo parlamentar, como foram as perguntas e os inquéritos e consta uma proposta de constituição de uma comissão de inquérito à gestão da RTP, que foi rejeitada, apesar do extenso debate de que foi alvo[419]. Podemos constatar, igualmente, que entre 1976 e

---

[419] Cfr. DAR., I S, n.º 049, de 29.02.1982, pág. 2007 e segs..

1979 existiram apenas duas interpelações parlamentares e nenhuma teve como objecto a fiscalização política da matéria orçamental ou financeira. O mesmo se passou nos anos de 1979/1980, onde encontramos quatro interpelações e, bem assim, nos anos intermediados entre 1980 e 1983, em que se assinalam dez interpelações ao Governo, sem que nenhuma se tivesse debruçado directa ou indirectamente sobre matéria de controlo das finanças públicas. Encontramos, apenas, referente ao ano de 1977, a Interpelação n.º 1/77, sobre medidas de austeridade, mas em momento algum as questões do controlo financeiro, do controlo orçamental ou da despesa pública foram levantadas ou discutidas[420]. O mesmo se constata relativamente à Interpelação n.º 1/80, sobre *"Política geral e medidas de política económica e financeira do Governo"*, em que são inexistentes referências directas às matérias relativas à gestão orçamental e ao controlo da despesa pública[421]. Só em 1983, já na III Legislatura, encontramos, em concreto, a Interpelação n.º 1/III, sobre as medidas de política económica e financeira aplicadas, orientação económica, monetária e orçamental relativas ao acordo negociado com o FMI, mas em que o controlo e fiscalização da matéria relativa à execução orçamental, à despesa públicas e às contas públicas foi abordada superficialmente, uma vez que a interpelação recaiu essencialmente sobre as condições económicas e sociais e o nível de vida dos portugueses[422].

Podemos concluir, quanto aos anos de 1979 e 1981, que os mecanismos de controlo utilizados: as moções de censura, as interpelações, as perguntas, os requerimentos, as petições e os inquéritos não tiveram como preocupação parlamentar o controlo ou fiscalização da despesa pública, da gestão orçamental ou especiais cuidados com o défice orçamental ou com as contas públicas. Realçam-se apenas os debates sobre o Orçamento do Estado, onde se destaca o debate político entre Vítor Constâncio e Aníbal Cavaco Silva.

Quanto ao ano de 1984, segundo ano da III Legislatura, encontramos diversas interpelações. sessões de perguntas ao Governo, propostas de criação de comissões de inquérito e requerimentos, mas sem que

---

[420] Cfr. DAR, I S., n.º 81, de 2/3/77, Supl..
[421] Cfr. DAR, I S., n.º 24, de 22/2/80.
[422] Cfr. DAR, I S., n.º 39, de 26/10/83.

nenhuma se tenha debruçado directamente sobre o controlo parlamentar das finanças públicas, embora possamos constatar diversas iniciativas de comissões de inquérito parlamentar sobre questões conexas com esta, como sejam: o Inquérito Parlamentar n.º 10/III, às condições de aquisição e venda de aviões pela transportadora aérea nacional, TAP, EP. e o Inquérito Parlamentar n.º 12/III, sobre os critérios de atribuição de verbas pela Secretaria de Estado do Emprego e Formação Profissional e o controlo da sua aplicação[423]. Quanto aos debates parlamentares, encontrámos apenas o debate político sobre o Orçamento Suplementar, entre o Deputado Magalhães Mota da ASDI e o Secretário de Estado do Orçamento, Alípio Dias, onde o Parlamento põe em causa o aumento gradual do défice orçamental, como sendo uma *"fatalidade histórica"*, questiona o Governo sobre as funções da Direcção-Geral da Contabilidade Pública e a sua ineficácia, uma vez que *"está em causa a impossibilidade funcional de fazer previsão e acompanhamento do Orçamento"*, uma vez que *"o mal do acompanhamento orçamental é sério e obriga esta Assembleia da República no orçamento de 1985 tome disposições para que esse controlo se possa traduzir numa realidade"* e onde, por sua vez, o Governo contrapôs dizendo que *"Não há falta de controlo orçamental"*, entre muitos outros argumentos.

Portanto, poderemos afirmar, nos termos das descrições dos Diários da Assembleia da República, das Actas da Comissão de Economia, Finanças e Plano, das entrevistas efectuadas e dos estudos conhecidos que o controlo parlamentar das finanças públicas pelo Parlamento em Portugal entre 1976 e 1985 foi um controlo essencialmente inexistente, embora com episódios esporádicos de controlo indirecto, conseguido sobretudo através das comissões de inquérito e das interpelações ao Governo. Não registámos qualquer iniciativa legislativa tendente a potenciar o controlo parlamentar das finanças públicas!

Esta constatação é confirmada de forma absoluta, nos termos e com os contornos descritos no debate acerca da criação da *"Comissão eventual de análise das contas públicas dos anos posteriores a 1971 e pendentes do julgamento por parte da Assembleia da Repúblic*a", proposta pelo Projecto de Resolução n.º 5/IV, do PS, PRD e PCP, onde, nomeadamente, o Deputado Octávio Teixeira afirma que *"Já há alguns*

---

[423] Vide, em ambos os casos, DAR, I S., n.º 139, de 22 de Junho de 1984.

anos que se levanta esta questão de pôr em dia as Contas do Estado. Criando uma Comissão Eventual que, no prazo de seis meses, dê cabal cumprimento à reposição da normalidade da análise das Contas do Estado pela Assembleia da República. (...) cria-nos a esperança de que também noutros aspectos e a muito breve prazo, seja reposta a normalidade da fiscalização da actividade governamental na óptica da execução orçamental por parte desta Assembleia da República"[424]. Ou seja, entre 1972 e 1985, as Contas Gerais do Estado estiveram por analisar e aprovar pela Assembleia da República, apesar de terem já obtido o parecer do Tribunal de Contas, o que a nosso ver, demonstra de forma inequívoca e cabal, o desinteresse constitucional e parlamentar, que esta matéria acarretou durante cerca de 13 anos. De tal forma que a própria Assembleia da República tenha incorrido, eventualmente, numa inconstitucionalidade por omissão, por incumprimento expresso das normas dos artigos 107.º e 162.º da CRP.

É de realçar que estas contas só viriam a ser aprovadas e tomadas em 1991, após a criação de uma outra Comissão Eventual em 1988 e que só analisou as contas de 1976 a 1988[425]. Todavia, as contas de 1989 foram tomadas em 1991 e o Governo nem sequer se fez representar nesse debate, o que constituiu alvo de acérrimo debate político onde o deputado Narana Coissoró sublinhou ser *"absolutamente inconcebível que, quando se discute no Parlamento as Contas Gerais do Estado e as despesas realizadas em nome do Estado pelo Governo, seja o próprio Governo a não vir prestar contas ao Parlamento daquilo que gastou e como o fez"*. O deputado Rui Carp afirmou, tratar-se de uma questão perfeitamente inovadora, *"porque só o governo social-democrata do Prof. Cavaco Silva é que conseguiu pôr as contas em ordem e apresentá-las à Assembleia da República a tempo e horas, para que este órgão pudesse fazer a discussão necessária. É por esta razão que estamos aqui a aprender e a fazer doutrina nesta matéria"*.

Nesta matéria, discorre do debate que o Governo não teve consciência da importância da sua presença no julgamento das contas públicas em sede da Assembleia da República, o que não se tornou a veri-

---

[424] No mesmo sentido a intervenção do Deputado Magalhães Mota, Deputado Virgílio Pereira e Deputado Nogueira de Brito. Cfr. DAR, I S., 06.12.1985, pág. 389 e segs..

[425] *Vide*, DAR, I S., n.º 69, de 07.04.1988, pág. 2580 e segs..

ficar até 2002. As contas públicas de 1990, 1991, 1992 e 1993 foram discutidas e aprovadas a 2 de Outubro de 1996, onde o deputado do João Carlos Silva afirma que o PS encara a *"Possibilidade de dar maior enquadramento institucional à apreciação da Conta Geral do Estado e acompanhamento da execução orçamental, pela eventual criação de uma subcomissão de controlo orçamental, à semelhança do que se passa noutros países da Europa"*[426]. Sobre este assunto, Manuel dos Santos, em entrevista, afirmou-nos que o grande atraso na aprovação destas contas públicas esteve relacionado directamente com o facto do Governo de maioria absoluta do PSD ter entravado a Comissão de Economia, Finanças e Plano e a Subcomissão de Contas Públicas, em receber o Presidente do Tribunal de Contas ou o Ministro das Finanças, este último que se recusou a participar na então recém criada Subcomissão de Contas.

As contas públicas de 1994 e 1995 foram aprovadas e tomadas em 1998, onde o deputado Matos Leitão dissertou sobre o controlo político, sublinhando que *"Já lá vai o tempo em que as Contas Gerais do Estado ficavam adormecidas no Parlamento com o fim óbvio de impedir o controlo político do Governo"*, uma vez que *"Apreciar a Conta Geral do Estado é, em primeiro lugar, avaliar politicamente o Governo pelo seu desempenho na gestão dos dinheiros públicos, pela política orçamental e financeira aplicadas, em suma, pela avaliação política da execução orçamental"*. Neste debate, acrescente-se, que os deputados Manuel dos Santos e Augusto Boucinha voltaram a afirmar a necessidade de criação de uma subcomissão de contas públicas, com o apoio do PS e CDS/PP. Podemos concluir que o facto de as contas públicas terem sido tomadas fora de tempo e ao arrepio de todos e quaisquer preceitos legais, ao mesmo tempo que as questões do controlo externo se foram avolumando e ganhando importância pelo contexto nacional e europeu das finanças públicas, o Parlamento foi assumindo a sua missão de órgão de controlo político externo em matéria financeira e deixando em desuso velhas práticas de desleixo e omissão no cumprimento dos preceitos constitucionais conexos. É com base em factos da natureza daqueles que acabámos de analisar que Moreno[427]

---

[426] Cfr. DAR, I S, n.º 105, de 1996.10.03, pág. 3551 e segs..
[427] Em entrevista que nos foi concedida a 26 de Novembro de 2002.

sublinha que, "*Com efeito, em regra, a tomada de contas do Governo pela Assembleia da República tem-se, repetidamente, traduzido numa prática apressada e inócua, num acto completamente asséptico e sem o mínimo de conteúdo. A prática parlamentar de controlo financeiro tem constituído uma vergonha e uma desonra quer para o controlador quer para o gestor. É uma inutilidade cara para o cidadão contribuinte e eleitor*".

Concluindo, num período em que o Parlamento teve o predomínio sobre as questões políticas e poder para fiscalizar e controlar a actividade do Governo, uma vez que os governos não tiveram apoio parlamentar maioritário e foram até de iniciativa presidencial, não soube ou não pode utilizar os instrumentos de fiscalização que dispunha, tendo desleixado a sua actuação, deixando de cumprir com os seus deveres constitucionalmente consagrados e violando, bruscamente, o princípio do controlo parlamentar das finanças públicas.

Em 1986, encontramos três debates profundos sobre o controlo parlamentar das finanças públicas, através dos debates sobre a necessidade de elaboração de uma nova Lei de Enquadramento Orçamental, sobre o Orçamento de Estado e sobre o Orçamento Suplementar. Do extenso debate sobre estas necessidades legislativas, destacamos o debate sobre a Lei de Enquadramento Orçamental, onde realçamos a intervenção do Deputado João Cravinho[428], aplaudida por todos os grupos parlamentares, em que de uma forma sustentada são postas à evidência as deficiências na construção do Orçamento de Estado, do acompanhamento da sua execução e da falta de fiscalização e controlo por parte da Assembleia da República. Afirma o deputado, que "*o actual modo de intervenção da Assembleia da República no processo orçamental é excessivamente incipiente face às suas responsabilidades constitucionais (...), o que está em causa é a razão de ser, o mérito da própria Assembleia da República*" e que "*A melhoria do enquadramento orçamental tem de se basear na nítida demarcação das tarefas que cabem ao Governo e à Assembleia da República (...). Desse ponto de vista, a situação actual poderá corresponder a uma boa repartição*

---

[428] Cfr. DAR, I S, n.º 31, de 1986.02.06, sobre os Projectos de Lei n.º 48/IV do PCP, 92/IV do CDS e 94/IV do PS, onde se destacam ainda as intervenções dos Deputados Ivo Pinho, Nogueira de Brito, Octávio Teixeira e Próspero Luís.

de tarefas entre a AR e o Governo se se verificarem duas condições: em primeiro lugar, uma informação muito mais abundante e precisa; em segundo lugar, um acompanhamento e uma fiscalização sérios. Estas duas condições estão longe de serem satisfeitas, mesmo em situações elementares (...) A Assembleia da República não pode esquecer que o controlo da execução e da tomada de contas fazem parte integrante do processo orçamental. Temos aqui uma lacuna muito grave que urge preencher".

Deste debate e pela análise dos Diários da Assembleia deste ano, resulta claro que o Parlamento tinha em 1986 consciência plena de que o problema da relação Governo-Assembleia quanto à informação orçamental era uma realidade, que esta era fornecida intempestivamente e de que existiam, igualmente, problemas relacionados com os meios à disposição do Parlamento e com o esforço e trabalho dos próprios deputados sobre estas matérias.

Do mesmo modo, da análise efectuada, concluímos que os partidos mais afastados do exercício do poder apresentaram tendencialmente soluções de um maior controlo orçamental pela Assembleia da República e que os partidos no poder, ou na imediata expectativa de o poderem vir a ser, refugiaram as suas posições para soluções mais moderadas. Todavia, este mesmo deputado, afirmou aquando da aprovação do Orçamento Suplementar de 1986 *"Que a Assembleia da República é, também por imperativo constitucional, o órgão soberano competente para tomar as contas, fiscalizar o estado das finanças públicas e fiscalizar a execução do orçamento"* e *"De facto, o Parlamento nas anteriores legislaturas, sobretudo, de 1980 a 1985, ficou muito abaixo do que deveria em matéria de fiscalização".*

Esta posição como outras que encontramos ao longo dos debates parlamentares do ano de 1986[429] são demonstrativas da assumpção das suas responsabilidades, em razão da Revisão Constitucional de 1982, da aprovação da Lei de Enquadramento Orçamental em 1983 – Lei n.º 40/83, de 13 de Dezembro e da revisão do Regimento da Assembleia da República de 1985, que acarretou uma maior consciencialização do

---

[429] Cfr. DAR, I S, n.º 94, de 1986.07.11, onde encontramos diversas intervenções no mesmo sentido dos Deputados Magalhães Mota, João Corregedor da Fonseca, Nogueira de Brito e Octávio Teixeira.

Parlamento no seu todo, da importância central do controlo das finanças públicas, enquanto meio de fiscalização da actividade do Governo e da Administração. Acresce, a estas razões, o facto de em 1986, Portugal ter aderido à União Europeia e transitoriamente ter ficado obrigado a um conjunto de reformas financeiras, que alertaram o Parlamento para as suas responsabilidades, como realçou o deputado Nogueira de Brito no debate sobre a Lei de Enquadramento Orçamental.

Neste sentido, a partir de 1986, encontramos uma nova atitude por parte da Assembleia da República, muito mais exigente perante o Governo, quer no plano da obtenção de informação atempada, quer no que diz respeito a pedidos de esclarecimento e interpelações. Assim, no ano de 1988, denota-se a existência de uma interpelação ao Governo realizada pelo CDS sobre política económico-financeira[430], de duração superior a 8 horas e de uma profundidade considerável em matéria de controlo das finanças públicas, embora como se diga na gíria *«palavras leva-as o vento»*. Do mesmo modo aconteceu com um conjunto de debates bastante profundos acerca de matérias conexas com o controlo orçamental e com os poderes de fiscalização da Assembleia da República, como foram os casos das discussões sobre a Lei de Bases da Contabilidade Pública e alteração da Lei Orgânica do Tribunal de Contas. Foi a *fase da consolidação e amadurecimento* do Parlamento.

O ano de 1990 foi um ano marcado pela ausência de controlo, embora possamos encontrar nos debates parlamentares, pela primeira vez desde a Assembleia Constituinte, expressões como *«controlo orçamental»*, *«controlo financeiro»* e *«fiscalização orçamental»*. Em 1990, destacamos, pelo conteúdo do debate e pela relevância política, as diversas interpelações efectuadas pela oposição ao Governo do PSD, sobre os custos e as derrapagens financeiras na construção do projecto do Centro Cultural de Belém, bem como os debates parlamentares sobre as Grandes Opções do Plano e Orçamento do Estado e sobre diversas propostas de aprovação de uma Lei de Enquadramento Orçamental[431]. Quanto às propostas de lei sobre a Lei de Enquadramento Orçamental, elas surgiram em razão da Revisão Constitucional aprovada em 1989,

---
[430] Cfr. DAR, I S, n.º 53, de 1988.02.18.
[431] Cfr. DAR, I S, n.º 29, de 1990.12.20, n.º 25, de 1990.12.11, n.º 15, de 1990.11.22, n.º 15, de 1990.11.21, n.º 14, de 1990.11.20 e n.º 92, de 1990.06.28.

sobretudo através da alteração à redacção dos artigos 107.°, 108.°, 109.° e 110.° da CRP, onde os poderes de fiscalização orçamental da Assembleia da República foram inquestionavelmente reforçados. Estas propostas deram origem ao Decreto-Lei n.° 6/91, de 20 de Fevereiro, que vigorou até à aprovação da Lei n.° 91/2001, de 20 de Agosto, ou seja, este debate deu origem a uma lei estável sobre o enquadramento orçamental que vigorou durante 10 anos!

4.1. *As Leis de Enquadramento Orçamental*

Aproveitamos, agora, para discorrer um pouco sobre as Leis de Enquadramento Orçamental em vigor entre 1977 e 2001[432], analisando, igualmente, a lei hoje em vigor, à luz dos principais instrumentos de controlo e fiscalização orçamental à disposição da Assembleia da República e das obrigações do Governo nesta matéria, sobretudo as de informação. A Lei n.° 64/77, de 26 de Agosto, intitulada Lei de Enquadramento do Orçamento Geral do Estado, previu pela primeira vez na história da nossa democracia, no seu Capitulo IV, nos artigos 21.° e 22.°, a fiscalização e responsabilidade orçamentais, atribuindo a «*fiscalização administrativa*» à entidade responsável pela gestão e execução e às entidades hierarquicamente superiores e de tutela e a órgãos gerais de inspecção e controlo administrativo e a «*fiscalização jurisdicional*» ao Tribunal de Contas. Estes dois tipos de fiscalização orçamental deveriam, segundo estas disposições legais, atender aos princípios de que a execução orçamental tenderia a "*obter a maior utilidade e rendimentos sociais com o mais baixo custo*". Ou seja, o legislador não previu qualquer responsabilização pelo controlo político da execução orçamental por parte da Assembleia da República. Este facto ajuda-nos a perceber o desinteresse e o desleixe com que o Parlamento encarou o controlo das finanças públicas entre 1976 e 1985 e deixa-nos claramente surpresos pelo facto de esta Lei de Enquadramento Orçamental não dar cumprimento às disposições constitucionais em vigor, nomeadamente o artigo 108.°, uma vez que este previa a fiscalização do orçamento pela Assembleia da República.

---

[432] *Vide* na nota 41 da II Parte a referência às Leis de Enquadramento do Orçamento do Estado.

Todavia, o legislador atribuiu-lhe o poder de votar o Orçamento de Estado e aprovar a Conta Geral do Estado, precedendo parecer do Tribunal de Contas e efectivar as correspondentes responsabilidades se houver lugar às mesmas, mas só no caso de não aprovação da Conta Geral do Estado. Significa isto, que o próprio Parlamento, aquando da aprovação desta lei, não quis assumir as suas responsabilidades políticas de fiscalizar o Governo, ou então, parece ter havido uma grave falha na elaboração deste diploma legal estruturante do Estado democrático de Direito que a Constituição de 1976 consagra!

Sendo verdade que a Constituição consagrava o princípio do controlo parlamentar das finanças públicas, o que não é menos verdade é que esse controlo deveria ter sido, desde logo, operacionalizado em sede de Lei de Enquadramento Orçamental, discriminando a forma, o conteúdo e o âmbito do mesmo. Ora, o que é facto é que a Lei n.º 40/83, de 13 de Dezembro, em nada alterou este cenário, o que demonstra que só mais tarde o Parlamento acordou para as questões relacionadas com o controlo político da execução orçamental, uma vez que este diploma legal, elaborado após a Revisão Constitucional de 1982, continuou por não consagrar o controlo político da execução orçamental. Com efeito, ficaram apenas pequenos ajustamentos de redacção relacionados com o orçamento da segurança social e introduzindo um novo artigo 22.º, onde o legislador estabeleceu que os titulares de cargos políticos respondem política, civil e criminalmente pelos actos e omissões relativos à execução orçamental de sua responsabilidade, bem como os funcionários públicos.

No mesmo sentido, foi a Lei n.º 6/91, de 20 de Fevereiro, que relativamente à lei de 1983, nesta matéria, apenas lhe acrescentou o artigo 23.º sobre os deveres de informação a prestar à Assembleia da República pelo Governo. O Governo deveria informar trimestralmente o Parlamento "*acerca do montante, condições, entidades financiadoras e utilização de todos os empréstimos contraídos, bem como acerca do montante, condições e entidades beneficiárias de empréstimos e outras operações activas concedidas pelo Governo*" e deveria enviar-lhe, igualmente, de forma regular "*os balancetes trimestrais relativos à execução orçamental elaborados pela Direcção-Geral da Contabilidade Pública*". Tendo o legislador consciência de que o controlo político é da competência da Assembleia da República preocupou-se apenas em consagrar deveres de informação por parte do Governo, esquecendo uma vez mais os poderes de controlo e fiscalização das finanças públicas e a sua regulamentação. Ao invés, em matéria de aprovação da Conta Geral do Estado, esta lei introduziu melhorias muito significativas, começando pela delimitação do âmbito da Conta Geral do Estado, dos seus princípios e da sua estrutura, o que aproximou a forma de apresentação desta à do Orçamento do Estado.

Quanto à Lei de Enquadramento Orçamental hoje em vigor – Lei n.º 91/2001, de 20 de Agosto, ela incorpora uma revolução na forma como são reguladas todas as matérias do enquadramento orçamental em geral e do controlo e fiscalização em particular. Em primeiro lugar, a Lei consagrou em capítulos distintos o controlo orçamental, as responsabilidades financeiras e as contas públicas. Em segundo lugar, o legislador deu um tratamento quase exaustivo a estas matérias que de forma sistemática nos demonstram a importância e a relevância das mesmas. Tendo apertado a malha técnico-jurídica na redacção dos artigos 55.º a 78.º, o legislador consagrou o princípio geral de que a execução do Orçamento do Estado está sujeita ao controlo e que, nos termos da lei for aplicável, tem como objecto a verificação da legalidade e da regularidade financeira das receitas e das despesas públicas, bem como a apreciação da boa gestão dos dinheiros e outros activos públicos e da divida pública. O controlo orçamental passou a ser administrativo, jurisdicional e político.

Em terceiro lugar, o controlo político é ao invés do que verificámos nas outras leis de enquadramento, regulado de forma bastante profunda e normalizada, tendo ganho foros de autonomização em artigo próprio, no artigo 56.º, onde se consagra a competência da Assembleia da República para exercer o controlo político sobre a execução do Orçamento do Estado e efectivar as correspondentes responsabilidades políticas.

Esta lei é inovadora, também, pelo facto de ter assumido atribuir à Assembleia da República a competência para poder solicitar ao Governo a prestação de quaisquer informações suplementares sobre a execução do Orçamento do Estado, para além das informações que o Governo é obrigado a enviar-lhe, o que patenteia também a assunção de uma atitude activa de controlo por parte do Parlamento. O Governo tem hoje um conjunto vasto de obrigações de informação ao Parlamento que deveriam ter um carácter de obrigatoriedade, que infelizmente o legislador não pode ou não conseguiu introduzir, uma vez que o n.º 3 deste artigo utiliza a expressão «*O Governo envia tempestivamente à Assembleia da República*» e deveria utilizar, inequivocamente, a nosso ver, a expressão «*O Governo deve enviar obrigatória e mensalmente à Assembleia da República*».

Em quarto lugar, o controlo político que esta nova lei veio consagrar, por comparação com as anteriores, patenteia uma rápida evolução do sistema português de controlo parlamentar das finanças públicas, que se aproxima, enquanto modelo, de muitas das realidades europeias que analisámos, seguindo de perto outros ordenamentos constitucionais, como sejam o francês, inglês e alemão. O facto de o Governo enviar à Assembleia da República todos os elementos informativos necessários para a habilitar a acompanhar e controlar, de modo efectivo, a execução do Orçamento do Estado, num vasto conjunto de matérias que a lei elenca, ainda que a título de exemplo, demonstra que mensalmente nuns casos e trimestralmente noutros, o Parlamento pode e deve ficar habilitado a controlar a execução orçamental e a avaliar os actos financeiros do Governo e da Administração.

Em quinto lugar, esta lei inova relativamente aos seus regimes anteriores, uma vez que atribui o poder à Assembleia da República de receber essa informação e ao mesmo tempo contempla a possibilidade desta Câmara poder exigir do Governo a «*prestação de quaisquer informações suplementares sobre a execução do Orçamento do Estado*», devendo o Governo fornecê-las no prazo de 60 dias. Ou seja, esta lei fortalece a posição da Assembleia da República face ao Governo e confere-lhe instrumentos e poder para poder eficazmente acompanhar e controlar a execução orçamental, efectivando a fiscalização das finanças públicas por parte do Parlamento.

4.2. *A função do Tribunal de Contas no controlo externo político*

Relativamente às relações entre a Assembleia da República e o Tribunal de Contas, quanto à fiscalização das contas públicas, a evolução que se regista é, igualmente, de uma mudança de paradigma e de um aprofundamento das mesmas. O Tribunal de Contas envia os seus relatórios finais elaborados no âmbito das suas competências de controlo orçamental à Assembleia da República e esta pode por sua vez solicitar àquele um vasto conjunto de informações sobre as mais variadas matérias orçamentais, como por exemplo informações sobre as funções de controlo financeiro do Tribunal de Contas, através da presença do Presidente do Tribunal de Contas em sessões de comissão parlamentar, bem como através da colaboração técnica de pessoal dos serviços de apoio daquele órgão de controlo externo. Nestes termos, parece que o n.º 7 do artigo 56.º aflora e consagra uma aproximação entre estas instituições, de tal forma, que julgamos poder estar consagrado nesta norma o nascimento da ideia de evolução do próprio Tribunal de Contas, enquanto futuro principal órgão de controlo externo em Portugal, cometendo-lhe funções de apoio técnico-parlamentar à Assembleia da República, num desdobramento jurídico-constitucional da sua própria natureza. Aliás, na linha de evolução das funções de outros tribunais e de outros órgãos de controlo, como o NAO, o GAO e o Tribunal de Contas alemão[433].

A evolução da lei de enquadramento do Orçamento do Estado demonstra-nos de forma clara e precisa, a evolução do nosso regime de controlo orçamental parlamentar e ao mesmo tempo esclarece-nos sobre o caminho a percorrer, no aprofundamento das relações entre Assembleia, Governo e Tribunal de Contas. Contudo, da análise por nós efectuada ao trabalho parlamentar, ressalta o facto de muito poucas iniciativas terem tido lugar ao longo das últimas duas quase três décadas, para além das relacionadas directamente com a Lei do Enquadramento do Orçamento do Estado e com as Leis Orgânicas do Tribunal de Contas. Por exemplo, constatamos que o Parlamento, no ano de 1993, apenas se debruçou sobre questões relacionadas com o controlo das finanças públicas, aquando da aprovação da constituição da Subcomissão de

---

[433] Cfr. DAR, I S, n.º 93, de 1996.07.06, pág. 3183 e segs., onde Sousa Franco, na qualidade de Ministro das Finanças afirma *"Permito-me sugerir ao Parlamento que, aprofundando este ponto a base está cá e foi proposta pelo Governo, pensasse na criação de formulas permanentes. As Cortes espanholas têm uma Comissão Permanente para as relações com o Tribunal de Contas e, desde a Assembleia Nacional Francesa à Câmara dos Comuns inglesa, as comissões de contas públicas são formas por excelência de estabelecer contactos permanentes entre tribunais de contas ou órgãos de auditoria pública"*.

Contas Públicas, no seio da Comissão de Economia, Finanças e Plano, para além dos debates relacionados com a discussão e aprovação do Orçamento de Estado.

No ano de 1994, apesar de constantemente utilizar expressões como «*controlo orçamental*», «*fiscalização*», «*controlo*» e «*finanças públicas*», nenhuma iniciativa política foi tomada, a não ser através do instituto das perguntas ao Governo, que nada adiantaram ou adiantam em matéria de controlo das finanças públicas e através da Interpelação n.º 17/VI, do PS "*sobre o balanço da evolução da economia portuguesa em 1993 e perspectivas económicas*", em sede de discussão política sobre o agravamento do défice público, que foi neste ano superior a 5% do Produto Interno Bruto[434]. Todavia, em sede de discussão e aprovação do projecto de deliberação n.º 90/VI (PS), que autorizou a Comissão de Economia, Finanças e Plano a reunir até 31 de Julho de 1994, constatamos as dificuldades vividas por esta Comissão no acompanhamento da execução orçamental e na tomada das contas públicas, uma vez que se observam preocupações de falta de tempo para a "*apreciação do recente relatório do Tribunal de Contas relativo à execução orçamental e às irregularidades encontradas na Conta de Estado de 1992*", na intervenção do deputado Manuel dos Santos. O mesmo deputado, afirma, igualmente, "*fiz seguir (...) um pedido de convite para que alguém do Tribunal de Contas de deslocasse à Comissão de Economia, Finanças e Plano, para ter com a Subcomissão de Contas, uma reunião para apreciar esta matéria*", o que pensamos tenha sido inédito até então, porque na análise exaustiva que efectuámos, foi a primeira referência à necessidade de um trabalho conjunto entre a Assembleia da República e o Tribunal de Contas.

Na verdade, em discursos e intervenções dos deputados, encontramos muitas referências à necessidade de aproximação entre estes dois órgãos de soberania, mas de facto e em concreto, este convite marcou de forma indelével essa aproximação, que veio até 2001 a se estreitar, como veremos. Por isso, o deputado Octávio Teixeira determinava ser "*necessário que a Comissão tenha um encontro, desde já, com o Tribunal de Contas*". Esta aproximação, hoje consolidada, fez um percurso,

---

[434] Cfr. Banco de Portugal, *Séries longas para a economia portuguesa – Contas do Sector Público Administrativo*, 2001.

que teve como ponto alto de consciencialização da sua importância a discussão da Lei n.º 98/97, de 25 de Agosto – a Lei Orgânica do Tribunal de Contas. Na discussão desta lei, afirma-se um ponto de viragem na forma como a Assembleia da República havia assumido o controlo externo em geral e o controlo parlamentar das finanças públicas em particular e sobretudo a concepção existente sobre o papel do Parlamento no sistema de controlo do Estado. Na apresentação deste diploma, Proposta de Lei n.º 51/VII do Governo, o Ministro das Finanças, Professor Sousa Franco, afirmou que *"O despacho do Ministro das Finanças que foi publicado no Diário da República, em 3 de Julho passado, resolvendo o eterno problema, em que Portugal era a vergonha dos países da União Europeia, porque era o único em que a Administração negava ao Tribunal de Contas o acesso sistemático a todos os dados de execução orçamental"*, uma vez que *"Permitiu-se, assim, não apenas ao Tribunal de Contas, mas a este Parlamento fiscalizar a execução do Orçamento, nos termos do artigo 110.º da Constituição, que não tem tido qualquer cumprimento, nem por parte do Parlamento, nem por parte do Tribunal de Contas(...). Esta questão terminou. Vamos, cumprir mais um preceito da Constituição!"*[435].

Esta intervenção terá sido, na opinião de alguns deputados de então, um marco histórico na forma de conceber o controlo político por parte da Assembleia da República[436], uma vez que Sousa Franco apresentou, para além de uma escorreita e correcta descrição histórica da evolução do controlo, uma perspectiva ampla sobre a forma e conteúdo do futuro do controlo externo, técnico e independente e político. Nesse sentido, Sousa Franco, com determinação afirmou que *"A pedra de cúpula de tudo isto está também nas mãos de V. Exas. é a fiscalização política. Sem fiscalização política, isto será sempre imperfeito e incompleto, mas sem uma boa assessoria técnica independente, que o Tribunal de Contas deve dar ao Parlamento, a fiscalização política perder--se-á em generalidades, não tendo capacidade de assentar em bases sólidas"*.

---

[435] Cfr. DAR, I S, n.º 93, de 1996.07.06, pág. 3183 e segs..
[436] Foi a opinião de Manuel dos Santos, João Carlos Silva, Guilherme D'Oliveira Martins e Octávio Teixeira.

4.3. Uma nova visão e prática parlamentar pós-1993

Apesar desta tendência parlamentar de uma maior abertura às questões relativas ao controlo orçamental e à fiscalização financeira do Governo e da Administração, constatámos que na VII Legislatura uma proposta de criação de uma Subcomissão de Contas Públicas, da autoria do deputado João Cravinho, foi reprovada, o que levou o Ministro das Finanças no debate de Orçamento do Estado para 2001, ter afirmado, *"Então senhores deputados, não se oponham à proposta de criação de uma comissão parlamentar de controlo orçamental (...). Afinal, em que ficamos? Querem ou não acompanhar seriamente a execução do Orçamento do Estado ou querem apenas lançar poeira para os olhos da população?"*. Ora, esta situação, em que a própria oposição se opõe à criação de uma comissão de contas públicas, demonstra a forma como muitas das vezes esta matéria do controlo parlamentar das finanças públicas foi tratada pelos deputados e pelos partidos políticos, subjugando o interesse nacional, o bem-estar e saúde das nossas finanças públicas aos jogos político-partidários de cada momento. O *controlo-oposição* foi negado, o que não contrasta com o discurso político que podemos analisar ao longo destas quase três décadas e denega totalmente os autores que o defendem como a principal característica do controlo parlamentar, uma vez que em Portugal, perante um Governo com minoria no Parlamento e que propôs a criação de uma Subcomissão de Contas Públicas, a oposição, maioritária, não aprovou tal pretensão.

Este contraste tornou-se ainda mais evidente, quando o Parlamento por maioria mais do que qualificada, passados que estavam menos de dois anos, aprovou a Comissão de Execução Orçamental[437], que ainda hoje está em funções e que mais tarde abordaremos. Naturalmente, não podemos deixar de notar a política seguida pelo Governo e secundada por todos os Grupos Parlamentares em nome do interesse nacional relativamente ao cumprimento dos critérios de convergência

---

[437] A criação da Comissão de Execução Orçamental foi objecto de um trabalho de concerto de posições, tendo em atenção as propostas para a sua criação existentes em 2001. Ou seja, os Projectos de Resolução n.º 159/VIII do PS n.º 109/VIII do CDS/PP. A sua criação foi aprovada em 31 de Outubro de 2001. Cfr. DAR, I S, n.º 19, de 2001.10.31, pág. 663 e segs..

definidos no Tratado de Maastricht, o que condicionou um debate mais aprofundado sobre o estado das finanças públicas entre 1995 e 1998. Por essa razão, encontramos inúmeras utilizações das expressões «*controlo*», «*fiscalização*» e «*finanças públicas*», nos debates parlamentares, mas encontramos muito poucas iniciativas políticas de controlo orçamental ou de fiscalização da actividade financeira do Governo e da Administração. No ano de 1998, podemos apenas analisar, para além dos debates orçamentais e dos debates sobre a aprovação das contas públicas de 1994 e 1995, uma proposta de Resolução para a "*Constituição de uma comissão eventual de inquérito parlamentar para apreciação dos actos do Governo e das suas orientações de pareceria em negócios envolvendo o Estado e interesses privados*", Resolução n.º 25/98, da iniciativa do PSD. Num outro plano, encontrámos uma fortíssima actividade parlamentar de controlo parlamentar financeiro no ano de 2001. Desde logo, destaca-se a criação da Comissão de Execução Orçamental, por iniciativa do PS e CDS/PP, que culminou o gradual processo de afirmação do Parlamento nesta matéria, que se vinha a desenhar, como afirmámos, sobretudo desde o ano de 1996, quando Sousa Franco, Ministro das Finanças, afirmou em plenário da necessidade da sua criação[438].

No preâmbulo de um dos projectos que deram origem a esta Comissão destaca-se o ponto de convergência parlamentar sobre a necessidade da criação de um sistema eficaz de controlo e de articulação entre o Tribunal de Contas e o Parlamento, mediante a consagração de soluções que assegurassem um acompanhamento mais eficaz, por parte do Parlamento, para efeitos de acompanhamento da execução orçamental. É de salientar, neste âmbito, o facto de a Comissão não ter sido designada de «*Comissão de Controlo Orçamental*», uma vez que o termo «Execução» não incorpora em si um âmbito de acção tão vasto e profundo, quanto a expressão «Controlo», que para além da própria execução orçamental poderia assegurar a interligação a outros conceitos a este directamente conexos, como a avaliação, inspecção e fiscalização que o Tribunal de Contas e o Sistema de Controlo Interno da

---

[438] Este facto foi confirmado em diversas entrevistas que realizámos, nomeadamente a Sousa Franco, Octávio Teixeira, Rui Carp, Teodora Cardoso, José Tavares e Carlos Moreno.

Administração Financeira do Estado levam a efeito. Todavia, como nos testemunhou Sousa Franco, "*A designação, em meu entender, é indiferente*"[439].

A criação desta Comissão de Execução Orçamental é, por outro lado, um marco histórico e revolucionário na mentalidade e na prática parlamentar, apesar do texto aprovado não ter qualquer referência às competências, organização e assessoria a esta Comissão e se limitar a determinar a sua composição. O que significa que a questão do controlo das finanças públicas é sobretudo uma questão de "*mentalidade*", já que está provado, pela nossa prática legislativa, que o facto de se aprovarem leis nada vale, nem resolve problema algum, se não for possível instituir procedimentos de controlo sistemático na inoperante Comissão de Economia, Finanças e Plano, sobre os diversos relatórios do Tribunal de Contas, do SCI e de entidades de áreas do sector público financeiro, administrativo ou empresarial. Na opinião de Rui Carp, Brito Onofre, Manuel dos Santos e João Carlos Silva, a curta experiência da actuação da Comissão de Execução Orçamental não possibilita retirar conclusões definitivas, mas Sousa Franco sublinha que ela é bem elucidativa desta realidade: "*foi criada, parece um Congresso; está morta, na realidade nada mudou*".

Neste sentido, parece na realidade que a criação desta Comissão pouco ou nada acrescentou à actividade de controlo e fiscalização parlamentar das finanças públicas, porque encontrámos, no que concerne à sua actividade, raros elementos e destes apenas se destaca o Acordo de Procedimentos de Cooperação entre o Tribunal de Contas e esta Comissão, onde o Tribunal de Contas, relativamente ao solicitado por aquela Comissão, estabelece um vasto conjunto de procedimentos de criação de canais de informação entre os elementos da Comissão de Execução Orçamental e os responsáveis orgânicos daquele Tribunal. Destes procedimentos, destaca-se a sugestão do Tribunal de Contas de realizar uma reunião anual entre os deputados da Comissão e este órgão, "*a fim de fazer o balanço da cooperação concretizada no ano anterior e examinar os termos concretos em que tal cooperação poderá ser aprofundada*"[440]. Não se conhecem, ainda, outros resultados do

---

[439] Entrevista concedida em 3 de Julho de 2003.
[440] Documento disponibilizado pelo Senhor Presidente do Tribunal de Contas,

trabalho desenvolvido por esta comissão, pelo que é extemporâneo estar a retirar conclusões.

Por outro lado, no ano de 2001, teve ainda lugar um debate sobre o inquérito parlamentar n.º 9/VIII, relativo às operações de gestão financeira da Partest, onde encontramos um vasto e profundo debate sobre as funções de controlo orçamental por parte da Assembleia da República, entre os deputados Joel Hasse Ferreira e Basílio Horta, mas em que a conclusão do mesmo remete para a ideia de que o controlo efectuado pelo Tribunal de Contas e Assembleia da República não tem qualquer efeito, dada a manifesta falta de instrumentos e meios disponíveis no Parlamento para esse efeito. Em 2001, o Parlamento debruçou-se de novo sobre a Lei de Enquadramento do Orçamento do Estado, mas sobre este diploma já nos debruçamos, pelo que apenas há a realçar o estimulante debate que teve lugar, quer pela sua profundidade e extensão, quer pelos resultados atingidos através da redacção final do texto aprovado, que formatou de novo o controlo parlamentar das finanças públicas e as relações entre os dois órgão de controlo externo e o Sistema de Controlo Interno. Esta foi sem duvida *a fase da consagração do primado* do Parlamento.

Concluindo, podemos afirmar que durante os últimos trinta anos de actividade parlamentar, muitos foram os atropelos à dogmática constitucional, onde os relatos e os factos demonstram uma outra prática constitucional, quase sempre próxima de situações de inconstitucionalidade por omissão, por incumprimento directo das normas constitucionais dos artigos 107.º e 162.º Nesta perspectiva, nos primeiros 10 anos de democracia, as questões da execução orçamental, do equilíbrio da finanças públicas, dos défices do Estado ou da tomada de contas tiveram uma importância e uma relevância diminuta ou quase inexistente na vida parlamentar e o seu controlo inexistiu. Por isso, sublinhamos o que Octávio Teixeira nos afirmou em entrevista, que comprova esta ideia: *"Na minha perspectiva, a Assembleia da República não tem feito a fiscalização da execução orçamental, ou seja o Parlamento tem-se limitado a votar o Orçamento, Tem restringido o seu papel de controlo no momento do nascimento. Mesmo o controlo pós-morte – a aprecia-*

Juiz Conselheiro Alfredo de Sousa, datado de 24 de Outubro de 2002, referenciado com o n.º 12628.

ção e votação da Conta Geral do Estado – tem sido, de um modo geral, feito com demasiada ligeireza"[441].

Quanto à tomada de contas pelo Parlamento, este tomou-as, porque optou teórica e praticamente pelo mero controlo da legalidade e da regularidade formal orçamental e, bem assim, pelo controlo da integridade das contas e da conformidade formal dos pareceres do Tribunal de Contas, sem uma análise de conteúdo substancial e sem uma avaliação séria da gestão pública financeira. O controlo da gestão, da boa gestão financeira e da avaliação dos resultados, com particular destaque, pelo lado da despesa, para o cumprimento dos critérios da economia, da eficiência e da eficácia, que são vertentes que parecem afastadas do objecto do controlo parlamentar das finanças públicas. Aliás, este desiderato esteve também afastado da vontade do legislador constituinte em 1975, uma vez que da análise da discussão realizada em torno das propostas e das opções políticas apresentadas para a redacção do artigo 165.º da Constituição, o único deputado constituinte a abordar a questão do controlo parlamentar das finanças públicas foi Jorge Miranda, que salientou então que *"Queremos que a Assembleia dos Deputados não seja apenas uma câmara orçamental, mas acima de tudo uma câmara legislativa e uma câmara de fiscalização da actividade do Governo e da Administração Pública. (...) Finalmente, no n.º 5, trata-se da fiscalização da execução do orçamento, ou, noutra linguagem, da fiscalização de contas"*[442].

Por último, constata-se a existência de um regime constitucional e legal estável, que tem vindo a evoluir de forma positiva, em especial após a revisão regimental de 1985, embora a questão do efectivo controlo das finanças públicas seja, sobretudo, um problema de "mentalidade" e de prática parlamentar. Não é legislando por si só que se resolve a problemática do controlo parlamentar das finanças públicas. Leis e regulamentos nada valem, se não houver efectiva vontade de lhes dar execução!

---

[441] Entrevista concedida em 28 de Outubro de 2002.
[442] Cfr. DAR, I S, n.º 117, de 1976.03.10., pág. 3866 e segs..

5. A aparente contradição entre o regime constitucional e a sua prática

Analisada a questão de saber se a Assembleia da República cumpre satisfatoriamente as atribuições de fiscalização das finanças públicas, importa agora verificar se a aparente contradição entre o nosso regime constitucional e a prática parlamentar portuguesa dos últimos 30 anos assenta em razões de ineficiente formação desse regime ou se existem razões efectivas para que os deputados sistematicamente não tenham feito cumprir integralmente a Constituição da República?

Pela análise que temos vindo a efectuar, parece, à primeira vista, que este aparente divórcio se consubstancia em razões que o Parlamento não desconhece, mas que tem desleixado e abandonado em terrenos pouco trabalhados. Durante estas quase três décadas de regime democrático pudemos constatar em muitíssimas intervenções, de diversos deputados e dos mais insuspeitos grupos parlamentares, múltiplas insistências para o aprofundamento e o estudo de melhores formas de controlo orçamental, de controlo das finanças públicas. Neste sentido, ao entrevistarmos cerca de vinte personalidades directamente relacionadas com a gestão orçamental pública destes últimos trinta anos, pudemos constatar que existe um conjunto de ideias e conclusões genéricas a todos[443].

Em primeiro lugar, a conclusão geral, que podemos retirar através das entrevistas realizadas, é que a totalidade dos entrevistados julga que o actual regime constitucional está global e correctamente consagrado, sendo que Carlos Moreno, Bacelar Gouveia e José Tavares são

---

[443] As entrevistas foram realizadas ou presencialmente ou através de resposta escrita ou gravada e assentaram num questionário básico de seis perguntas, a saber: **a)** *Concorda com o princípio do controlo parlamentar das finanças públicas nos termos em que está consagrado?* **b)** *Considera que tal princípio está correcta e suficientemente consagrado na Constituição Portuguesa?* **c)** *Em sua opinião, a prática parlamentar de controlo das finanças públicas corresponde ao que a Constituição prevê?* **d)** *As matérias objecto de controlo pelo Parlamento são as mais importantes ou não?* **e)** *Poderia o Parlamento ser mais eficaz no controlo das finanças públicas no actual regime, se os instrumentos fossem mais adequados à função de controlo e fiscalização da Assembleia da República?* **f)** *Que melhorias proporia para o actual regime nesta matéria?*.

ainda da opinião de que o texto constitucional poderia e deveria ser aperfeiçoado, quer em termos de consequências políticas e jurídicas da sua não aplicação, quer no sentido de melhorar por exemplo o regime de tomada de contas, uma vez que se torna manifestamente incorrecto e intempestivo por, através do decurso de um tempo exagerado, diluir a responsabilidade do gestor e retirar a oportunidade e a eficácia à acção do controlador, dado que as Contas do Estado podem ser apresentadas até 31 de Dezembro do ano subsequente, nos termos do artigo 162.º da CRP. Importa, pois, perante esta constatação, moralizar este procedimento.

Em segundo lugar, o pensamento dos inquiridos sobre a prática parlamentar coincide de forma estreita com o constatado na análise dos instrumentos, iniciativas e debates parlamentares, que realizámos, ou seja, a Assembleia da República exerce um tipo de controlo das finanças públicas que não corresponde correcta e suficientemente ao que a Constituição consagra. A opinião generalizada a esta questão e de reposta muito simples: a prática parlamentar não tem, de modo algum, correspondido ao *"espírito"* da lei e às exigências que, nesta matéria, a democracia lhe impõe. A primeira razão por nós encontrada para este facto é de que a organização parlamentar é muito fraca e diluída e os sucessivos Parlamentos têm sido muito pouco exigentes para com os Governos e não têm valorizado as competências que detêm e a que estão obrigados, deixando aos executivos a possibilidade de não se deixarem controlar, uma vez que o Parlamento se demonstra inoperante e sem reacção perante aquele. Ou seja, o Parlamento deveria ter outra atitude, outra mentalidade, assente no rigor, na exigência e no controlo monitorizado e de proximidade. A segunda razão da ineficácia parlamentar em matéria de controlo das finanças públicas que encontrámos assenta na ideia que já alinhavámos anteriormente, de que nos primeiros 10 anos da nossa democracia e mesmo até meados da década de noventa, o modelo constitucional não tinha adequada e eficaz consagração na legislação ordinária e, por isso, foi necessário alterar significativamente a Lei de Enquadramento Orçamental sucessivas vezes, por forma a estabelecer normas mais imperativas para a efectivação deste controlo. Esta situação, a nosso ver, trouxe ao conhecimento público a ideia que se interiorizou também nos deputados, de que não havia nem poderia haver controlo efectivo das finanças públicas, por falta de mecanismos e por opção dos governos. Trouxe a desresponsabilização social, que se vive hoje na sociedade portuguesa.

A terceira razão, a nosso ver, parece ter sido a falta de consciencialização e de *"mentalidade"* de controlo e avaliação, quer dos deputados e dos governos, quer dos agentes da Administração Pública, que demoraram tempo a aperceberem-se da importância fundamental do controlo político democrático efectivo sobre a aplicação de recursos disponíveis pelo Estado.

Em quarto lugar, da análise efectuada e dos testemunhos recolhidos, parece consciencializada a ideia de que os meios colocados à disposição dos deputados, nomeadamente, os dados estatísticos e os elementos sobre a execução orçamental, foram sempre fornecidos intempestivamente e de forma insuficiente, bem como, os relatórios do Tribunal de Contas e dos órgãos de controlo interno quase nunca chegaram à Assembleia da República.

Em quinto lugar, existe a ideia generalizada de que o controlo das finanças públicas exige uma assessoria especializada que nunca existiu e que contrastaria com o facto de se assumir a falta de preparação dos deputados para analisar e abordar estas matérias. Todavia, há que acrescentar que, nestes quase trinta anos de actividade parlamentar, muitas das vezes comprovadamente verificámos a existência de uma tendência generalizada dos grupos parlamentares para a demonstração de falta de consciência de cidadania, face à pressão mediática e à dependência dos grupos de interesse, deixando para último lugar o controlo das finanças públicas, perante a visibilidade de temas como a situação financeira dos clubes de futebol ou de uma entrevista concedida por um membro do Governo.

Em sexto lugar, encontramos ainda razões conexas com a exposição mediática de uma das vertentes fundamentais das finanças públicas – a aprovação do Orçamento do Estado – subalternizando a vertente *ex post* do controlo financeiro. Esta vertente deficitária, na opinião de Miguel Cadilhe, diz respeito a um vasto conjunto de matérias que se entrecruzam no que diz respeito às contas anuais do Estado e ao julgamento das contas mensalmente, em que a realidade é decepcionante. Por outro lado, os prazos não são cumpridos, a fiscalização e a tomada das contas tem sido efectuada fora do «*tempo legal*», que tem posto em causa substancialmente esta questão, quer do ponto de vista do modo, da profundidade, da própria metodologia de análise, quer do âmbito e alcance do controlo das finanças públicas que o Parlamento não exerceu e quase não exerce. Neste sentido, Leston-Bandeira[444] argumenta no mesmo sentido, quando, citando António Vitorino, retira a conclusão de que na primeira década da democracia o controlo parlamentar não se assumia como uma prática parlamentar comum e o seu uso estava ainda a dar os primeiros passos. Hoje, pensamos que esta afirmação tem toda a validade, pois em 2003, a prática do controlo parlamentar das finanças públicas apresenta as mesmas características e sintomas, mantendo-se a mesma «*rotinização do controlo parlamentar*» nesta matéria. Nem mesmo a tentativa de aproximação dos cidadãos aos eleitos, que podemos detectar como sendo uma preocupação crescente na década de noventa por parte do Parlamento, motivou o Parlamento à sua principal reforma, a reforma da mentalidade e consciência de acção política de controlo e fiscalização dos actos do Governo e da Administração Pública!

É certo que a apreciação do Orçamento do Estado pode constituir, de facto, um dos momentos mais marcantes e importantes do ano parlamentar, do trabalho parlamentar e um momento de excelência de controlo *ex ante* das finanças públicas. Por isso mesmo, trata-se de uma das poucas matérias cujo processo de apreciação é inteiramente gravado e publicado no DAR. O interesse do Orçamento do Estado está ainda consubstanciado no facto de ser considerado como a forma por excelência de discussão anual do programa de governo e da sua execução e, por outro lado, é o documento que mais interesses congrega dos mais variados sectores da sociedade, já que as opções aprovadas afectam directamente a vida de cada cidadão de forma directa. Todavia, Miguel Cadilhe manifestou-nos a opinião de que a Assembleia da República deveria dedicar «*à execução orçamental pelo menos tanto tempo quanto vem dedicando (por vezes desperdiçando) à aprovação do Orçamento do Estado. Em um quartel de Democracia, assistimos ao "ex post" subalternizado versus o "ex ante"*».

Por isso, se atentarmos aos dados fornecidos no quadro seguinte (Quadro XII), verificamos que a Assembleia da República se debruçou

---

[444] Cfr. Leston-Bandeira, C., *Da Legislação à Legitimação: o Papel do Parlamento Português*, ob. cit., pág. 138 e 159 e segs..

e debruça muito mais à apreciação deste diploma do que a qualquer outro e, exponencialmente, mais do que à apreciação e avaliação das contas públicas ou à execução orçamental ao longo de todo o ano parlamentar. O Parlamento gastou mais tempo no ano em que gastou menos tempo na apreciação do Orçamento do Estado, do que gastou desde 1976 no controlo parlamentar das finanças públicas na sua vertente *ex post* de controlo técnico e político.

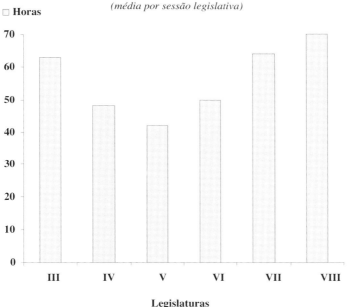

[QUADRO XII]

Horas gastas em sede de comissão, debates do OE
Comissão-especialidade
(média por sessão legislativa)

Ora, esta postura da Assembleia da República tem levantado outra questão, no que à fiscalização das contas públicas diz respeito e que tem a ver directamente com o problema dos défices públicos. Isto é, rigor, verdade e cumprimento das propostas políticas na gestão das finanças públicas. Em Portugal, nos últimos trinta anos, em sede de Assembleia da República, muito se tem discutido e questionado as percentagens dos défices públicos, mas, pode existir, entre nós, superavit e preexistir a indisciplina financeira ou pode existir défice e disciplina orçamental rigorosa, uma vez que podemos encontrar "*défices virtuosos*" e "*défices nefastos*", que o Parlamento pouco valorará tais situações, uma vez que a fiscalização qualificada, como deveria ser a sua, centra-se sempre sobre o défice em si e não nas suas verdadeiras causas e consequências. A nosso ver, um dos melhores sinais do rigor e disciplina ou de desleixo ou indisciplina na gestão da finanças públicas é o confronto entre défice executados e orçamentado em cada ano.

O Quadro XIII demonstra, de forma clara, como tem evoluído a despesa pública em Portugal e podemos constatar que não existe nenhuma relação entre o volume da despesa pública primária e a eficácia do controlo parlamentar das finanças públicas, porque encontramos défices volumosos em anos de gestão dos mais variados tipos de governos e de maiorias na Assembleia da República, sem qualquer valoração política destes factos, a não ser em tempo de campanha eleitoral ou de debate parlamentar mediatizado, o que significa e demonstra cabalmente que o Parlamento não tem fiscalizado as finanças do Estado, porque, pelo menos, se assim não fosse, em anos de governação com minoria parlamentar, encontraríamos moções de censura ou interpelações sobre o estado das finanças públicas, o que nunca aconteceu desde 1976.

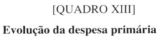

[QUADRO XIII]

Evolução da despesa primária

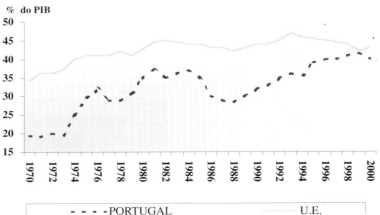

A prática parlamentar nesta matéria tem deixado muito a desejar. Na verdade, o que se torna mais lamentável é que todos os actores políticos e técnicos corroboram a ideia de que todos eles têm consciência há vários anos da insuficiência do controlo parlamentar e só em 1999, 2001 e 2002 tenham surgido iniciativas no sentido de criar mecanismos efectivos de controlo parlamentar através da criação da Comissão de Execução Orçamental. É nesta perspectiva que várias opiniões vão no sentido de creditarem grandes esperanças nesta Comissão e no seu trabalho, que fortaleceu, em teoria, em suas opiniões, o princípio do controlo parlamentar das finanças públicas[445].

Nesta perspectiva, Carlos Moreno, sublinhou-nos que *"A prática parlamentar de controlo financeiro não corresponde ao que a Constituição da República prevê, apesar de esta, como, aliás, já se expressou, apresentar um texto mortiço e não dinâmico da função de controlo – mesmo se o texto constitucional mais não parece que o espelho de um nado-morto, a prática parlamentar do controlo das finanças públicas é ainda pior, assemelhando-se ao velório de um vagabundo sem família"*[446].

Realçando esta ideia, a generalidade dos entrevistados, bem como as principais intervenções parlamentares dos últimos anos que anteriormente analisámos, confirmam esta ideia de que realmente assumiu uma prática parlamentar diversa da consagrada constitucionalmente. Miguel Cadilhe afirma que *"Nesse domínio do controlo das finanças públicas pela Assembleia da Republica, o que me parece é que as coisas precisam de andar melhor do que têm andado. A Assembleia da República, a meu ver, não fiscaliza devidamente as finanças públicas (...)"* e por isso a fiscalização que realiza é *"talvez uma fiscalização esforçada, mas é inconsequente, diria envergonhada, despercebida pelo grande público"*. A opinião de Octávio Teixeira, veicula também a ideia dessa prática errática, quando nos afirmou que «*Tenho para mim que a prática parlamentar não tem, de modo algum, correspondido ao "espírito" da lei e às exigências que, nesta matéria, a democracia lhe impõe*» e,

---

[445] São as opiniões manifestadas por João Carlos Silva, Manuel dos Santos, Octávio Teixeira, Teodora Cardoso, José Tavares, Carlos Moreno, Brito Onofre e Bacelar Gouveia.
[446] Em entrevista concedida a 26 de Novembro de 2002.

Teodora Cardoso assume que "*O que falha não são as provisões constitucionais, mas a prática de uma democracia partidarizada (...) penso que tudo que há a melhorar se pode fazer pela prática política*".

Concluindo. Apesar de um esforço crescente que se reconhece à Assembleia da República no sentido de credibilizar o controlo financeiro e orçamental, através das revisões constitucionais, do seu Regimento Interno, das Leis de Enquadramento Orçamental e da criação da Comissão de Execução Orçamental, o que se constata é a ideia generalizada do seu não controlo, seja por falta de meios, seja por incapacidade organizacional ou por incúria e menor cuidado dos deputados. Esta noção de controlo tem vindo a crescer de facto, ao mesmo tempo que a estabilidade governativa se tem vindo a sedimentar e o amadurecimento da democracia se avizinha. Do mesmo modo, o facto de Portugal pertencer à União Europeia e aos onze países da "zona euro" num contexto de uma economia globalizada, trouxe à tona as dificuldades financeiras do país e demonstrou à evidência a importância dos temas económicos em geral e das finanças públicas em particular.

Posto isto, parece claro que as melhorias na prática parlamentar do controlo orçamental e financeiro têm de assentar em melhorias político-sociais e não por via unicamente jurídico-formal. É possível assegurar grandes melhorias no seu regime e prática, se se assegurar, desde logo, melhorias na própria forma como o Orçamento do Estado é elaborado e na forma como é feita a sua articulação como Programa de Estabilidade e Crescimento, porque não é possível controlar, ou pelo menos é muito mais difícil, se os dinheiros públicos inscritos no Orçamento não estiverem afectos a centro de custos, dependentes da concretização de objectivos e de resultados de gestão e associados a formas de controlo próximo. Mas, mais adiante, aprofundaremos as melhorias a introduzir, que estão na sua base e no seu fundamento directamente relacionadas com a difusão de uma mentalidade de controlo, que deve ser entendida como uma actividade concorrente e cooperante e não como é vista hoje, por muitos sectores da nossa sociedade, como uma actividade de índole policial ou repressiva.

V – PERSPECTIVAS DE EVOLUÇÃO DO CONTROLO PARLAMENTAR DAS FINANÇAS PÚBLICAS EM PORTUGAL

1. Tópicos para uma outra prática parlamentar.

Sobre o controlo parlamentar em matéria financeira, tem havido, em geral, a opinião de que ainda há um longo caminho a percorrer: ora se afirma que ele é inexistente, ineficaz – o que é falso – ora se espanta com as menores iniciativas do Governo neste domínio, invocando a ameaça de um regime de Assembleia. Não é fácil haver uma opinião firme neste domínio, onde abundam as boas intenções, as aparências enganosas, as reservas e as paixões partidárias. Desde a data da implementação da democracia, observaram-se poucos progressos. Quer isto dizer que não se fez e não se deve fazer mais nada? É certo que um bom controlo financeiro é caro e ainda não se forneceu ao Parlamento os meios necessários para cumprir a sua missão. Mais precisamente, não se tratará de um problema de vontade política?

Na verdade, não é possível fazer tudo nesta matéria e os métodos, as tradições, os costumes parlamentares evoluem muito lentamente: mas a indiferença e o cepticismo não podem, na óptica e aos olhos do observador comum, ser assumidos como um *«problema insolúvel»*. É necessário reconhecer que o actual nível de controlo parlamentar é muito fraco, e isto por três razões de princípio. Em primeiro lugar, é um facto que o Orçamento do Estado é quase definitivamente determinado pelo Primeiro Ministro. Por outro lado, a Comissão de Economia, Finanças e Plano perdeu, na prática, nos últimos anos, todo o poder de modificar, mesmo de forma ligeira, a repartição das despesas, de modo que o debate orçamental perdeu toda a eficácia e toda a virtude aos olhos dos parlamentares, não sendo mais, e no melhor dos casos, do que um exercício litúrgico. Isto explica, em parte, a indiferença dos parlamentares em relação às suas Comissões de Economia, Finanças e

Plano e de Execução Orçamental pois, politicamente, o controlo também está, por natureza, ligado à possibilidade de modificar as propostas orçamentais, que hoje se resumem a alterações do montante de verbas inscritas no Programa de Investimentos e Despesas de Desenvolvimento da Administração Central (PIDDAC) e pouco mais. Por último, a vontade de controlar de perto a execução do orçamento é fraca: os deputados não têm tempo e não têm os meios necessários para o exercerem em boas condições. Ainda para mais, de que serve controlar as finanças públicas, se ao controlo não se segue nenhuma decisão, nenhuma consequência política ou financeira para o controlado?

Os deputados sabem exactamente, com uma ciência certeira, os limites dos seus poderes no estado actual do costume parlamentar e das relações do executivo e do legislativo. Bastava um deputado inovar, que as autoridades do seu partido e da sua Comissão se inquietariam com o seu zelo, talvez inoportuno. Enfim, o controlo exercido pela Comissão de Economia, Finanças e Plano, principalmente por ocasião do orçamento, é cada vez mais restrito ao domínio clássico da despesa pública: não se estende, salvo raras excepções, às receitas do Estado; abandona as operações complexas do tesouro por falta de informações e permanece bastante limitado por tudo o que diz respeito às empresas públicas.

Este quadro pode parecer pessimista e as pinceladas um pouco forçadas, mas esqueceu-se demasiado a necessidade de avaliar realmente a eficácia das discussões orçamentais. Na verdade, esta diminuição do controlo parlamentar não deixa de ser vantajosa: nada se arrisca a ser tão impolítico e impopular como um verdadeiro controlo. Compreende-se que o «*controlado*» já não proteste e que o próprio controlador seja mais ou menos «*cúmplice*» pois, por força das circunstâncias, um controlo aprofundado pode ser incomodativo, inoportuno, oneroso e o controlador está atento à imagem conciliadora que quase sempre quer fazer passar. Abrigado por estes preconceitos, constitui-se, ou reconstitui-se, um verdadeiro privilégio da administração que é, por princípio, irresponsável: já ninguém ousa criticá-la – excepto o Tribunal de Contas. Assim, tal como sublinha Edgar Faure, o reforço do controlo do Parlamento não é uma «*cedência do poder executivo*»[447].

---

[447] Cfr. Assembleia Nacional Francesa, *J.O.*, *Débats*, 8 de Novembro de 1973, pág. 5285.

O controlo político externo aparece como uma compensação necessária da prevalecente «*diminutio capitis*» do Parlamento em termos de poder legislativo. O controlo parlamentar pode ser perspectivado como uma necessidade administrativa: para funcionar bem, a administração tem necessidade de um controlo não hierárquico e não jurisdicional, de um controlo político que se ligue directamente aos actos do Governo e da Administração Pública, à sua responsabilidade moral, técnica e política. Ora, cada vez mais, as decisões complexas relativas ao futuro do país, que empreguem somas importantes de capitais públicos, são tomadas sem que o Parlamento controle *a posteriori* a eficácia das previsões, ou revele os erros de gestão. O anonimato, a irresponsabilidade e a infantilidade das decisões, muitas vezes, dissimulam mal o imprevisto, a mediocridade, o feudalismo e as querelas entre grupos de interesse.

O controlo parlamentar é, por natureza, um controlo político que tem a sua estrutura, o seu querer próprio. Por isso, é psicologicamente necessário que o poder parlamentar possa surgir como o recurso dos seus constituintes contra as «*tecno-estruturas*» poderosas, contra as decisões minuciosas das burocracias instaladas. É verdade que a possibilidade de entrar em pormenores sobre a gestão e de colocar questões perturbadoras acerca de casos menores constitui, também, uma das armas do controlador que – como todos os controladores – deve saber, sempre que necessário, mostrar-se minucioso. Mas, em princípio, o controlo efectuado por um parlamentar deve permanecer no seu espírito político e, assim, ser claramente distinto do controlo administrativo ou jurisdicional.

Mas, o que incomoda o controlador parlamentar é, em primeiro lugar, a ausência de uma doutrina precisa, de regras do jogo bem definidas. Quais deverão ser os objectivos do controlo parlamentar? Quais deverão ser os seus limites? Qual deverá ser a estratégia do controlo? De que forma se deve diferenciar claramente dos outros controlos administrativos e jurisdicionais?

Não é simples responder a estas questões, muitas vezes bastante complexas, quer por falta de uma boa teoria de controlo e, sobretudo, por quem não tem experiência de gestão pública e orçamental ou de avaliação de políticas públicas.

Em segundo lugar, o controlador tem, no entanto, boa consciência, mesmo quando faz pouco e compreende rapidamente o limite dos seus esforços, sabe que não consegue realmente incomodar a administração (e que isto não é desejável), que o controlo é uma questão técnica que pressupõe conhecimentos e até mesmo trabalho, que existe um núcleo confidencial de casos que escapam necessariamente ao seu controlo que é difícil determinar o nível exacto das responsabilidades em causa. Mas o que é perigoso, é a indiferença, a resignação, a recusa em causar algum problema mesmo que seja a um membro do Governo, a ausência de reflexão, o medo de «recaídas» políticas a partir do momento em que se ousa dizer «*não é razoável*» ou «*é injusto*».

Em terceiro lugar, o controlo parlamentar tem, necessariamente, formas mais leves, mais independentes que um controlo meramente administrativo. Este controlo, político por natureza, deve obedecer a uma estratégia de controlo, deve variar com a conjuntura política ou financeira, afinar-se, aprofundar-se, alargar-se, deslocar-se a montante e a jusante[448]. Todos os anos, deveríamos assistir a uma estratégia móvel do controlo, de maneira a inquietar o controlado, senão o controlo repetitivo, «*semelhante ao original*», pode integrar-se e diluir-se nos costumes administrativos[449]. Um controlo eficaz deve saber surpreender, declarar-se contra a excessiva tolerância administrativa e a regularidade dos procedimentos, controlar os fundamentos das decisões e a coerência dos projectos e verificar as dificuldades da gestão, levar uma ajuda às mutações penosas ou dar uma estocada certeira nas práticas administrativas e financeiras «*feudais*».

Em quarto lugar, a mobilidade do controlo é essencial, pois é ela que provoca a deferência do controlado, mas supõe uma estratégia mais ou menos aberta, uma certa coerência de doutrina e de «*intenções de manobra*», a capacidade de conceber um controlo que não seja «*semelhante ao original*». Por falta de doutrina, de reflexão sobre a técnica e

---

[448] A montante, para avaliar os elementos da decisão, a jusante, para controlar as modalidades de execução dos projectos.

[449] O questionário, na verdade, já não é realmente temido pelas administrações e os gabinetes criaram o hábito de verificar cuidadosamente as respostas enviadas ao Parlamento. Ainda para mais, a prática administrativa, no caso de assuntos importantes, incita os serviços orçamentais a reservar os elementos mais interessantes e os números mais significativos para o discurso orçamental do Ministro, que deve sempre guardar uma superioridade de informação.

os objectivos de controlo e por falta de programa de acção, o controlador parlamentar fica reduzido a uma espécie de acção artesanal de controlo que depressa se transforma em ficção, sendo que é neste que se satisfazem a Direcção do Grupo Parlamentar e o pretenso controlado Governo.

Um controlo parlamentar perfeito revela, certamente, um pouco de utopia, na medida em que toda a teoria geral do controlo supõe que o controlo é sempre imperfeito. Ainda é necessário evitar que o controlo parlamentar se transforme em ficção, se congele nas tradições arcaicas, se torne num «problema insolúvel»: de facto, ainda se reflectiu muito pouco ou se investiu no problema[450]. Todavia, em nosso entender, não foram nem têm sido realizados quaisquer investimentos intelectuais no domínio do controlo orçamental e continua-se a pensar nos termos em que se pensava no início do século passado. No plano teórico, a noção de equilíbrio orçamental, enquanto fundamento económico, parece não ter grande significado, porque o défice orçamental é muitas das vezes completamente artificial, tal como foi demonstrado em Portugal no ano de 2002, acerca da forma como se pode determinar o montante e a expressão numérica do mesmo[451].

O Parlamento, em conjunto com a Universidade, deveria encetar esforços no sentido de uma vasta e profunda reflexão sobre os problemas da análise científica da teoria do orçamento e da teoria do controlo orçamental. Deveria reflectir-se, sobretudo, sobre as normas de controlo orçamental, e a prática parlamentar de controlo do Orçamento do Estado, estudando formas e conceitos que permitissem definir com clareza, do ponto de vista da sua eficácia, os seus métodos e os seus

---

[450] Para além dos efectuados por F. J. Fabre (obra citada), os estudos consagrados à teoria do controlo parlamentar em matéria financeira são muito raros.

[451] Acerca das dificuldades teóricas da noção de défice orçamental, é necessário que se examine tanto ao nível da massa monetária, como a nível do desequilíbrio, a totalidade dos montantes que são utilizados no sector público oriundos do sector privado. O facto de nos cingirmos à mera análise do défice orçamental a um número, não parece uma atitude economicamente fundada, bem como relacioná-lo directa e exclusivamente com o debate político parlamentar. Além disso, é lamentável que não se dedique mais frequentemente recursos ao estudo do papel do sector público e não se vá mais longe do que a análises superficiais sobre o Orçamento do Estado ou das contas públicas.

limites, para além de definir uma doutrina do controlo parlamentar das finanças públicas.

O Parlamento tem uma boa noção do direito, tem uma visão política geral correcta e realista sobre os principais temas políticos que afectam a sociedade portuguesa, por isso o que falta é uma unidade de doutrina, uma clara consciência do carácter técnico do controlo das finanças públicas e uma visão precisa da importância política desse mesmo controlo, que permitisse, por si só, limitar determinadas burocracias demasiado minuciosas e indiscretas. Querer pensar e agir parece ser, nesta matéria, algo penoso, uma vez que transformar os costumes e práticas parlamentares já enraizadas se torna difícil, dado que estas apenas poderiam e podem ser lenta e progressivamente alteradas e vergadas com pequenos toques de aperfeiçoamento, dissimulando as inovações sob a máscara da prudência e do tecnicismo do controlo e se for interiorizando, simultaneamente, uma nova mentalidade da premência do controlo e da sua importância.

2. Perspectivas de evolução sobre o controlo parlamentar financeiro em Portugal

Tendo em conta o âmbito das atribuições constitucionalmente consagradas à Assembleia da República em matéria de controlo político da actividade financeira do Governo e da Administração Pública, constata-se que existe um défice entre as atribuições cometidas ao Parlamento e a efectiva utilização, por parte deste, de todos os mecanismos legais existentes à sua disposição para efectivar plenamente esse controlo.

A alteração das atribuições do Estado e da actividade administrativa daí decorrente, bem como a criação ou extinção de entes públicos de modo a satisfazer as necessidades da colectividade e a prossecução do interesse público, que se traduzem na modificação da despesa pública, não é acompanhado de um efectivo e eficaz controlo político por parte do Parlamento. Parece assim indiscutível, na opinião da doutrina mais autorizada[452], *"o carácter igualmente muitas*

---

[452] *Vide* Sá, Luís, "Assembleia da República", in *Dicionário Jurídico da Administração Pública*, 1.º Supl., 1998, pág. 54 e segs..

vezes limitado do exercício de poderes de fiscalização do Governo por parte da Assembleia da República, quer em face do alcance escasso de alguns meios utilizados, do ponto de vista de impacte na opinião pública. São disso exemplo as perguntas ao Governo enquanto órgão superior do Estado – Administração (em que o Governo tem, em Portugal, o poder de seleccionar as perguntas a que prefere responder ...) os requerimentos, o exercício do direito de petição, os inquéritos parlamentares. Trata-se, assim, de um afloramento de um fenómeno típico do Estado de partidos: no órgão fiscalizador predomina a mesma força que no órgão fiscalizado e a oposição carece de meios suficientes para levar muito longe, sozinha ou quase, o papel de controlo do executivo."

O primado do princípio da legalidade, a que está submetida toda a actividade administrativa, deve ser acompanhada da sujeição da Administração Pública ao princípio da boa gestão, como forma de garante de uma eficiente gestão e controlo financeiro de toda a actividade administrativa. O controlo político da actividade financeira do Estado por parte do Parlamento circunscreve-se à fiscalização da execução orçamental e à aprovação da Conta Geral do Estado, muito embora o facto de possuir inúmeros mecanismos legais para levar a efeito um efectivo controlo político da actividade financeira do Estado, a Assembleia da República não cumpre, por omissão, esta atribuição de relevante importância para o controlo das finanças públicas. O Parlamento efectua um mero controlo político, limitado à existência de poderes de facto, que se resumem, numa fase prévia, à aprovação do Orçamento Geral do Estado e numa fase subsequente à aprovação da Conta Geral do Estado.

Constata-se, assim, que a coberto de uma hiperbolização do primado legislativo do Parlamento, este descura a utilização dos poderes que lhe estão constitucionalmente consagrados em matéria de controlo político da actividade financeira do Estado. Sendo a essência da nossa democracia e do Estado de Direito a ela associada, alicerçados no princípio da representação em que assenta a constituição do nosso Parlamento, constata-se que tal representação não pode ser dissociada de um efectivo controlo político da gestão financeira do Estado, como garante da legalidade democrática e do desenvolvimento económico e social do país. Deste modo, podemos, facilmente, retomar as palavras utilizadas por Carcassonne[453], no quadro do poder fiscal do Parlamento: «*Para retomar uma fórmula clássica do domínio da Psicologia, todo o alienado é sempre cúmplice da sua alienação. Por outras palavras, o que falta ao Parlamento para que possa exercer o seu poder não são os meios, mas antes a vontade de utilizá-los*».

Nesta perspectiva, é imperioso que a Assembleia da República, em termos de uma futura revisão constitucional, dê expressão, de forma clara e inequívoca, à existência de uma sua função autónoma de controlo financeiro e orçamental do Estado. Por outro lado, o legislador deve ter em atenção a necessidade de alterações à legislação ordinária, no sentido de tornar tempestivo, sistemático e público o exercício dessa função, em atenção aos critérios da relevância, materialidade e evidência orçamental.

Hoje, à luz do volume financeiro e ao aumento da desconcentração orçamental e autonomização de funções e competências do Estado, é fundamental que o Parlamento promova sistemática e publicamente o dever de prestar contas e de responsabilizar efectivamente os gestores públicos e políticos pelos resultados obtidos, o que significa que é fundamental que a Assembleia da República reorganize a sua Comissão de Economia, Finanças e Plano e a Comissão de Execução Orçamental, no sentido de lhes atribuir competências e meios técnicos, por forma a tornar efectiva a presença constante de dirigentes da Administração Pública, de gestores públicos, responsáveis políticos, através, igualmente, de uma coordenação estreita com o Tribunal de Contas. Na opinião de Octávio Teixeira e Manuel dos Santos, estas duas comissões deveriam ser compostas maioritariamente por deputados da oposição e presididas por um deputado da oposição. Ao mesmo tempo, cresce a ideia generalizada de que é imperioso desencadear uma campanha cívica destinada a despertar e avivar nos cidadãos contribuintes a exigência social de clareza, transparência e prestação de contas e na assunção de responsabilidade pela gestão dos dinheiros públicos. Todavia, no mesmo sentido e apesar das insuficiências apontadas, sobretudo à letra das normas constitucionais, devemos convir que o espírito da Constituição, ainda

---

[453] Cfr. Carcassonne, G., "La portée du principe du consentement à l'impôt et les limites du pouvoir fiscal du législateur", in *L'Exercice du pouvoir financier du Parlement*, Economica, 1996.

que se dispusesse de instrumentos legais e regulamentares mais adequados à função de fiscalização do Parlamento, não seria suficiente, por si só, para tornar a Assembleia da República mais eficaz no controlo das finanças públicas. Este objectivo implicaria, a nosso ver, para ser alcançado, uma mudança de fundo na organização e funcionamento do Parlamento, enquanto órgão de controlo financeiro, através da disseminação de um conjunto de valores e princípios, suporte de uma outra cultura e mentalidade dos deputados eleitos e da sociedade em geral, em matéria de exigência na prestação de contas tempestivas, boas, claras e transparentes, de rigor na gestão pública, na necessidade de avaliação e acompanhamento da execução da despesa pública, de responsabilização efectiva dos gestores.

Mas, ao mesmo tempo, seria fundamental equacionar o papel e funções do Tribunal de Contas no que tem a ver directamente com o seu relacionamento com a Assembleia da República, no quadro da sua natureza de órgão supremo de controlo do Estado, em que superintenderia o Sistema de Controlo Interno, exerceria o controlo externo e assumiria o papel efectivo de órgão de controlo autónomo, mas também auxiliar do Parlamento. Assim se reforçariam as estruturas de controlo político por parte do Parlamento, ao mesmo tempo que se poderiam criar condições para um verdadeiro trabalho de controlo e fiscalização financeira em sede, quer da Comissão de Economia, Finanças e Plano, quer da Comissão de Execução Orçamental, aprofundando directamente as relações entre o a Assembleia da República, o Governo, a Administração Pública e o Tribunal de Contas, no fundo, aproximando o controlo político dos cidadãos contribuintes[454].

Aliás, esta posição de reforma parlamentar e constitucional vem, igualmente, no sentido da sensibilidade de Miguel Cadilhe, Octávio Teixeira e Bacelar Gouveia[455], que ponderam a hipótese de a Constituição prever a possibilidade de a Assembleia da República poder designar uma «*Comissão externa*», independente e altamente qualificada,

---

[454] No sentido das propostas que o Tribunal de Contas apresentou aquando da discussão da Lei de Enquadramento do Orçamento do Estado, Lei n.º 91/2001, de 20 de Agosto.

[455] Embora, Octávio Teixeira pondere a criação de uma Comissão Permanente exclusivamente virada para as questões do Orçamento do Estado, no seio da Assembleia da República.

com a missão de apresentar ao Parlamento relatórios trimestrais sobre o estado das finanças públicas, obviamente, tornados públicos.

Nesta lógica parlamentar, ponderamos a hipótese de evolução das funções do Tribunal de Contas, enquanto órgão de apoio ao Parlamento, num plano mais alargado de reforma da Administração Pública, sendo que o controlo parlamentar deve ser cada vez mais moderno, programado, concertado e menos acomodado, pois a administração necessita deste incentivo político. No entanto, a Comissão de Execução Orçamental pode vir a ser pensada como futuro embrião de um órgão da Assembleia da República, independente tecnicamente, mas responsável e solidário politicamente com esta.

3. O controlo parlamentar das finanças públicas e os novos desafios do Estado regulador

O estudo do controlo parlamentar das finanças públicas de 1976 a 2002 proporciona um vasto conjunto de indicadores significativos sobre o seu desenvolvimento. Estes indicadores permitem-nos verificar o modo como o trabalho parlamentar de controlo foi progressivamente organizado e sedimentado. Se, nos primeiros anos da nossa democracia, o plenário foi o campo das grandes batalhas do controlo político geral, porque o controlo das finanças públicas foi diminuto ou quase inexistente, o que é facto é que gradualmente o plenário foi adquirindo um papel de ecrã mediático para as interpelações, para os diplomas de maior visibilidade, para os debates especiais e para o debate da nação, enquanto se foram aprimorando outros mecanismos de controlo, como as comissões de inquérito e o trabalho da Comissão de Economia, Finanças e Plano. Esta evolução é, a nosso ver, ainda insuficiente, porque apesar de este estudo nos oferecer a informação existente e uma visão plena da função de controlo político externo das finanças públicas por parte da Assembleia da República, a análise do Capítulo IV demonstra, à evidencia, que o Parlamento português tem feito um esforço de aproximação ao modelo ocidental, que atribui um papel muito importante à função do controlo financeiro, mas o que é facto é que ele ainda não lhe é atribuído e em Portugal o poder de decisão do Parlamento é reduzido face ao fortalecimento das posições do Governo. Nesta matéria, é gritante este gigantismo, uma vez que cabe ao Governo determinar em grande parte o conteúdo e o momento em que entrega a informação orçamental ao Parlamento.

Os instrumentos de controlo à disposição do Parlamento no Estado são suficientes e os adequados, não necessitando de qualquer urgência de alteração constitucional ou legal, afirmaram quase todos os entrevistados. Mas, para que servem eles? Conseguimos explicar metodologicamente os seus resultados à luz do combate à má gestão e em favorecimento de uma gestão mais virtuosa e eficaz? De que forma podem os cidadãos descansar sobre o trabalho de controlo dos seus representantes políticos, quando sabem à partida que o controlo parlamentar sobre os dinheiros públicos oriundos dos seus impostos, do seu trabalho, é gasto pelo Governo, sem que nenhuma instituição avalie politicamente essa gestão? Se tomarmos por exemplo em linha de conta os casos da divulgação pelo próprio Parlamento das listas dos agentes do Serviço de Informações Estratégicas de Defesa e Militares (SIEDM), as violações de segredo de Estado, o caso do desdobramento das viagens dos deputados ou os infindáveis inquéritos, dos quais não se retiram quaisquer consequências, a relação do cidadão com o Parlamento não pode ser de muita confiança, de muita proximidade.

O Estado de transição em que vivemos, entre o Estado prestador e o Estado regulador[456], terá que conviver, no âmbito da União Europeia, com este período de degeneração das funções de soberania do Estado, face à construção de uma federação de estados por um lado e por outro, internamente, necessitará de desconcentrar competências e funções em diversas áreas. A governação local e regional começam hoje a ganhar uma nova dinâmica, onde outros tipos de democracia, para além da democracia representativa, assumem cada vez mais protagonismo.

Por outro lado, o cidadão comum tem hoje, uma muito maior relação de proximidade com os orçamentos da sua Câmara Municipal, da associação de que é sócio ou do seu banco, do que com o Orçamento do Estado ou com o trabalho de controlo que o Parlamento efectua na execução do mesmo e da avaliação que faz das contas públicas apre-

---

[456] Cfr. Vital Moreira e Leitão Marques, Maria Manuel, *A Mão Visível – Mercado e Regulação*, Almedina, Coimbra, 2003

sentadas pelo Governo, porque tem mecanismos de participar, de reclamar e de ser ouvido, mais próximos do que aqueles que a Assembleia da República lhes oferece[457]. Paralelamente à perda de funções do Estado de Direito para a União Europeia, de facto vive-se outra realidade que é a da descentralização das funções do Estado por outras pessoas colectivas territorialmente mais circunscritas, mas por isso mesmo mais próximas do cidadão, o que em Portugal não tem acontecido, mas há a noção e a consciencialização da sociedade em geral para esta necessidade. Ora, isto significa que, ao controlo parlamentar das finanças públicas é exigido um redobrado cuidado na fiscalização dos dinheiros públicos, uma vez que cada vez mais são outras entidades, que não o Estado através dos seus sectores, que executam o Orçamento do Estado.

A democracia participativa e reguladora, cria outras formas de agir e pensar o Estado e motivam o cidadão a raciocinar de forma diferente e de forma mais próxima daqueles que o representam, com a possibilidade de poder influir nas decisões que mais directamente lhe dizem respeito. Os problemas e desafios do Estado exigem o reforço da estrutura da responsabilização. O Estado regulador está à porta, tendo deixado de ser encarado como "*um neologismo de origem americana*", uma vez que a europeização da política, isto é, o aumento da interdependência entre as políticas nacionais e supranacionais da União Europeia, tem exigido a sua assunção. A transição de Estado intervencionista ou prestador a Estado regulador parece ser irreversível, devido, sobretudo, às pressões competitivas da globalização e à disciplina fiscal e orçamental imposta pela União Económica e Monetária[458]. Ora, o que se observa é que hoje a característica mais importante presente no Estado regulador consiste no facto de o sucesso das formas de regulação económica e social dependerem do facto de poderem ou não afectar o comportamento e as expectativas dos cidadãos e das organizações, o que significa a concepção da responsabilização como um problema de natureza institucional. Esta dimensão permite-nos perceber a forma como o poder político se relaciona com o cidadão, porque afecta direc-

---

[457] Conclusões retiradas das entrevistas efectuadas e que genericamente apontam o caminho da divulgação *on line* dos trabalhos parlamentares e do aumento de medidas sancionatórias em resultado do controlo financeiro realizado.

[458] Cfr. Majone, Giandomenico, "The regulatory State and its legitimacy problems", *ob. cit.*.

tamente a produção (ou não) de confiança do cidadão no sistema e na eficácia dos programas públicos. Nesta vertente, deve sublinhar-se, numa perspectiva de reforma do controlo parlamentar das finanças públicas em particular e de reforma da Administração Pública em geral, a ênfase posta na técnica de controlo dos abusos orçamentais, na segurança relativa à utilização dos recursos públicos, bem como no processo de aprendizagem do controlo dos custos e da gestão de qualidade e da gestão por resultados[459].

O controlo social, o controlo dos cidadãos, é um controlo directamente exercido pela sociedade e suas instituições que tem cada vez mais de assumir uma crescente amplitude e diversidade das suas formas de actuação sobre a actividade administrativa e financeira do Estado e encerram a tradução básica na prática da vida da ideia de democracia. O Estado deve ter ao serviço dos cidadãos uma Administração Pública aberta, transparente, participada e controlada pela sociedade em geral e pelos cidadãos interessados e acompanhada pela Comunicação Social. Ora, o Estado prestador tentou e tenta manter um determinado nível se secretismo que a tornam incontrolável, pelos próprios órgãos de controlo interno, pelo Tribunal de Contas e pela Assembleia da República. O Estado regulador, para que caminhamos, exige uma maior especialização dos órgãos de controlo e a sua total integração numa nova concepção, mentalidade e cultura de organização do Estado e num sistema global de controlo da racionalidade da acção administrativa face ao cidadão, onde o espaço político demonstre em primeiro lugar transparência e dê o exemplo de exigência, rigor e resultados do controlo efectuado. O Estado tem que se reformar. O sistema político necessita de se credibilizar pela responsabilização que se impõe a si e à Administração Pública[460]. As despesas públicas que são efectuadas com os recursos à disposição do Estado, necessitam de ser controladas por formas mais explícitas e públicas, em que se torne

---

[459] Cfr. Mozzicafreddo, Juan, *A responsabilidade e a cidadania na Administração Pública, ob. cit.*, pág. 11 e Wolf, Adam, "Symposium on accountability in public administration: reconciling democracy, effeciency and ethics", *International Review of Administrative Science*, 66 (1), 2000.

[460] Sobre a análise do Estado e da sua modernidade, cfr. Mozzicafreddo, Juan, "Estado, Modernidade e Cidadania", in Leite Viegas, José M. e Firmino da Costa, António (orgs.), *Portugal que Modernidade?*, Celta, Oeiras, 1998, pág. 245 e segs..

claro aos olhos da sociedade portuguesa, de que forma os programas eleitorais e de Governo estão a ser cumpridos, que controlo existe sobre essa mesma execução, que resultados desse controlo surgiram e com que efeitos na melhoria da gestão pública. O que hoje não acontece. Tudo é obscuro aos olhos dos cidadãos. Por isso se conclui, hoje, que a confiança entre os cidadãos e a Assembleia da República não melhorou, apesar do esforço desenvolvido pelo Parlamento durante a década de 90[461], relativamente à execução de um melhor nível de controlo. Isto significa que o Parlamento deve assumir uma mudança profunda na forma como se relaciona com os cidadãos, devendo aprofundar e abrir os seus trabalhos ao seu conhecimento e credibilizando através de resultados o trabalho de controlo político que efectua aos actos do Governo e da Administração em geral e em matéria de finanças públicas em particular.

A Assembleia da República tem, nestes quase 29 anos de controlo financeiro democrático, realizado um controlo das finanças públicas muito insipiente, tímido, pouco visível e ineficaz. É verdade. No entanto, há que reconhece-lo, houve um efectivo esforço por parte do Parlamento de melhorar a eficácia da sua acção de fiscalização orçamental e de dar utilidade e visibilidade aos instrumentos de controlo ao seu dispor. Seria, de todo injusto, não reconhecer o papel da Assembleia da República, no assinalável desenvolvimento da ideia de que a saúde das finanças públicas nacionais é um imperativo do próprio Estado e na revolução que assumiu ao aprovar a nova Lei de Enquadramento do Orçamento do Estado. Portanto, começam hoje, a verificar-se resultados da evolução do trabalho parlamentar realizado nos últimos anos, onde a Comissão de Execução Orçamental poderá vir a desempenhar um papel de charneira e de credibilização do trabalho parlamentar nesta matéria. Para isso, haja vontade política e criem-se os meios suficientes e necessários a tamanho desígnio, que a nosso ver, é de importância estratégica para ajudar a ultrapassar a conhecida crise da democracia nacional.

---

[461] Cfr. Leston-Bandeira, C., *Da Legislação à Legitimação: o Papel do Parlamento Português*, ob. cit..

VI – CONCLUSÕES

1. Desde a entrada em vigor da Constituição Portuguesa de 1822, que o princípio do controlo parlamentar das finanças públicas constitui uma das traves mestras do regime constitucional português. O conceito de controlo no Estado Moderno Democrático, assume, assim, uma importância acrescida uma vez que a Democracia subordina o Estado a regras claras e públicas, iguais para todos os cidadãos e não a vontades particulares ou de grupos e, consequentemente, é fundamental a existência de um forte e constante controlo, ao mesmo tempo que os recursos disponibilizados pelos cidadãos para a prossecução do bem comum, devem ser gastos ou aplicados com a garantia de que os objectivos social e politicamente definidos são concretizados com rigor e com o mínimo custo e o máximo benefício económico e social. Todavia, o princípio do controlo parlamentar das finanças públicas não tem suscitado nem merecido, quer pela investigação, quer pela prática constitucional, grande atenção, apesar de ser considerado, em geral, um tema, teoricamente, de grande importância.

2. A palavra controlo, na sua raiz semântica, assume uma dualidade de relação: o termo «*contre*» oriundo, na nossa língua, pela introdução da expressão «*contre rôle*», ou papel contrário, de matriz francesa e a ideia de um acto contrário ao acto principal, um contra-papel, provindo do latim «*contrarotulus*», que originou a criação da técnica da segunda inscrição, ou «*segundo livro*» ou «*contra-livro*».

3. A Constituição de 1976 recentrou o papel fiscalizador do Parlamento, tendo atribuído à Assembleia da República a tradicional função de apreciação e fiscalização da execução orçamental e das contas públicas, enquanto órgão de controlo político financeiro externo, nos termos dos artigos 107.º e 110.º da CRP.

4. A natureza do controlo parlamentar configura-se como uma função de natureza política, que é relegada para um segundo plano pelas maiorias parlamentares, necessária aos sistemas representativos. Em nosso en-tender, a sua natureza política funda-se, essencialmente, em quatro ordens de razões:

   a) O conteúdo do controlo parlamentar, apesar de emanar e de ter na sua origem em regras jurídicas, funda-se na análise dos actos do Governo e da Administração Pública, segundo critérios políticos;
   b) Esse controlo não se traduz na criação de qualquer norma jurídica (embora existam institutos jurídicos de avaliação da legislação produzida pelo Governo), antes pelo contrário, esse controlo é instrumental da actividade legislativa, e consubstancia-se, essencialmente, em práticas de análise e valoração política de todas as funções atribuídas ao Governo;
   c) Esse controlo configura-se como uma função de natureza política, porque, se é hoje pacífico afirmar que os Parlamentos contemporâneos ganharam competências fiscalizadoras e de controlo, a sua finalidade e razão de ser foi a de dar voz e expressão às opiniões políticas e posições alternativas da oposição;
   d) Porque esse controlo é difuso e intempestivo e o seu âmbito extravasa a mera conformidade legal, ele abarca toda a realidade envolvente a qualquer acto praticado e não somente aos seus aspectos legais e preocupa-se com os efeitos económicos, sociais, culturais e políticos desses mesmos actos.

5. Em nossa opinião, as funções de fiscalização parlamentar podem ser classificadas nos termos seguintes:

   e) A função de obtenção de informação, quer do Governo, quer de outras instituições, com o objectivo de que o Parlamento, os grupos parlamentares ou os deputados individualmente considerados, adquiram conhecimento sobre determinados factos, situações, documentos etc.;
   f) A função de inspecção parlamentar, articulada através de figuras regimentais e outras, como sejam as perguntas, interpelações,

comissões de inquérito ou de investigação, que não se limitam ao mero conhecimento dessas situações, mas assumem valorações e juízos sobre a política desenvolvida pelo Governo;
g) A função de direcção política *«indirizzo»*, assinalando, participando ou colaborando com o Governo na fixação de grandes objectivos políticos e, nesse sentido, contribuindo com a sua iniciativa, para o seu desenvolvimento e sua efectiva aplicação. É o caso da aprovação do Programa de Governo;
h) A função de controlo parlamentar *stricto sensu,* que obriga o Governo a contar com a confiança do Parlamento e que este lha pode retirar em qualquer momento, mediante a instrumentalização da figura da moção de censura.

6. No desenvolvimento parlamentar português, podem descortinar-se a existência de três fases de evolução:

a) *A fase da instalação e experimentação*, foi a fase que mediou o período entre 1976 e 1985. Com base no novo quadro constitucional e legal, foram experimentados diversos modos e formas parlamentares de afirmação da sua imagem e do seu poder central no sistema e processo democrático português, onde a actividade parlamentar se centrou essencialmente nos problemas sócio-económicos e na sua estabilização, onde a Revisão Constitucional de 1982 foi a principal alavanca institucional;
b) O período entre 1985 e 1995 revela dez anos de profundas mudanças no seio do Parlamento, foi *a fase da consolidação e amadurecimento* da democracia e do sistema político parlamentar;
c) A terceira fase caracteriza *a consagração do primado do parlamento* e a utilização e reforço de novos instrumentos de fiscalização dos actos do Governo e situa-se entre 1995 e 2002.

7. O âmbito do controlo parlamentar das finanças públicas pelo Parlamento abarca todos os actos do sector público administrativo e do sector público empresarial, bem como todos os actos praticados por outras Administrações, desde que assumam relevância política e interesse nacional para o efeito.

8. Parece resultar claro que o controlo exercido pela Assembleia da República sobre a actividade da Administração Pública e designadamente o controlo financeiro e orçamental, tem como fundamento e principal limite a lei e a fiscalização jurisdicional exercida nos termos do artigo 214.º e do n.º 4 do artigo 268.º da CRP, ou seja, o controlo técnico-jurídico financeiro externo exercido pelo Tribunal de Contas.

9. Em Portugal, só recentemente se reconheceu a necessidade de criação de mecanismos sistemáticos de controlo da actividade financeira da Administração do Estado. Tal facto significou uma enorme evolução sociológica e política, que se fica a dever às exigências de controlo impostas pelo Tratado de Maastricht. Constata-se, todavia, que as competências alargadas que a Constituição atribui à Assembleia da República, em matéria de fiscalização dos actos da Administração e, sobretudo, dos seus actos de natureza orçamental e financeira, se revestem das maiores dificuldades de execução e são exercidas durante curtos períodos de tempo e apenas em razão da natureza, visibilidade e importância política desses mesmos actos, o que justifica que se afirme que existe um efectivo sistema de controlo financeiro do Estado, enquanto conjunto interligado e coerente de instituições, princípios e instrumentos, cujo fim é a apreciação de actos do governo e da Administração.

10. Na generalidade dos Países objecto de análise, podemos concluir que existem normas e estatutos constitucionais que atribuem aos Parlamentos atribuições e competências para efectuarem o controlo das finanças públicas, bem como para fiscalizarem os actos do Governo e da Administração Pública. Por isso, existem naturezas e estatutos completamente distintos de país para país, uma vez que mesmo nos Estados de matriz anglo-saxónica, os órgãos constitucionais parlamentares competentes para efectuarem o controlo parlamentar das finanças públicas assumem diferenças muito acentuadas.

11. O controlo financeiro efectuado pelos Parlamentos dos países objecto de análise é, em todos os casos, uma natureza de controlo levado a cabo por órgãos externos ao Governo e à Administração Pública. Nuns casos trata-se de órgãos dos próprios Parlamentos e de outros de

órgãos independentes dos Parlamentos e dos Governos. Nos casos analisados, poderemos concluir pela existência de verdadeiros sistemas de controlo nacional das finanças públicas, em que se percebem e analisam as funções de auto-controlo e de controlo interno no seio da Administração Pública, assuma esse controlo interno a natureza de controlo sectorial, operacional ou estratégico, assente na figura do Auditor-Geral ou de órgão similar. Verifica-se a existência de um controlo externo de natureza técnica e jurisdicional, que se relaciona com o controlo interno, em termos de eficácia e de eficiência das suas acções e dos seus resultados e constata-se que todo o controlo nacional se direcciona e culmina no controlo externo político parlamentar, em que as Comissões de Controlo das Contas Públicas são o expoente máximo.

12. Em todos os Estados, o papel dos seus Tribunais de Contas, enquanto órgãos de controlo externo e auxiliares dos Parlamentos varia de caso para caso. Assim, verificamos, que na França, na Alemanha, na União Europeia, no Brasil e em Portugal, os Tribunais de Contas aparecem muito afastados do controlo parlamentar das finanças públicas, porque os Parlamentos, dada a sua pouca sensibilidade para as matérias técnicas financeiras, de análise e avaliação, preferem a simples leitura dos relatórios de auditoria e avaliação, que no plano político e partidário sejam mais visíveis, facilmente conhecidas da opinião pública.

13. Quase toda e qualquer outra actividade financeira da Administração ou actos do Governo, ficaram, desde Abril de 1976 a Março de 2002, sem qualquer juízo de acompanhamento e controlo directo por parte da Assembleia da República, à revelia daquilo que a Constituição e a Lei determinam. Os sucessivos Parlamentos têm sido muito pouco exigentes para com os Governos e não valorizam as competências que detêm e a que estão obrigados, deixando aos executivos a possibilidade de não se deixarem controlar, uma vez que o Parlamento se demonstra inoperante e sem reacção perante aquele.

14. Os deveres de informação, por parte do Governo, bem como os mecanismos e instrumentos à disposição da Assembleia da República não são utilizados e cumpridos, por omissão completa de uma vocação fiscalizadora de natureza técnico-financeira pela Assembleia

da República. A este respeito, predomina um incumprimento generalizado por parte do Governo, uma vez que o único documento remetido anualmente, para além do Orçamento de Estado, tem sido a Conta Geral do Estado, nos termos do artigo 107.º da CRP.

15. A fiscalização das contas públicas é realizada geralmente de forma extemporânea e tem sido concretizada sem respeito pelos prazos legais a que a Lei de Enquadramento do Orçamento de Estado define. A apreciação do seu conteúdo é menorizado e é efectuado sem um debate profundo de análise da relação custo-benefício das políticas planeadas, executadas e concretizadas; não sendo efectuada uma avaliação rigorosa das contas quanto à sua projecção e quanto e à sua dimensão financeira. Em relacção à tomada de contas pelo Parlamento, este tomou-as, porque optou teórica e praticamente pelo mero controlo da legalidade e da regularidade formal orçamental e, bem assim, pelo controlo da integridade das contas e da conformidade formal dos pareceres do Tribunal de Contas, sem uma análise de conteúdo substancial e sem uma avaliação séria da gestão pública financeira.

16. A Lei de Enquadramento Orçamental hoje em vigor – Lei n.º 91/2001, de 20 de Agosto, incorpora uma revolução na forma como são reguladas todas as matérias do enquadramento orçamental em geral e do controlo e fiscalização em particular. Em primeiro lugar, a Lei consagrou em capítulos distintos o controlo orçamental, as responsabilidades financeiras e as contas públicas. Em segundo lugar, o legislador deu um tratamento quase exaustivo a estas matérias, que de forma sistemática nos demonstram a importância e a relevância das mesmas, sendo o controlo político regulado de forma bastante profunda e normalizada.

17. O controlo político por parte da Assembleia da República que esta nova lei veio consagrar, patenteia uma rápida evolução do sistema português de controlo parlamentar das finanças públicas, que se aproxima, enquanto modelo, de muitas das realidades europeias que analisámos, seguindo de perto outros ordenamentos constitucionais, como sejam o francês, inglês e alemão. Esta lei fortalece a posição da Assembleia da República face ao Governo e deu-lhe instrumentos e poder para poder eficazmente acompanhar e controlar a execução orçamental,

efectivando a fiscalização das finanças públicas por parte do Parlamento. Relativamente às relações entre a Assembleia da República e o Tribunal de Contas, quanto à fiscalização das contas públicas, a evolução que se regista é, igualmente, de uma mudança de paradigma e de um aprofundamento das mesmas.

18. Durante os últimos trinta anos de actividade parlamentar, muitos foram os atropelos à dogmática constitucional, onde os relatos e os factos demonstram uma outra prática constitucional, quase sempre próxima de situações de inconstitucionalidade por omissão por incumprimento directo das normas constitucionais. A questão do controlo das finanças públicas é sobretudo uma questão de "mentalidade" e de cultura, já que está provado pela nossa prática legislativa que o facto de se aprovarem leis nada vale, nem resolve problema algum, se não for possível instituir, procedimentos de controlo sistemático no interior da Assembleia da República.

19. O actual regime constitucional parece estar global e correctamente consagrado, embora existam opiniões que defendem que o texto constitucional poderia e deveria ser aperfeiçoado, quer em termos de consequências políticas e jurídicas da sua não aplicação, quer no sentido de melhorar por exemplo o regime de tomada de contas, uma vez que se torna manifestamente incorrecto e intempestivo por, através do decurso de um tempo exagerado, diluir a responsabilidade do gestor e retirar a oportunidade e a eficácia à acção do controlador, dado que as Contas do Estado podem ser apresentadas até 31 de Dezembro do ano subsequente, nos termos do artigo 162.º da CRP, o que deveria ser moralizado.

20. Parece ter sido a falta de consciencialização, de *"mentalidade"* e de cultura de controlo e avaliação, quer dos deputados, quer dos governos, quer dos agentes da Administração Pública, que demoraram tempo a aperceberem-se da importância fundamental do controlo político democrático efectivo sobre a aplicação de recursos disponíveis pelo Estado. Nestes quase trinta anos de actividade parlamentar, muitas das vezes comprovadamente verificámos a existência de uma tendência generalizada dos grupos parlamentares para a demonstração de falta de

consciência de cidadania, face à pressão mediática e à dependência dos grupos de interesse, deixando para último lugar o controlo das finanças públicas, perante a visibilidade de temas como a situação financeira dos clubes de futebol ou de uma entrevista concedida por um membro do Governo. Por outro lado, existe a ideia generalizada de que o controlo das finanças públicas exige uma assessoria especializada que nunca existiu e que contrastaria com o facto de se assumir a falta de preparação dos deputados para analisar e abordar estas matérias.

21. A Assembleia da República dedicou-se e dedica-se muito mais à apreciação e aprovação do Orçamento do Estado do que a qualquer outro e exponencialmente mais do que à apreciação e avaliação das contas públicas ou à execução orçamental ao longo de todo o ano parlamentar. Houve e há uma subalternização da vertente *ex post* do controlo financeiro. Esta vertente deficitária diz respeito a um vasto conjunto de matérias que se entrecruzam no que diz respeito às contas anuais do Estado e ao julgamento das contas mensalmente, em que a realidade é decepcionante e que tem posto em causa substancialmente esta questão, quer do ponto de vista do modo, da profundidade, da própria metodologia de análise, quer do âmbito e alcance do controlo das finanças públicas que o Parlamento não exerceu e quase não exerce. O Parlamento gastou mais tempo no ano em que gastou menos tempo na apreciação do Orçamento do Estado, do que gastou desde 1976 no controlo parlamentar das finanças públicas na sua vertente *ex post* de controlo técnico e político.

22. Hoje, à luz do volume financeiro e do aumento da desconcentração orçamental e autonomização de funções e competências do Estado, é fundamental que o Parlamento promova sistemática e publicamente o dever de prestar contas e de responsabilizar efectivamente os gestores públicos e políticos pelos resultados obtidos.

23. Torna-se fundamental que a Assembleia da República reorganize a sua Comissão de Economia, Finanças e Plano e a Comissão de Execução Orçamental, no sentido de lhes atribuir competências e meios técnicos, por forma a tornar efectiva a presença constante de dirigentes da Administração Pública, de gestores públicos, responsáveis políticos.

24. Mas ao mesmo tempo, torna-se fundamental equacionar o papel e funções do Tribunal de Contas no que tem a haver directamente com o apoio à Assembleia da República, mantendo a sua natureza de órgão supremo de controlo do Estado, em que superintenderia o Sistema de Controlo Interno, exerceria o controlo externo e assumiria o papel de órgão auxiliar, aprofundando directamente as relações entre o a Assembleia da República, o Governo, a Administração Pública e o Tribunal de Contas, no fundo, aproximando o controlo político dos cidadãos contribuintes.

25. Nesta perspectiva, é imperioso que a Assembleia da República, em termos de uma futura revisão constitucional, dê expressão de forma clara e inequívoca à existência de uma sua função autónoma de controlo financeiro e orçamental do Estado. Por outro lado, o legislador deve ter em atenção a necessidade de alterações à legislação ordinária, no sentido de tornar tempestivo, sistemático e público o exercício dessa função, em atenção aos critérios da relevância, materialidade e evidência orçamental.

26. A criação da Comissão de Execução Orçamental afirma-se como um marco histórico e revolucionário na mentalidade e na prática parlamentar, apesar do texto aprovado não ter qualquer referência às competências, organização e assessoria a esta Comissão e se limitar a determinar a sua composição.

27. Houve um efectivo esforço por parte do Parlamento de melhorar a eficácia da sua acção de fiscalização orçamental e de dar utilidade e visibilidade aos instrumentos de controlo ao seu dispor. Seria, de todo injusto, não reconhecer o papel da Assembleia da República, no assinalável desenvolvimento da ideia de que a saúde das finanças públicas nacionais é um imperativo do próprio Estado e na revolução que assumiu ao aprovar a nova Lei de Enquadramento do Orçamento do Estado. Portanto, começam hoje a verificar-se resultados da evolução do trabalho parlamentar realizado nos últimos anos, onde a Comissão de Execução Orçamental poderá vir a desempenhar um papel de charneira e de credibilização do trabalho parlamentar nesta matéria.

VII – BIBIOGRAFIA

Adam, Barbara, Beck, Ulrich e Van Loon, Joost, (2000), *The Risk Society and Beyond. Critical Issues for Social Theory*, Sage, Londres.

Aragón Reys, Manuel, (1986), "El control parlamentario como control politico", in *Revista de Derecho Político*, UNED, n.° 23, Madrid.

Araújo, Filipe F. Esteves de, (2000), "Contraction out and the Challenges for Accountability", *Revista Portuguesa de Administração Pública*, n.° 1 (2).

Ardant, Philippe, (1996), *L'évolution récente du parlementarisme en France*, Kluwer Law International, Edited by Alessandro Pizzorusso, London.

Barbosa de Melo, A., (1996), "A importância do controlo das Finanças Públicas no âmbito das atribuições de fiscalização da Assembleia da República", Seminário *O Controlo Interno na Administração Pública*, IGF, Lisboa.

Barreto, António, (1990), "Assembleia da República: uma instituição subalternizada", in *Risco*, Lisboa, Ed. Fraguementos, n.° 13.

Beck, Ulrich, (1992), *The Risk Society. Towards a New Modernity*, Sage, Londres.

Beck, Ulrich, (1997), "The Reinvention of Politics: Towards a Theory of Reflexive Modernisation, in Ulrich Beck *et al.* (orgs.), *Reflexive Modernisation. Politics, Tradition and Aesthetics in the Modern Social Order*, Cambridge: Polity Press.

Beck, Ulrich, (1998), *La sociedade del riesgo*, Paidos, Barcelona, (edição original em alemão de 1986).

Beck, Ulrich, Giddens, Anthony e Lash, Scott, (2000), *Modernização Reflexiva – Política, Tradição e Estética no Mundo Moderno*, Celta, Oeiras.

Bilhim, João, (1998), "Metodologia e técnicas de Avaliação", *A avaliação na administração Pública*, INA.

Bobbio, Norberto, (2000), *Teoria Geral da Política – A filosofia Política e as Lições dos Clássicos*, Editora Campus, Rio de Janeiro.

Braga da Cruz, Manuel, (1995), *Instituições Políticas e Processos Sociais*, Bertrand Editora, Venda Nova.

Cabral, Manuel Villaverde, (1997), *Cidadania Política e Equidade Social em Portugal*, Celta, Oeiras.

Cadilhe, Miguel, (1997), "O Controlo Parlamentar das Finanças Públicas", *Anuário da Economia Portuguesa*.

Caetano, Marcelo, (1989), *Manual de Ciência Política e Direito Constitucional*, tomo I, Coimbra.

Caminal, Miguel Badia, (1999). *Manual de Ciência Política*, 2ª Ed., Ed. Tecnos, Madrid.

Canotilho, José Joaquim Gomes/Moreira, Vital, (1993), *Constituição da República Portuguesa*, 6ª Ed., Coimbra.

Carvalhal Costa, A. Rosário Torres, M., (1996), *Controlo e avaliação da gestão pública*, Lisboa, Rei dos Livros.

Castells, Manuel, (2000), *La era de la information – La sociedad red*, Alianza Editorial, Vol. I.

Castells, Manuel, (2000), *La era de la informatión*, Alianza Editorial, Vol. II e III.

Castells, Manuel, (2001), "Tecnologia de la información y capitalismo global", in Giddens, Anthony e Hutton, Will, eds., *En el Limite, La vida en el capitalismo global*, Kriterios Tusquets Editores, Barcelona.

Caupers, João, (1994), *A Administração Periférica do Estado*, Aequitas, Editorial Notícias, Lisboa.

Cavaleiro, Judite Paixão, (1996), "O Controlo das Contas Públicas – um passado, uma história", *Revista do Tribunal de Contas*, n.º 26, Julho-Dezembro.

Comissão Europeia, (2002), *Statistical Annex of European Economy*, Primavera (ECOFIN/248/2002 – EN).

Conselho Coordenador, (2000), *Livro Branco do Sistema de Controlo Interno da Administração Financeira do Estado*, Lisboa.

Costa Marques, Mª. da Conceição, (2002), *Prestação de Contas no Sector Público*, Dislivro, Lisboa.

Debbasch, Charles, (1982), *Introduction au Parlement et Administration en Europe*, Paris, Éditions du Centre Nationale de la Recherche Scientifique.

Duverger, Maurice, (1981), *Ciência Política; Teoria e Método*, trad., Rio de Janeiro, Zahar, 3ª ed.,

Espada, João Carlos, (1999), "Direitos Sociais de Cidadania – uma crítica a F. A. Hayek e R. Plant", *Análise Social*, vol. XXX (131/132).

Esping-Anderson, G., (2000), "Um Estado-Providência para o século XXI, in M. J. Rodrigues (Coord.), *Para uma Europa da Inovação e do Conhecimento*, Celta Editora, Oeiras.

Fernández Sarasola, Ignacio, (2000), «El control parlamentario y su regulación en el ordenamiento español», *Revista Española de Derecho Constitucional*, año 20, n.º 60, Septiembre-Diciembre.

Ferrara, Mauricio *et al*., (2000), *O futuro da Europa Social*, Oeiras, Celta Editora.

Filipe, António, (2002), *As Oposições Parlamentares em Portugal*, Práticas e Intervenções, Veja Editora, Lisboa.

Fitoussi, Jean-Paul e Rosanvallon, Pierre, (1997), *La nueva era de las desigualdades*, Manantial, Buenos Aires.

Flora, Peter e Arnold Heidenheimer (orgs.), (1990), *The Development of Welfare States in Europe and América*, New Brunswick/Londres, Transaction Publishers.

Fontes, José, (1999), *Do Controlo Parlamentar da Administração Pública*, Ed. Cosmos – Assembleia da República.

Freitas do Amaral, Diogo, (1998), "Administração Pública", in *Dicionário Jurídico da Administração Pública*, 1.º suplemento, Lisboa.

Gameiro, António e Correia, Ilidio, (2002), «Sistema de controlo interno e externo da Administração Pública sobre o emprego público e o controlo de efectivos», *A Reinvenção da Função Pública – Da burocracia à Gestão*, 3.º Encontro INA, Lisboa.

Giddens, Anthony, (1995), "Risk Society: the Context of British Politics", in J. Franklin (org.), *The politics of Risk Society*, Polity Press, Cambridge.

Giddens, Anthony, (2000), *O mundo na era da globalização*, Editorial Presença, Lisboa.

Giddens, Anthony, (2001), *Un mundo desbocado. Los efectos de la globalización en nuestras vidas*, Taurus, Madrid.

Giuseppino, Treves, (1969), «Les contrôles Administratifs et Financiers à l'intérieur de l'Administration», *Revue Internationale des Sciences Administratives*, Bruxelas, Vol. XXXV, n.º 4.

Gomes Canotilho, (1993), J. J., *Direito Constitucional*, 6ª Ed. revista, Almedina, Coimbra.

Gonçalves da Silva, (1984), "Bosquejo duma sucinta história da Contabilidade em Portugal", Revista de Contabilidade e Comércio, Vol. 47/48, n.º 187/192, (1983-1984).

Gonçalves, Maria Eduarda, (2000), "Ciência, Política e Participação", in Maria Eduarda Gonçalves (org.), *Cultura Científica e Participação Pública*, Celta, Oeiras.

Grande Enciclopédia Portuguesa e Brasileira, Editorial Enciclopédia, Lisboa – Rio de Janeiro, Vol. VII.

Held, David E Mc Grew, A., (1999), "Globalization", *Global Governance*, October-December.

José de Sousa, Alfredo, (1998), "Controlo Externo das Finanças Públicas: O Tribunal de Contas", *Boletim de Ciências Económicas*, FDUC, Coimbra.

Kickert, Walter e Beck Jorgensen, Torben, (1995), "Les tendences de la réforme de gestion en Europe Occidentale", *Revue Française de Sciences Administratives*. Vol. 61, n.º 4.

Leston-Bandeira, C. et al., (2002), *O Parlamento Português: uma reforma necessária*, Imprensa de Ciências Sociais, Lisboa.

Leston-Bandeira, Cristina, (1995), *Controlo Parlamentar na Assembleia da República: a transladação de poder da IV para a V legislatura*, Legislação – Cadernos da Ciência de Legislação, INA, n.º 12, Janeiro – Março.

Leston-Bandeira, Cristina, (2000), "A Assembleia da República de 1976 a 1999: da legislação à legitimação", *Análise Social*, Vol. XXXV (154-155).

Leston-Bandeira, Cristina, (2002), *Da Legislação à Legitimação: O papel do Parlamento Português*, Imprensa de Ciências Sociais, ICS, Lisboa.

Loewenstein, Karl, (1983), *Teoria de la Constitución*, Ariel, 2ª ed., 3ª reimpressão, Barcelona.

Lopes de Sá, António, (1998), *História Geral das Doutrinas da Contabilidade*, Vislis Editores, 2ª. Edição Ampliada.

Lucas Verdú, Pablo, (1989), "El Derecho Parlamentario en el marco del Derecho Político", *Revista de la Facultad de Derecho de la Universidad Complutense de Madrid*, n.º 72, Madrid.

Luhmann, Niklas, (1980), *Legitimação pelo Procedimento*, Editorial Universitária de Brasilia, Brasilia, (ed. original de 1969).

Luhmann, Niklas, (1989), "La moral social y su reflexión etica", in K.O. Apell e Niklas Luhmann, *Razón, etica y política*, Antropos, Barcelona.

Marques de Almeida, J. e Conceição Marques, M., (2002), *A Contabilidade Pública em Portugal: da Monarquia (1761) à II República (2002)*, Economia Global e Gestão, ISCTE, n.º 1/2002, Vol. VII, Abril.

Marques Guedes, Armando, (1969), *Introdução ao Estudo do Direito Político*, ISCSPU, Lisboa.

Martínez Elipe, León, (2000), *Tratado de Derecho Parlamentario – Fiscalización Política del Gobierno*, Aranzadi Editorial, Volume Primeiro, Navarra.

Ministério das Finanças, (1998), *Reforma da Lei de Enquadramento Orçamental, Trabalhos Preparatórios e Anteprojecto*, Lisboa.

Miranda, Jorge, (1975), *Anteriores Constituições Portuguesas*, Lisboa.

Miranda, Jorge, (1990), *Funções, Órgãos e Actos do Estado*, FDL.

Miranda, Jorge, (2001), *Direito Constitucional III*, AAFDL, Lisboa.

Mishra, Ramesh, (1995), *O Estado-Providência – Na sociedade Capitalista*, Celta, Oeiras.

Monteiro, Armindo, (1921), *Do Orçamento Português*, tomo II, Lisboa.

Montero Gilbert, José Ramón e García Morillo, Joaquín, (1984), *El control parlamentário*, Tecnos, Madrid.

Morais, João e Violante, Luis, (1986), *Contribuição para uma cronologia dos factos económicos e sociais. Portugal 1926-1985*, Horizonte, Lisboa.

Moreno, Carlos, (1997), *O Sistema Nacional de Controlo Financeiro*, UAL.

Moreno, Carlos, (1998), *Gestão e Controlo dos Dinheiros Públicos*, UAL.

Mozzicafreddo, Juan e Salis Gomes, João (Coor.), (2001), *Administração e Política – perspectivas de reforma da Administração Pública na Europa e nos Estados Unidos*, Celta Editora, Oeiras.

Mozzicafreddo, Juan, (1998), "Estado, modernidade e cidadania", in José Manuel Viegas e António Firmino da Costa (Org.), *Portugal: Que modernidade?* Celta Editora, Oeiras.

Mozzicafreddo, Juan, (2000), *Estado-Providência e Cidadania em Portugal*, Celta Editora, 2ª. Edição, Oeiras.

Mozzicafreddo, Juan, (2001),"Modernização da Administração Pública e Poder Político", in Mozzicafreddo, Juan e Salis Gomes, João, *Administração e Política – perspectivas de reforma da Administração Pública na Europa e nos Estados Unidos*, Celta Editora, Oeiras.

Mozzicafreddo, Juan, Salis Gomes, João e Batista, João S., (orgs.), (2003), "A Responsabilidade e a Cidadania na Administração Pública", *Ética e Administração – Modernização dos Serviços Públicos*, Celta, Oeiras, 2003.

Mozzicafreddo, Juan, Salis Gomes, João e Batista, João S., (orgs.), (2003), *Ética e Administração – Modernização dos Serviços Públicos*, Celta, Oeiras, 2003.

OCDE, (2001), *OCDE Public Management Policy Brief – Engaging Citizens in Policy-making: Information, Consultation and Public Participation*, PUMA Policy Brief n.º 10, July.

Oliveira Martins, Guilherme, (1988), *O Ministério das Finanças – Subsídios para a sua história no bicentenário da criação da Secretaria de Estado dos Negócios da Fazenda*, Ministério das Finanças, Lisboa.

Otero, Paulo, (1998), *Vinculação e Liberdade de Conformação Jurídica do Sector Empresarial do Estado*, Coimbra Editora, Coimbra.

Parisot, Françoise (Coor.), (2001), *Cidadanias Nacionais e Cidadanias Europeias*, Didática Editora, Lisboa.

Peters, B. Guy, (1995), *La Política de la burocracia*, México-Buenos Aires, Edição e organização do Fondo de Cultura Económica.

Piçarra, Nuno, (1989), *A Separação de Poderes como Doutrina e Princípio Constitucional*, Coimbra Editora.

Pitschas, Rainer, (2001), "As administrações públicas europeia e americana na actualidade e o modelo alemão", in Mozzicafreddo, Juan e Salis Gomes, João

(Coor.), *Administração e Política – perspectivas de reforma da Administração Pública na Europa e nos Estados Unidos*, Celta Editora, Oeiras.

Popper, Karl, (1992), "Conhecimento e formação da realidade: a busca de um mundo melhor", in *Em busca de um mundo melhor*, trad. de T. Curvelo, M. Loureiro e J. C. Espada, Lisboa.

Queiroz, Cristina M. M., (1990), *Os Actos Políticos no Estado de Direito – O Problema do Controle Jurídico do Poder*, Almedina, Coimbra.

Rebelo de Sousa, Marcelo, (1992), *A Administração Pública e Direito Administrativo em Portugal*, Lisboa.

René David, (1982), *Les Grandes Systèmes de Droit Contemporains*, Paris.

Roberts, Simon e Pollit, Christopher, (1994), "Audit or Evaluation? A National Audit Office Study", *Public Administration Review*, Vol. 72, 4.º

Robertson, Roland, (1996), *Globalization*, Sage, Londres.

Romzek, Barbara, (2000), "Dynamics of public sector accountability in an era of reform", *International Review of Administrative Science*, vol. 66, n.º 1.

Rosanvallon, Pierre, (1983), *A crise do Estado-Providência*, Editorial Inquérito, Lisboa.

Rouban, Luc et Ziller, J., (1995), «De la modernisation de l'administration à la reforme de l'Etat», *Revue Française d'Administration Publique*, n.º 75.

Sá, Luís, (1994), *O Lugar da Assembleia da República no Sistema Político*, Ed. Caminho.

Sanchez Navarro, Angel, (1995), "Control parlamentario y minorias", *Revista de Estudos Políticos, Centro de Estudios Constitucionales*, Nueva Epoca, n.º 88, Abril-Junio, Madrid.

Sartori, G., (1990), *Elementi di Teoria Política*, Il Mulino, Bolonha.

Sousa Franco, A. L., (1996), *As garantias de Independência dos Tribunais de Contas (A experiência Portuguesa)*, Tribunal de Contas, Lisboa.

Sousa Franco, A. L., (1990), «O Tribunal de Contas na encruzilhada legislativa», prefácio a *Tribunal de Contas. Legislação Anotada*, Almedina, Coimbra, de José Tavares e Lídio de Magalhães.

Sousa Franco, A. L., (1992), *Finanças Públicas e Direito Financeiro*, no Vol. I., 4ª Ed., Almedina.

Sousa Franco, A. L., (1993), "O Controlo da Administração Pública em Portugal", *Revista do Tribunal de Contas*, Lisboa, Tomo I, 19/20, Julho-Dezembro.

Sousa Franco, A. L., (1996), *O Controlo Interno na Administração Interna*, Seminário, O Controlo Interno na Administração Interna, IGF.

Sousa Franco, A. L., e D'Oliveira Martins, Guilherme, (1993), *A Constituição Económica Portuguesa – Ensaio Interpretativo*, Livraria Almedina, Coimbra.

Sousa Santos, Boaventura, (1999), *Pela Mão de Alice, o Social e o Político na Pós--Modernidade*, Edições Afrontamento, 7ª. Edição, Porto.

Sousa Santos, Boaventura, (2001) "Os Processos de Globalização", in B. Sousa Santos (org.), *Globalização: fatalidade ou Utopia*, ed. Afrontamento, Porto.

Tavares, José / Franco, António de Sousa, *Orçamento*, in *DJAP*, Vol. VI.

Tavares, José e Lídio de Magalhães, (1990), *Tribunal de Contas. Legislação Anotada*, Almedina, Coimbra.

Tavares, José, F. F., (1996), *Administração, fiscalização e responsabilidade. Alguns aspectos relativos ao Tribunal de Contas e à Administração Pública*, Tribunal de Contas, Lisboa.

Tavares, José, F. F., (1996), "Sistema nacional de controlo: – Controlo interno e controlo externo", *Revista do Tribunal de Contas*, n.º 26, Jul./Dezembro.

Tavares, José, F. F., (1997), *Administração, controlo, avaliação e responsabilidade*, Tribunal de Contas, Lisboa.

Tavares, José F. F., (1998), *O Tribunal de Contas. Do Visto em especial – Conceito, Natureza e Enquadramento na Actividade da Administração*, Livraria Almedina, Coimbra.

Tavares, José, F. F., (1998), *Administração, fiscalização e responsabilidade*, INA, Lisboa.

Tavares, José, F. F., (2000), *Linhas de evolução do Tribunal de Contas nos últimos 25 anos*, Tribunal de Contas, Lisboa.

Valério, Nuno; Nunes, Ana Bela *et al*., (2001), *As Finanças Públicas no Parlamento Português – Estudos preliminares*, Edições Afrontamento, Colecção Parlamento, Lisboa.

Vergottini, Guiseppe de, (1997), "La función de control en los Parlamentos de fin de siglo", in *Problemas actuales del control parlamentario*, VI Jornadas de Derecho Parlamentario, Monografías 34, Madrid.

Vital Moreira e Gomes Canotilho, J. J., (1993), *Constituição da República Portuguesa Anotada*, Coimbra Editora, 3ª. Ed. revista, Coimbra.

Vitorino, António, (1989), «O controlo parlamentar dos actos do governo», in M. Batista Coelho (coord.), *Portugal. O Sistema Político e Constitucional*, 1974-1987, ICS, Lisboa.